スコットランド・ルネッサンスと大英帝国の繁栄

北政巳
kita masami

藤原書店

スコットランド・ルネッサンスと大英帝国の繁栄／目　次

スコットランド・ルネッサンスと大英帝国の繁栄

序章

スコットランド・ルネッサンスへの私の研究視角

一　はじめに

我が国でもスコットランド研究が次第に注目され、一般的には文学・音楽・文化論におけるケルト研究ブームの中で、また同系文化のアイルランド研究との関連で関心が高まっている[1]。

現在、スコットランドは南のイングランドと共に「連合王国」を形成する。しかしスコットランドは同じブリテン島にありながらも、一七〇七年の「合併」まではイングランドからすれば異国であり、また合併後も今日に至るまで独自の宗教・文化を誇る地域として存在してきた。中世にイングランドに併合されたウェールズは併せてイングランド・ウェールズと地域表記されるが、スコットランドは独自地域と扱われ、英国に共存する「異地域」と言えよう。(2)

しかも一九世紀後半のヴィクトリア時代、英国が世界の七つの海を制覇し大英帝国を作り上げた歴史には、スコットランド人の活躍が高く評価される。つまり貧しい地勢・気候の中で、スコットランド人が体得し存続させてきた不屈のエネルギーと高い教養と技術、さらに世界に張りめぐらされた外交官・学者・技師・医者・商人のネットワークが「世界の近代化・工業化」を推進したのである。(3)

我が国では、経済学史・社会思想史研究から、スコットランド啓蒙主義研究について極めて高い研究水準にある。私は和歌山大学時代、経済学史の山中隆次先生の演習でアダム・スミス『国富論』研究を選び、スミスの労働価値論を卒業論文に選んだ。その時にスミス研究を通して先学のスコットランド歴史学派・啓蒙主義研究の労作を読み感動した。(4)

その反面、スミスを生んだ国スコットランドの社会経済史研究はほとんど皆無であったことから、私は同大学大学院修士課程でイギリス経済史の碩学角山栄先生に師事しスコットランド経済史を専攻し、当時の学界論争に参加してスコットランド製鉄業史をまとめた。その後、大阪大学大学院博士課程に進み、宮本又次・作道洋太郎先生のもとで比較経済・経営史を学び、イングランドとは異なる独自なスコットランド銀行業史の解明につとめた。(5)

一方で、スコットランドの歴史研究については、イギリス史研究の中で、アイルランド研究と同様にスコットランドの辿った特異な歴史経過を対象に研究されてきた。さらにイギリス宗教史におけるスコットランド固有の宗教史も研究されつつある。その宗教的土壌を背景とする独自な制度、例えばスコットランド教育史研究、またスコットランド銀行史研究もそこにある。それらは、独自な歴史をたどりながらもヴィクトリア期の大英帝国の繁栄に貢献したスコットランド人の傑出した知恵の産物である。[6]

私の問題意識は、日本とイギリスの比較経済史・経営史から出発したが、特に連合王国の北方地域スコットランドと日本の比較にあった。つまり静態的な比較ではなく、一九世紀後半の大英帝国の拡大・膨張過程の中でのアジア・極東進出と、幕末・明治維新の日本との相関関係をいかに捉えるかにあった。そして一九世紀後半に日本とスコットランドは、貿易・技術・教育で活発な交流があった史実を見いだした。

その後スコットランド研究の展開を目指し、一九世紀の大英帝国各地へと移民・出稼ぎしたスコットランド人の動機・プロセス・植民先と彼らの新天地での活躍をたどった。と同時に彼らが世界に先駆けて発明・発見を行い、イギリスの世界市場拡大に貢献したスコットランドの鉄道・海運業をまとめた。現在は大英帝国時代のスコットランド人のアジア・極東での活躍に関心を絞り研究している。[7]

しかし長年、私の心を占めてきた課題がある。それはスミスを学んだ時に、文献上に初めて「スコットランド・ルネッサンス」の言葉を見つけた時からである。それは一八世紀後半のスコットランドのエディンバラを中心に展開された「文芸復興」運動を表現した言葉であり、ヨーロッパの学術界では、オットー・ルネッサンスやカロリング・ルネッサンスと共に既に認知されていると知ったが、私の心にはその言葉が常に残響してきた。[8]

また最近、アメリカでも一八世紀末からのアメリカ人意識の源泉と高揚運動を、「アメリカ・ルネッサンス」の言葉で呼び、多くの研究も展開されていると知った。[9]

そこでスコットランド・ルネッサンスが、一二世紀のイタリアで起こった古典的な「文芸復興」（ルネッサンス）運動にどのようにつながるかに関心をもった[10]。

スコットランド研究を通じて、何故またどのような歴史過程からスコットランド・ルネッサンスが生じたのであろうかとの疑問があった。同時に経済学史・社会思想史上のスコットランド啓蒙主義は一九世紀前半で中絶しており、どこへ消えたのであろうかという疑問があった。さらに二つの疑問が生まれた。元祖イタリア・ルネッサンスとスコットランドとの関係、さらにスコットランド・ルネッサンスが近代世界に、どのような形で貢献したのであろうかという問いであった[11]。これら四つの問題意識のもとで、本書をまとめることを構想した。以下に、私の試行錯誤を試みた各章の概要を紹介しておきたい。

二　ルネッサンスの源流

スコットランドはヨーロッパの北東部の僻地に位置したが、中世ヨーロッパ社会がイタリア諸海港を中心にアラブ・オリエント社会からの文化と富を受容し、その社会が次第に変化・変質していく過程にあっても、最も疎遠な位置にあったことは否めない[12]。しかしスコットランド北方のシェトランド島でも石器時代の貝塚が発見されており、その時代には極めて栄えたことが分かる。興味深いことは、古代スコットランドを見ると、キリスト教流入以前のドルイッド教の太陽神信仰と、それに関連する環状石古墳、さらに生命の因果律・連続性を信ずる生死観や御影石や樫の木信仰にも、極めて日本と類似した宗教観が存在したことが分かる。このような古代文化が、その後のスコットランドの文化土壌を形成した[13]。

次に中世ヨーロッパが東洋からの富と新物産、さらに関連の新芸術・教養の流入をみた時、スコットランドは、その豊かな文化土壌をもって受容し蓄積した。それが、さらにスコットランドの文化土壌に多様性を付加した。近代ヨーロッパの時代に入ると利害関係から衝突と宥和を繰り返しながら、各政治国家の枠内で、多種多様な種族・部族・民族を混有する近代国家が誕生する。しかし一八・一九世紀のナショナリズムの高揚が起こるまでは、キリスト教ローマ教会秩序でヨーロッパ社会総体が編成されており、聖書とラテン・ギリシア語を共通項として、所属する民族の言語範囲を越えて移動し、ヨーロッパ各地の人々が相互に会話・意思の疎通をすることができたのである。[14]

中世のスコットランドでは、その知識人がヨーロッパ辺境にあっても南のイングランドに下ったり、また北海を渡りヨーロッパ大陸で見聞を広める伝統があった。また同時に逆方向に、北ヨーロッパから多くの修学僧・留学生がスコットランドへ遊学に来たことも確認される。[15]

しかし歴史は、常にインパクト（衝撃）とレスポンス（対応）と環境変化の連続である。カトリック教が、ヨーロッパの地下宗教から陽の目を見て体制宗教として社会秩序を形成し、それを用いて権力の集中を図る世俗の国王の動きに、東洋の富と文化が側面から富裕商人たちの手により持ち込まれ、中世ヨーロッパに変化を与えるルネッサンスを出現させたのである。さらに宗教改革がおこりプロテスタントが確立される。その葛藤の混在の過程で、暗黒の中世を象徴した魔女裁判に代弁される異端者への圧迫は、さらに新しい思想として登場した啓蒙主義の登場と普及の中で、終焉を迎える。つまり近代的な人権思想が確立し、近代市民社会が誕生したからである。

三　ルネッサンスのスコットランド伝播

第1章「イタリア・ルネッサンスとスコットランド」では、イタリアで生まれたルネッサンス運動が具体的にどのようなかたちでブリテン島に伝来したのか、また北のスコットランドと南のイングランドとは、ルネッサンス文化の受容にどのような差があったのかを明らかにする。スコットランドは元来カトリックの強い風土であっただけに、その当初、ルネッサンスの影響を受けた自由な人間性や性描写を掲げる新しい思考は邪悪視され、激しい反発を受けた(16)。

新参の文化は異端とされ、魔女裁判に象徴される形で激しい圧迫を受けた。魔女裁判の歴史は一二七五年の南フランスのトゥルーズに始まり、一四世紀にはフランス全域、さらに一六世紀にはドイツでも広範に魔女裁判が展開された。当初は魔女裁判は世俗（国家）裁判所の管轄とされ、異端と判明した段階から宗教裁判となったが、一二五二年に宗教裁判に拷問が認められて以来、異端と魔女を同義で把握して裁判が行われた。つまり魔女裁判は中世における領邦権力の強大化の圧迫手段として用いられ、それがスコットランドでも踏襲された(17)。

次いでイタリアのルネッサンス文化とスコットランドの人的交流を探究した。イタリア・ルネッサンスを象徴するレオナルド・ダヴィンチ（Leonardo da Vinci）には、彼の家の近くにスコットランド出身の数学者ベイリー（W. Baillie）が住みヘレイラの文芸学校校長を務め、親しく交遊していた記録がある。この時代のイタリアとスコットランドの交流を象徴するものとして、一〇八八年創立の世界最古のイタリアのボローニア大学の「娘」として、一四五一年にグラスゴウ大学がローマ法皇の認可により創立されたことが挙げられる。イタリア・ルネッサンスは、特にスコットランドの文学や芸術さらに建築に、大きな影響を与えた[18]。一五一六年にトーマス・モア（T. More）の『ユートピア』が出版され、一五二八年頃からスコットランドの宗教改革が始まる。それから英国国教会とローマ・カトリックの対抗が、エリザベス女王とスコットランドのメアリー女王との争いを含めて展開された。さらに新しい思潮の波への弾圧が、一五八〇、九〇年代にはスコットランドでも魔女裁判がらみで展開された。

第2章「スコットランド宗教改革からイギリス名誉革命への道」では、イタリア・ルネッサンス運動の影響を受けた新しい思潮や価値観は、イングランドでは英国国教会の秩序形成に結びついていったが、スコットランドでは改革者ノックス（J. Knox）に導かれて、カルヴィン主義さらに超新カルヴィン主義として受容されたことを論じる[19]。

しかしヨーロッパ諸国との連係下に、ドイツやスイスでの宗教改革の動きがイングランドとスコットランドにも大きな影響を受ける。既に学識・教養の文化基盤のあったエディンバラ市が、その受容に大きな役割を果たす。エディンバラ大学は、一六八九年に同市市議会の総意で設立された最も若い大学であり、文芸復興運動のイニシアティブをとった。そして一時的に反動的な魔女裁判の動きも見られたが、次第に宗教改革の進展とともに、新しい時代への道を模索してゆくのである[20]。

このイギリスの清教徒革命と名誉革命の間の典型的ピューリタン共和主義者のクロムウェル（O.Cromwell）と王政志向のスコットランド諸教会の葛藤を追究した。特に王政復古から名誉革命に至る時代にイングランドでは清教徒主義で貫かれたのに対して、スコットランドでは国王と教会の癒着の強かった社会の混迷の中から双方の葛藤を哲学的に止揚して、いわゆるスコットランド啓蒙主義への道を開き、極めて人間主義的な科学的思考の形成を生んだと考えたい。他方、イングランドではオクスフォード・ケンブリッジ両大学でも信仰強制が実施され、学問は神学の僕とする価値観が固定化された。(21)

四　スコットランド啓蒙主義の淵源

第3章「スコットランド近代経済倫理の形成」では、先ずマックス・ウェーバー（M. Weber）の唱えたピューリタニズムの資本主義社会成立への役割の観点から、スコットランドのピューリタニズムと経済発展の関係を検証する。ウェーバーは個人として敬虔なピューリタンでありながらも、宗教の枠を越えて異文化との比較を試み、客観的に哲学として論証する試みを展開した。この宗教の哲学化が、合理的理性に導かれる近代の社会・人文科学の学問探究への道を拓いた。(22)

一六・一七世紀のスコットランドの経済発展がウェーバーの言うプロテスタンティズムの原理に合致するかどうかは、スコットランドを代表するキャンベル（R. H. Campbell）とスマウト（T. C. Smout）たちが論及した。(23)またマーシャル（G. Marshall）は、一五六〇年に王政・宗教復古を経験しながらも、一七世紀にはカルヴィン主義国家となったスコットランド社会の固有のプロテスタンティズムと地域経済発展の関係を吟味し、理想的な実験例と評価した。さらに同課題に関心を寄せるスコットランド経済史家の研究視角と方法を紹介する。そしてスコットランド経済発展に活躍した人々の価値観に目を向け、スコットランド教会の役割を絡ませて論じた。(24)

第4章「スコットランド啓蒙思想の変遷」は、スコットランド長老会主義を背景とする哲学から誕生したスコットランド啓蒙主義を取り上げ、次の時代にどう繋がっていくかを見ようとした。スコットランド啓蒙主義研究は、伝統的にまた近年特に優れた労作が発表されている。それらは極めて精緻な思想史体系の研究に目がむけられているが、私はスコットランドの歴史的ダイナミズムの源泉とその後の発展の探究に関心がある。

イギリス社会の複雑な政治・宗教的喧騒の変遷から、スコットランド社会はその宗教改革の結実として、極めて現実的な、また人間主義的な思想・哲学の誕生をみた。

それはケイムズ卿（Lord Kames）に代表されるスコットランド啓蒙主義の登場であり、それがイギリスさらにアメリカやヨーロッパの近代思潮を先導した。[25] ここではスミス、ヒューム（D. Hume）、ミラー（J. Millar）、ファーガスン（A. Ferguson）、リード（T. Reid）を挙げて論ずるが、そこに産業革命の序章期としてのスコットランドの社会・経済的発展が裏づけられる。またスコットランド教会が、一方では厳格な宗教面を見せながらも、他方では極めて世法・現実的な解釈を許したことが、スコットランド人の行動と思想に大きな自由と活力を与えたことを強調しておきたい。[26]

五　スコットランド科学ルネッサンスの展開

第5章「スコットランド・ルネッサンスI――科学革命への助走」では、先ず穏健なプレスビテリアン（Presbyterian 長老会派）がエピスコパル（Episcopal 監督教会派）を退け、スコットランド教会の緩やかな連合を形成するが、複雑な政治・宗教紛争から哲学論争も幅広く展開され、スコットランド教会の独自性、つまり自らの信条には絶対的確信をもちながら、他宗派には弾力的な寛容をもって接する流れを生んだ。[27]

スコットランド・ルネッサンスは、スコットランド社会の葛藤・相克の中に吸収され、固有の文化として定着した。伝統的なカトリックの風土に、一五世紀末から第一波としてイタリア・ルネッサンス文化、次いで第二波としてパリ経由でのフランス文化も流入、その保守的なカトリック地盤に入り込み潜在的に残続した上に、一六世紀後半のノックス（J. Knox）が登場しカルヴィニズムをスコットランドへ導入した。[28]

そしてスコットランドの地から、近代科学・数学を中心とする科学革命の序走が始まった。スコットランド人には、一七〇七年のイングランドとの「合併」の結果、旧首都の文芸都市エディンバラを中心に、正式に国語となった隣国イングランドの言葉である英語学習ブームが起こり、一八世紀後半には数多くの文芸諸団体が設立された。

特に一七四五年の第二次ジャコバイト（Jacobite 王党派）の乱鎮圧の後は、スコットランド社会の親イングランド傾向は加速され、同時に土着の亜麻（リンネル）や毛織物工業の奨励、また新規の綿工業や製鉄工業の誘致も図られ、スコットランドは工業化を開始した。[29]

スコットランドの教育は、イングランド大学の二大学が貴族師弟への閉鎖的な極めて宗教的色彩の強い学問が中心であったのに対し、固有の四大学がヨーロッパで最初の義務教育実施や能力による教育機会と実学習得を背景として、産業革命期の発明・改良家を輩出する高等教育機関となった。[30]

第6章「スコットランド・ルネッサンスⅡ――科学技術文化の開花」では、一八世紀後半のスコットランドの近代科学探究の確立の歴史を具体的に追求した。

一八世紀後半にグラスゴウのキャロン製鉄所がヨーロッパ最新の武器工場と評されたが、そこには著しい製鉄・化学工業の進展があった。スコットランド銑鉄工業は西部ミッドランドや南ウェールズ地域の競争業者を凌駕し、イギリスの植民地市場を中心に輸出した。また一九世紀には、スコットランドの主導工業は鉄道業と関連諸工業、さらに造船業や海運業に連動していく。また学問上の発展は天文学・物理学・地質学・熱学と全科学分野に波及する。また大砲や銃器の発達の結果、大量・広範に戦争で用いられ多くの死傷者がでると同時に、外科手術の普及に誘引され近代医学諸分野が発達した。[31]

その意味では一八三一年にスコットランド人大学教授・科学者を中心に外交官・技術者・ビジネスマン等を含めて、英国科学促進会議（British Association of Advanced Science）が創立され、一方では科学情報の交換、他方では世界への投資・進出機会を討議したが、彼らがスコットランド人ネットワークの中枢となったと言えよう。[32]

第7章「スコットランド・ルネッサンスⅢ――科学技術文化の爛熟」は、一九世紀後半の大英帝国が「世界の工場」と呼ばれた時代に、グラスゴウ・西部スコットランド地域が心蔵部を形成し世界最新のハイテク・センターとして君臨したことを論じる。[33] 特に鉄鋼・機械・鉄道・造船と関連工業はグラスゴウを中心に発達し、その頭脳としてケルヴィン卿（Lord Kelvin）やランキン（M. Rankine）率いるグラスゴウ大学が大きな役割を果たした。現代の自然科学諸部門の基礎的発見・発明の大半が、この時期のスコットランドで行われ、また改良され、そして世界各国へ伝播・輸出された。イギリスにおいても未だ保守的であった時代状況において、科学技術文化の創造は、一昔前に社会思想的に学問の自由と知識の際限なき探究を可能にしたスコットランド文芸運動の再生となったことから、広義でのスコットランド・ルネッサンスと主張したい。[34]

そしてヴィクトリア期の英国熟練労働者が主張した結果、スコットランドでは中世以来のプロフェッショナル（専門職）の、医師・牧師・法律家に加えて、エンジニア（技師）が入ることになる。この「エンジニアの思想」が海を越えて、アメリカさらにアジアの日本で結実する。そして生涯にわたる科学研究と実践を掲げるエンジニアが近代科学の高揚に大きく貢献し、世界各地の工業化・近代化に尽力する。わが国の明治初期の工部省の設立と工部大学校（東京大学）の創立に象徴される西欧近代科学・技術の移植の成功は、まさにスコットランド・ルネッサンスの成果の移入であったと言えよう。[35]

六　スコットランド・ネオ・ルネッサンスと大英帝国

第8章「大英帝国の繁栄とスコットランド・ルネッサンス」では、イギリス資本主義が世界市場を制覇して大英帝国を作り上げた時、「連合王国」北方のスコットランドは南方のイングランドに比して長年にわたり社会・経済的劣位に置かれてきた立場から、スコットランド・ルネッサンスから派生した啓蒙思想と実用学が普及した。[36]

現在世界の科学技術の大半が、この時代のグラスゴウから生み出されたことから、文学・絵画・音楽にも優れた作品が創出されたが、私はそれをスコットランド・ネオ・ルネッサンス（スコットランド科学ルネッサンス）と呼びたい。またグラスゴウ大学の自然物理学アンダースン（J. Anderson）がアメリカ独立戦争勃発により頓挫したタバコ貿易の代替を考えるために、一七八三年に世界最初の商工会議所を設立し、一方で西インド貿易、他方でグラスゴウ市周辺のクライド渓谷への工業投資を奨励した結果、スコットランドの産業革命が本格的に展開された。[37]

やはり特筆すべきはスコットランド独自な能力による開かれた教育制度であり、それは教区学校から大学教育まで貫徹されていた。スコットランドでは、教区組織を中心に各家庭で厳格な宗教教育にもとづく規律ある人格形成が図られ、また文法学校さらに各種専門の実務教育の他、夜間学校も開かれ「能力に応じてより良き市民社会の構成員」になる制度が作られた。[38]

またグラスゴウやエディンバラ周域の低地（Lowland）に比して不毛の僻地の高地地方（Highland）や群島地域の教育振興のために、キリスト教知識普及協会が設立された。同時に各地に出移民奨励の機関も設立された。そして「高地清掃」（Highland Clearance）が行われ、多数の田舎スコットランド人が、隣国のアイルランド人同様に、半ば強制的に海外に移住した。また高地人たちは、先ずグラスゴウ等の工業労働者として吸収され、近代技術の習得を経て海外に渡った者も多かった。[39]

この時代はスコットランドが独自性を発揮して逆にイングランドに影響を与え、イギリス全体の秩序をつくり、さらに世界各地の市民社会創出に貢献した。具体的には銀行業、鉄道業、海運業を取り上げ、大英帝国の繁栄に、如何にスコットランド人の頭脳と行動が貢献したかをまとめた。そこにスコットランド人が自らの外交・技師・学者ネットワークを介して、イギリス資本主義の世界制覇の過程で、いかに上手に能力を発揮したかが明瞭となる。彼等はヴィクトリア期のスコットランド生まれの新しい哲学とも言える「エンジニアの思想」を掲げて進出し、一九世紀後半にはアジア・極東へも到来した。[40]

第9章「ヨーロッパ・ジャポニズムとスコットランド――グラスゴウ・ボーイズと日本」では、特に芸術面からのスコットランドと日本の交流史を考察した。[41]

先ず幕末・明治の時代に、日本へ技術と同時に近代西洋芸術を紹介したのは工部大学校初代都検（校長）ダイアー（H. Dyer）を初めとするグラスゴウ大学を中心に編成されたスコットランド人お雇い教師団であり、同時に日本の芸術・美術をヨーロッパ・世界に紹介したのも彼らのネットワークであった。そこでヨーロッパへのジャポニズム到来の経路とグラスゴウ・ボーイズを中心とするグラスゴウ美術学校の活動、とりわけマッキントッシュ（C. R. Mackintosh）、ホーネル（E. A. Hornel）、ヘンリー（G. Henry）、ウィッスラー（J. A. M. Whistler）を挙げて考察する。(42) ここで注目されるのはグラスゴウで開催された一八八八年と一九〇一年の国際博覧会である。(43)

いかにスコットランドと日本の交流が広く、また重厚に展開されたかは両博覧会展示の規模と出品数に表われている。注目すべきは、グラスゴウでは工業技術の成熟をみて諸機械に効率・能率と共に美的感覚を求められた結果、人目を惹く意匠デザインが工夫され、工業と美術間の交流が図られたことである。

七　スコットランド・ルネッサンスと啓蒙主義

以上が本書の梗概であるが、次に角度を変えて論じたい。先ずルネッサンスの用語は、一五五〇年にフィレンツェで発刊されたヴァザーリ（G. Vasari）の『最もすぐれたイタリアの建築家・画家・彫刻家』の本で初めて使われた。(44)

そこでは中世の文化不毛の暗黒時代と決別し、イスラム文化や東洋の富に接して、古代ギリシア・ローマの人間主義に根ざす芸術の再興が評価された。ルネッサンスの用語は芸術の枠を越えて文学や学問にも使われた。そして知的覚醒運動は「ルネッサンス人文主義」(Renaissance Humanism)と呼ばれ、特にヨーロッパのイギリス・フランス・スペインで、人文学研究(文法・修辞学・歴史・詩・道徳哲学)諸分野に波及した。しかも運動が職業的な専門家ではなく、歴史家・倫理学者・書記・政治家等の実務的リーダーによって展開されたことである。[45]

長い葛藤と抗争の中からコペルニクス(N. Copernicus)、ケプラー(J. Kepler)、ガリレイ(G. Galilei)たちの「自然は数学的秩序によって支配されている」信念が生まれ、自らを「無学の人」と呼んだ自然愛好のダヴィンチにもインスピレーションを与えた。またルネッサンス人文主義が理性・知性を掲げたのに対して、マキャヴェリ(N. Machiavelli)、モンテーニュ(M. Montaigne)、ルター(M. Luther)は信仰・本能・経験的現実を重視して反ルネッサンスの立場をとり価値観の衝突を見せたが、人間への関心と「原始的回帰」では一致していた。[46]

他方、一六世紀後半まで、ルネッサンス推進者たちは古代のギリシア・ローマ文化への憧憬と尊敬に満ちてはいたが、科学上の発見や発明さらに地理上の発見と富の流入が彼らの思考を変え、より人間に楽観主義的な思想を生んだ。有名な火薬・羅針盤・印刷術のヨーロッパ伝来であり、大きなインパクトが与えられた。また同時期に砂糖・真珠・香辛料・草木・樹木・果実・金が流入した。[47]

この動きはスコットランドにも伝来した。プロテスタントの宗教改革は、オランダのロッテルダムのエラスムス(D. Erasmus)によって始められたが、当初はキリスト時代への「原始的回帰」を目指した。[48] ノックスは大陸から戻りスコットランドの宗教改革を目指したが、純粋教理の主張と実利・現実的妥協の上に展開した。それ故にスコットランドでは、ルネッサンス概念の一部は、ノックスの宗教改革の中でも残存しえたのである。

スコットランド史では、一六世紀をルネッサンスと宗教改革、一八世紀を改良と啓蒙の時代、はざまの一七世紀を影の薄い時代とする歴史家もいる。その中で興味を引くのは宗教反動のメアリー女王と宗教改革者のノックスである。両人は新旧双方の勢力を代表しながらも、同時期にフランスで教育を受け、一五二五年以降にプロテスタント思想とルネッサンス思想がヨーロッパ大陸から通商路を通って到来したことも熟知だった。(49)

またスコットランドには、中世以来、知識・地主階級には「グランド・ツアー」(grand tour) にでかける伝統があった。古代から国際交流の経験をもち、それを源にヨーロッパ各地またイングランドの知識人と交流をもちスコットランド啓蒙主義が開花し、そこからヨーロッパ各地また新大陸アメリカへと伝播していくのである。(50)

異端者を国家的犯罪として処刑する発想は、一三世紀の神聖ローマ帝国皇帝フリードリヒ (Friedrich) II世により始まった。興味深いのは、宗教的にカトリックにせよ、プロテスタントにせよ「正しい信仰が救済の道」で合致していたが、ルネッサンスの思想家たちの間では何が正しい信仰かについては多義に渡った。彼らルネッサンス人文主義者は宗教上の見解を異にする者への寛容を擁護する論説・文献を作り出し、異端者処刑への反対を唱えた。そして幾人かのルネッサンス人文主義者は、教会からの圧迫を逃れ、新天地を目指した。イタリア人文主義者はスイス、ポーランドへ逃れ、イギリスのプロテスタントたちはカトリックに反動化したメアリー女王から迫害を受け、ドイツのフランクフルトやスイスに逃れた。(51)

スコットランドへのルネッサンス思想・芸術の流入は、緩やかに社会を変容させた。当初のスコットランド王宮での文芸復興に始まり、次第に新興の貴族・富裕者の書斎に波及し、一六〇三年にエリザベス女王が逝去しスコットランド王ジェイムズ（James）が南下して「同君連合」また別名で「王冠の結合」と言われた時代を作ったが、そこではスコットランド固有の英雄を讃える文学の高揚をみた。[52]

しかしルネッサンス芸術賛美は、旧来の保守的な教会から激しい抵抗を受け、同時に魔女裁判・異端者処刑事件をひき起こした。一七〇七年の合併の結果、スコットランドはエディンバラを中心に、その伝統の上に新しく言語に採用された英語を用い洗練された記述法を競い、一八世紀後半には伝統的な知的水準の高さを誇るヨーロッパの知的センターとなった。[53]

近代に入り、一七八九年のフランス革命後のヨーロッパ社会に流れる情緒的発展の潮流の中で、ルネッサンス概念が「ギリシア精神」と結びつきながら徹底・普及させられ、人文主義者は、神的価値と対立する人間価値に重きを置き、人間の理想化を志向した。[54]

中世以来の魔女裁判や異端者処刑を阻止・廃絶させたものは、人間に価値をおく啓蒙思想の普及であった。スコットランド啓蒙運動の時代は「デイヴィッド・ヒュームの哲学、アダム・スミスの経済学、ウォルター・スコットの小説を生んだのであるが、同時に、この国の古い伝統と言語を維持する必要を主張するスコッツ語への回帰という逆運動では、ロバート・バーンズにおいて頂点に達した」とされる。[55]しかしバーンズの作品も英語化され地域を越えて、スコットランド人移民と共に世界に向かった。[56]

そこではスコットランド教会の変質が注目される。スコットランド教会は、イングランド国教会が監督教会派を中軸に編成されたのに対し、長老会派を中心とした独自の立場を法的に認められた。そして合併によりイングランドのウェストミンスター政府下に入り、固有のスコットランド議会は廃止されたが、スコットランド長老会派の運営会議にあたる教会総会（kirk）が旧議会を代替して社会の安定・調整機能を果たすに至る。(57)

その教会も、当初はスコットランド啓蒙主義を推進した穏健派中心であったが、次第に急進的な民衆派が勢いを増し、特に両派は教会牧師の任免権をめぐり争い、遂には一八四三年に教会分裂（disruption）を起こした。分裂派は自由スコットランド教会を設立し、他方は一致長老教会を設立した。その後もスコットランドの教会は、国家権力と権威にいかにして対応するかをめぐり、また信徒側からの要望から、さらに人間主義的な自由な解釈を求め、その分裂・抗争と融和・統合を展開した。(58)

このような多岐・多様なスコットランド宗教史は、スコットランド人の自由な意思による宗教の選択の歴史を示し、また教会も、それに対応して変化していった。(59)

この宗教・価値観選択の自由の文化土壌の上に、スコットランドの産業革命の「華」として、諸科学・技術の発展、宇宙や生命探究への新発見と新思考の登場が可能となった。その歴史のダイナミズムに初期の活力を与えたのが、一八世紀後半のスコットランド啓蒙主義の確立と普及にあった。(60)

八　スコットランド啓蒙思想と世界

ルネッサンス的都市ヒューマニズムの中心勢力を占めたスコットランド教会穏健派にも、アメリカ独立に直面して武力行使を支持する声はあったが、ヒュームとスミスは同調しなかった。そしてスコットランド教会の福音（Moderates）・民衆（Popular）派のウィザスプーン（J. Witherspoon）やアースキン（J. Erskine）は独立支持に回り、アメリカに移住した。アメリカ独立戦争をめぐる論争が始まりつつあった時代、エディンバラ大学卒で教会人であったウィザスプーンはアメリカに渡り、平信徒に教会腐敗の改革を求める立場を取り、さらに民衆派の立場を鮮明にし一七六八年にニュージャージー・カレッジ（プリンストン大学）の学長となり、スコットランド啓蒙思想の紹介・伝播に努めた。またエディンバラ大学で医学を学んだラッシュ（B. Rush）はフィラデルフィアでの啓蒙にあたった。[61]

さらにフランス革命の時代、スコットランドのエディンバラの多くのワイン通商業者が啓蒙思想に賛同した。ミラー（J. Millar）や彼の弟子ミュア（T. Muir）がフランス革命を支持して流刑された。ミュアはグラスゴウ大学時代、市民大学設立構想を遺言で残したことで知られる労働教育のパイオニアの自然物理学者アンダースン（J. Anderson）の改革提案を支持し処罰を受けた。しかし最終的には保守派のエドモンド・バーク（E. Burke）に妥協した。そして彼の心の転回が学説上、スコットランド啓蒙主義の破綻とされる。[62]すなわち学説では、スコットランド啓蒙主義は、国内的には二回の市民革命、さらに国際的にはアメリカの独立、フランス市民革命の勃発に遭遇して、大きく変質する。彼ら啓蒙主義者の立脚基盤の教会も同様に大きく動揺した。つまり、かつてスコットランド教会穏健派と言われた都市ヒューマニストの大半が保守・反動化して死滅し、そして本来の啓蒙思想はかつての敵対者に吸収されたとされる。[63]

そこで新しい問題提起を試みたい。つまりスコットランドでは教会・政治的妥協から思想史的に死滅したとされる啓蒙主義は、積極的に時代に対応して、形を変えて科学・技術の探究エネルギー・実学思想に転化していったのではないかと考えたい。

長年、南のイングランドに対して社会経済的劣位にあったスコットランドが、新興工業地のグラスゴウと同大学を中心に伝統・文化・教育を生かして優れた実利・実学教育を作り上げ科学技術文化を創出した。例えば一九世紀中庸のヴィクトリア時代を支えた科学者・技師たちは、旧来の牧師・医師・法律家に加えて「技師（エンジニア）は専門職（プロフェッショナル）である」との声が起こり、彼らの信条の基盤はエディンバラ大学のフェアバーン（W. Fairbairn）卿によって供されたとされるが、そこには啓蒙主義時代から蓄積された哲学的支援があった(64)。

彼らエンジニアが誕生した機関は、その昔、グラスゴウ大学保守派によって一七八四年に追放されたアンダースンの遺言で設立された市民大学アンダースン・カレッジ（現在のストラスクライド大学）であった。同カレッジからイングランドのロンドン大学の他、英国各地の産業都市の機械工組合（Mechanic Institutes）が作られ、それが主要都市での大学の科学・工学部、また各地の技術カレッジへと発展した(65)。

この「エンジニアの思想」の普及が近代科学技術の伝播となり、スコットランド人移民の流れと共にヨーロッパ各地、また南・北アメリカ、インドからアジア・極東、またオーストラリア・ニュージーランドへと波及した。そして一九世紀の幕末・明治の日本も、この波の中で影響を受け、また対応して近代化・工業化を進めていく(66)。

九　スコットランド・ネオ・ルネッサンスの意義

定冠詞のつくルネッサンスは、一五世紀イタリアに生まれたルネッサンスである。学説上には、それ以前の八・九世紀のカロリング・ルネッサンスや一〇世紀のオットー・ルネッサンス、また一二世紀のルネッサンスがあるが、また一八世紀のスコットランド・ルネッサンスも認知され、ヨーロッパ社会の近世・近代を飾る意義あるルネッサンスとして人類史上で高く評価されている[67]。

と同時にスコットランド・ルネッサンスは、ひとつは新大陸アメリカに実学思想・哲学的基盤を付与した啓蒙主義の母国として、その独自な音楽・芸術と共に評価され、アメリカでのルネッサンス運動のルーツとして評価される。現在、アメリカでも一八世紀末の文芸を中心に「アメリカ・ルネッサンス」研究が大きな関心をもって迎えられている。

時代が変われば人間の思考も歴史観も変わる。求められるものは現在を最も精緻に論理的に理解するため、過去をどのように理解すべきかの試論の試行錯誤であり、そこから新しい学説も誕生する。

同じことは、日本の近代科学技術文化受容の歴史にも該当する。つまり一九世紀後半にアジア極東の島国の日本が封建主義を脱して明治維新を成功させ、急速に西欧近代技術を習得して工業化を達成、一八九四年の日清戦争と一九〇四年の日露戦争に勝利して、二〇世紀のアジアの一大強国として世界史に登場した。

さらに二〇世紀末には、日本の工業化を見習った東南アジア諸国や韓国・中国が著しい近代化・工業化を遂げた。今や地球上の商工業生産をみれば、アジア・環太平洋地域が世界の中枢となった[68]。

角山栄博士は、近代日本が西欧から近代技術を自国の受容能力において吸収し、ちょうど日本が「変電所」のような役割を果たし、さらに高度な付加価値をつけた工業生産品を隣国・世界に輸出していく。さらに東南アジア諸国が、その歴史を参考に自らの近代・工業化を図る過程を指摘され「アジア・ルネッサンス」と呼ばれる[69]。

最近、南アフリカでマンデラ大統領誕生後、彼の後継者のムベキ大統領がアフリカの新しい時代が拓きつつある。そして彼らや、またザンビアやガーナの大統領が、植民地時代を払拭して新時代のアフリカ建設を志向し「アフリカ・ルネッサンス」という表現を用い、新聞・テレビを通じて国民を勇気づけている。つまりルネッサンスという言葉は、過去の一時代の歴史用語「文芸復興」を越えて、新しい時代の建設に向かう「社会復興」として評価される言葉になったのではなかろうか。

そこでスコットランド・ルネッサンスの歴史的意義を強調して、さらに近代社会を形成した「スコットランド・ネオ・ルネッサンス」による科学技術文化の爛熟を称讃して、本著の主題を、『スコットランド・ルネッサンスと大英帝国の繁栄』として上梓する次第である。(70)

第1章　イタリア・ルネッサンスとスコットランド

一　はじめに

イギリス社会思想史上においても、一八世紀のスコットランドにおける啓蒙主義が近代ヨーロッパ世界の近代思潮をリードしたことは広く知られる。具体的にはオクスフォード留学から戻ったスミス（A. Smith）がエディンバラに居を構え文芸協会活動に協力し、スコットランド知識人との交遊、彼らのサロンの中からスコットランド啓蒙主義が誕生した。(1) スミスは、その後母校グラスゴウ大学に迎えられ同大学の道徳哲学教授として活躍、後年にはグラスゴウ大学総長にもなった。スミスが一七七六年に著述した『国富論』は、イギリス資本主義が重商主義時代を脱して自由貿易主義に向かう時代信条として受け容れられ、彼自身も「古典派経済学の父」と讃えられた。

そして一八世紀末から一九世紀にかけてのスコットランドの社会発展と文芸復興は、「スコットランド・ルネッサンス」(Scottish Renaissance) と呼ばれた。(2) それは中世封建社会から近世市民社会に移行する時代における文字通りの「文芸復興」による知性覚醒運動を表現したと言えよう。そこで本章は、先ずその前史を研究対象として、このような時代に繋がったスコットランドの中世から近世への移行期を、イタリアのルネッサンスとの関係において考察してみたい。

二　イタリア・ルネッサンスからスコットランドへの影響

ルネッサンスは、歴史的には古くは九世紀にフランク族のシャルルマーニュでの「カロリング・ルネッサンス」、また一〇世紀のドイツ・ザクセン朝の歴代オットー皇帝統治下の「オットー・ルネッサンス」が挙げられる。(3) さらに北フランスからイタリア・ボローニアに至る地域を中心に、一二世紀の中葉に中世商業の興隆を背景とした「一二世紀ルネッサンス」が挙げられるが、その特徴は一〇八八年設立のボローニア大学に続く、オルレアン大学、ナポリ大学、ヴェネツィア大学、パドヴァ大学、シエーナ大学等の掲げた「中世スコラ哲学」にあった。また一二〇九年にイギリスのオクスフォード大学が、一二二五年にケンブリッジ大学が創立されたのも、その影響下にあったことを示している。(4)

しかし一般的には、フランスのミシュレ (J. Michelet) の『フランス史』(*Histoire de France*, 17 vols, 1833-67) やブルクハルト (J. Burckjardt) の『イタリアにおけるルネッサンスの文化』(*Die Kultur der Renaissance in Italien*, 1860) で取り上げられ、一四世紀中頃から一六世紀初めにかけてのイタリアに起こった「古代文化を指導理念とした文化運動」でヨーロッパ全域に影響を与えた運動を意味し、新しいタイプの絵画、彫刻、建築と古代様式を復活させた新しい、特にラテンや古典を強調する教育形態、また道徳的思考において特徴づけられた。その背景には、十字軍以降イタリアが東西貿易の中継地となり、富の増大と流入がヴェネツィア、フィレンツェ等の都市の勃興を生み、そこに成長した市民層が封建勢力を打倒して、近代的な合理感覚にあふれる独自な市民文化が出現した。また南イタリアからイスラム教徒・文化の接触があり、イスラム自然哲学・科学も混入して、華麗な文化を創出した。[5]

そしてルネッサンス運動は、成熟したヨーロッパ中世の文化運動として、ヨーロッパ各地に伝播した。ヨーロッパの北端に位置するスコットランドでは、語彙・綴字法・発音での固有文化を背景に同島の南に位置するイングランドと異なったが、その強大な軍事・経済力の影響を受け、一六世紀頃からは急速にイングランド化に向った。この動きが、遠くイタリアで始まったルネッサンスに源を発するとの考え方もあるが、スコットランドはヨーロッパの僻地で限界的領域にあり、残存する美術品で調べると、イタリア職人が直接的に出稼ぎに来たり、また間接的にはスコットランド人のイタリア旅行の見聞や書籍購入からであった。イングランドに比しても、イタリア・ルネッサンス芸術のスコットランドへの浸透は遅かったが、徐々に炉棚（mantlepiece）、部屋ドアの回転軸や天井装飾に見られた。[6]

またジェイムズVI世が一五七三年にエディンバラ城の中に半月堡を作ったが、そこにはイタリア職人やイタリア風の芸術の痕跡は未だ無かった。また城郭建築におけるイタリア文化の影響は、一五八一年にイタリアから戻ったボズウェル伯爵（Earl of Bothwell）がクライトン（Crichton）城を築いた様式に見出されるが、建築史上では未だイタリアからの直接的影響とはされていない。[7]

この時代のスコットランドの城郭や公共の建造物には、スコットランドの王政復古主義者好みのフランス風建築が行われ、エディンバラのホリウッド宮殿（Holywood Palace）に掲げられた当時の著名人画像をみても伝統的な画法で描かれている。(8)

彫刻では、イングランドで大蔵大臣をつとめ一六一一年に死去したジョージ・ホウム（George Home）の墓がダンバー（Dunbar）教区教会に作られたが、それはロンドンで作られスコットランドへ運ばれ、未だイタリアからの文化的影響と言うよりは王党主義者（Jacobean）の好み風であった。さらにヨーロッパ北部地域が、スコットランドを含めて王政復古時代を経験したため、未だ教育方法や道徳・哲学的な面でイタリア・ルネッサンスの影響を受けるのは少なかった。(9)

一六世紀スコットランドには、三つの大学、セント・アンドリューズ大学、グラスゴウ大学、アバディーン大学が存在したが、財政源も枯渇しており、学術・教育活動も不調な時代であった。なを当時の大学の役割は、主として、王政復古後の諸教会への牧師の供給とエディンバラの裁判所への法律家供給にあった。この時代では、イタリア文化のスコットランド教育への影響は未だ微弱であった。またイタリアの諸大学はヨーロッパ大陸各地への官民双方の法律家供給に貢献したが、北端に位置し新しく牧師供給を目的に設置された英国のオクスフォード・ケンブリッジ両大学と敵対することもなかった。(10)

また当時のスコットランドの牧師・法律家の養成は、アバディーンの主教エルフィンストン（Bishop Elphinstone）が、パリ大学で法律学を学びオルレアンで教授をつとめた後に母国に戻り、開始したことに始まる。つまりスコットランドの初期の大学教育には、フランスからの主影響とドイツ式の混合的影響がみられた。旧来のヨーロッパ諸大学ではアリストテレス主義（Aristotelianism）が主流であったが、エラスムス

(Erasmus)が大学活性化を主張し、伝統的な教育観を批判した。(11) エルフィンストンは、一四九六年の「貴族や自由民の長男に文芸と法律を訓育する」ことを求めたスコットランド議会法を成立させ、これはヨーロッパ最初の義務教育法と讃えられた。(12)

この義務教育法の内容は、イタリア・ルネッサンスの教育原理を表現したと言われ、事実、イタリアのビットリノ(Vittorino)や一五三一年の『統治者』(Governor)の著者エリオット(Elyot)等の著述家の考え方を取り入れていた。(13)

ヨーロッパでは、イタリア・ルネッサンスの影響を受けて、ルーバン(Louvain)のバスレイデン学園(Busleyden's foundation)、オクスフォードのコーパス・クリスティ・カレッジ(Corpus Christi College)等がラテン語・ギリシア語を教えた他、キケロ(Cicero)の道徳的義務観を教えた。(14)

またスコットランドには、数多くの非国教徒のアカデミー(dissenters' academies)が作られ、英国国教会の統制下の不自由な教育状況の中で当時の社会で希求された実用学の興隆に貢献したが、その本来の起源はフィレンツェのフィチノ(Ficino)設立の学院の影響と言われた。(15)

そしてスコットランド四番目の大学として、エディンバラ大学が設立される。それは国王・貴族からの寄付基金により一五八三年に発起されたが、それ以前から同市にあったメアリー女王の縁の学校組織で、一五三〇年代にフランシス(Francis)I世によって設立されたフランス語学院、オークニー島の主教(bishop)等の意向も混成され、当時のスコットランド最高峰のフランス語・文化教育センターとなった。(16)

宗教改革後のスコットランドへの教育思想の定着を象徴した一五六〇年のノックス委員会編集の『第一訓育書』(*First Book of Discipline*)の発刊は、新しい時代に対応する教区学校、都市における文法学校、大学の必要性を強調した。改革者の目的は、敬神的な平信徒と学識ある牧師を作り出す教育機関の確立にあった。この考え方の源は国境南のイングランドのセント・ポウル学校（St. Paul）を再建したコレット（John Colet）にあり、彼の姿が一五七七年のグラスゴウ大学の新建造物内に残されている。また同大学のメルヴィル（Andrew Melville）学長は、フランス語学院を卒業し従来の学問と新学問を結びつけ、牧師・医師・司法家の専門職に必要なギリシア語・修辞学・弁証法・道徳哲学・算術学・自然哲学・天文学・年代学・歴史学を教科に入れた他、自らも教壇に立ち神学と聖書言語を講義した。[17]

イタリア・ルネッサンスからスコットランド人文学への影響は、一六世紀の法律制度の改革案の中に見出される。イングランドとは対照的に、スコットランドはローマ法を受容し、その改革のシンボルは、ローマ法王黙認のもとに教会収入の中から作ったスコットランド最高法院（College of Justice）や英国国教会に見出されるが、それは元来パビア（Pavia）で使われた組織で、従来の巡回季節裁判として行われていた裁判制度の完成であった。[18] エディンバラ大学のヘイ（Denys Hay）の研究によれば、このような新教育方法が成功したかどうかは当該時代の皇太子教育をみれば分かるとして、ジェイムズ（James）Ｖ世への学識と道徳観授与の努力を挙げる。[19]

事実、ジェイムズＶ世の指導教授のダンバー（Dunbar）卿、ベレンデン（Bellenden）、リンゼイ（Lindsay）、イングリス（Inglis）等は、ジェイムズⅣ世やそれ以前の皇太子教師陣に比べて、知的に優れていた。しかしジェイムズＶ世の最も有名な教師は、歴史家で詩人のブキャナン（George Buchanan）であり、彼の教えを受けた皇族の子弟からイングランドまたスコットランド双方の国王が生み出されたことでも有名である。[20]

またジェイムズＶ世自身が、どれほど文学に精通・堪能であったかは定かではなく、ラテン語の能力も文献的に疑問視されるが、彼の統治時代の数多くの書家文献が残される。イタリア・ルネッサンスの影響は未だ極めて限定されていたが、特に当時の英国文学で高い評価を受けたダグラス（Gavin Douglas）のギリシア神話『アエネーイス』（Aeneas）の翻訳がある。そしてヘイは、ダンバー卿やダグラスを「スコットランドにおけるチョーサー（Chaucer）風学者ではなく、ローマ時代の詩人ウェルギリウス（Virgil）が強調したような自らの故郷の伝統を謳った英雄詩人」と看なされるべきと述べる。[21]

ダグラス以前に一五世紀末のヘンリソン（Henryson）は、イタリアの母国語を用いて綴る詩人たちからの文学的影響を受けた。ラテン人文学者の著作に反対しながらも、イタリア文芸活動の新しい文体や形式面をフランスやイングランド経由で受け入れ、スコットランド著述家は大きな影響を受けた。[22]

一六世紀中頃以降にはイタリアの詩人・作家が、直接・間接的に多くのスコットランドの作家に感化を与え、イタリア的視点から見れば「ルネッサンス」の資格づけは物議をかもすとしても、例えばリンゼイ（David Lyndsay）卿のような時代の流行を象徴する著名な作家を生んだ。イタリア起源のソネット（一四行詩）がスコットランド風土に馴化され、スチュアート（John Stewart）の『戦う英雄ローラン』（*Roland Furious*）のような彼自身の育った伝統と環境から受け継いだものを表明するソネットが作られた。[23]

また同様の作風がファウラー（William Fowler）の作品にも見られ、彼はマキャヴェリ（Machiavelli）の『君主論』（*Prince*）を翻訳したことでも有名である。この訳をめぐって論議されたが、明らかにフィレンツェの影響、ブルーニ（Leonardo Bruni）の作風、また帝政時代の感化が認められた。極めて印刷数が限定されたとはいえ、スチュアート朝時代のスコットランドにあって、イタリア語様式の影響を端的に物語っていた。[24] マキャヴェリの時代には、イタリア起源とルネッサンス風双方をもつ散文詩がスコットランドでも流行した。

また僅数ではあるがイングランドやスコットランドの著作家がラテン語で出版した場合、ヴェネツィア、リヨン、バーゼル、パリ等で販売された。

スコットランドは、ヨーロッパの大陸諸国間と伝統的な繋がりがあり、知識人の交遊も活発であった。当時の英国とヨーロッパ諸国間の最大の繋がりは、印刷された著述本であった。それらは王政復古の時代には破棄・破損される不幸をみたが、一五六〇年頃まで残存した書籍がスコットランド諸図書館に見出される。[25] それらの書物から、当時のスコットランド作家がラテン・ギリシア語と文学の他、古典学・教父学・キリスト教作家の作品に精通していたのが分かる。この時代のスコットランド作品の特徴は、イングランドやフランスとは異なりイタリアから人文主義者を輸入せず、「当初から土着の居住民の手によって作られた」ことである。[26]

例えば一五二一年にパリで発刊されたメイジァ（John Major）の『アングリアとスコットからなる大ブリタニアの歴史』（*Historia majoris Britan iae tam Angliae quam Scotiae*）も、彼のパトロンのジェイムズⅤ世に実務と自由な学術的論議を教えるための旧来のパリの学校教師の作品とみられたが、彼のライバルとされたもうひとりの神学者ボイス（Hector Boece）の『リブリⅩⅨ世に始まるスコットランド史』（*Scotorum historiac a prima gentis origine libri* ⅩⅨ）の作品は、一五二六年にパリで企画されたが完成されずフェレリオ（Giovanni Ferrerio）よって完結されたが、スコットランド初期の諸国王の歴史をたどり、極めてスコットランド風とされる。[27]

この時代は、また歴史家を宗教論争の渦中に巻き込んだ。それ故に一五七八年のレズリー（John Lesley）の『起源、スコットランドの習俗・主要事件』（*De origine, moribus et rebus gestis*）は、旧教会を擁護するかたちでローマで出版された。[28]

王党主義者の歴史家たちにとって、最大の影響力を持ったのは、ヨーロッパのラテン新古典派（neo-Latin scholarship）に属したプロテスタントの先述したブキャナンで、彼はフランスのボルドー（Bordeaux）とポルトガルのコインブラ（Coimbra）の大学教授を務めた経歴を持ち、ジェイムズⅥ世のチューターをつとめ、そこから政治に関与するに至った。ブキャナンは、一六世紀のヨーロッパを代表するスコットランド人著述家と評された。[29]

彼の宗教改革への歴史観はスウェイナス（Thuanus）によって後継され、その著『再編スコットランド史』（*Rerum Scoticarum historia*）が一五八二年にエディンバラで出版された。ツアヌスはラテン文学主義者としての名声を背景に、一五七一年までの教会を描写した。彼は最も人文主義的な人物との評判を得たが、彼の歴史・社会観はカルヴィン主義から派生しており、またイタリアの影響は皆無とされながらもフランスの影響が見受けられた。しかし彼の晩年の政治家としての言動や著作には、共和主義者への共鳴があり、マキャヴェリ主義者やグイチャルディーニ主義者（Guicciardini）を挑発した。[30]

スコットランドからみれば当初はイタリアよりもフランスの方が大きな存在であったが、次第にスコットランドからイタリアを訪問する人的交流も増加した。宗教改革の時代までのスコットランドのイタリアとの関係の中で最も活発で生産的であったのは、ローマ教会メンバーの活動であった。特に一五一七年以降、ジェイムズⅣ世とジェイムズⅤ世治下において、イングランド国王からローマ法王に対して、要求が満たされないとローマ教会教義を破棄するとの要求書が数度送られた。その結果、大半の国王・貴族の要求は満たされた。問題は宗教改革で財政的に破綻したスコットランド長老教会であった。ローマ法王は、時折、ローマ教会からの施しが果たして正しく行われているかどうかを検査したが、一五四八年にヴェローナ（Verona）の司教（bishop）のピエトロ・リポマノ（Pietro Lippomano）を派遣・調査したのが最後とされる。そこにローマ法王庁・スコットランド王室・スコットランド国教会牧師（clergy）の関連が見出される。[31]

またフェレリオの活動は例外的に著しく、ピエドモンテス（Piemontese）出身の彼は「真正のイタリアの人文学者」と讃えられ、一五三〇、四〇年代の数年間、スコットランドのキンロス（Kinloss）修道院で教えた。彼はヘクター・ボイス歴史論の講義を行い、一五七四年にはスイスのローザンヌで編集・出版した。彼はリポマノ法王大使の外交にも関与したが、人文主義者として評価され、パリ在住のスコットランド人に最も大きな影響を与えた。[32]

スコットランドの比喩や印象を書き留めたイタリア人としてはピウス（Pius）Ⅱ世が有名であるが、その姿はシエナ大聖堂（Siena Cathedral）のピッコロミニ（Piccolomini）図書館の絵画の中に、高位聖職者として概念化され描かれ残されている。

さらにイタリアからの影響として、知的環境の変化を二点で指摘できる。それはイタリックとローマン活字印刷の開始と人文主義者の筆写体書式である。スコットランドでは一六世紀中葉には、イタリックやローマン活字はごく僅かの書籍にしか用いられなかった。しかしイングランドやスコットランドのラテン語を使う学者は、習慣的に書籍をヨーロッパ大陸内の学問中枢地から取り寄せて購入しており、非効率的であった。それがいつの時点で、ラテン語からイタリア語に移行したかは定かではないが、ローマ法王庁やイタリア貴族によって愛顧された人文学者によって、イタリア語が急速に広がった。しかし長い間、彼らは伝統語の流行語と双方の言語体を用い、使い分けていたことも事実であった。

しかし一七世紀にはイタリア語が学問習得の必須言語となった。例えばアルディス（H. G. Aldis）の『一七〇〇年前にスコットランドで出版された書籍リスト』(*List of Books published in Scotland before 1700*) を見ると、一六〇三年前にスコットランドでは既に約四〇〇冊がイタリア語で印刷された[33]。

またビアッティ (William Beattie) の研究によれば「スコットランドで最初のローマン活字・イタリア語を用いた印刷工は、一五四一年のデイヴィッドスン (Thomas Davidson)」で、彼が本の各章の見出しに用いたことに始まった[34]。

また彼の調査によれば、一六世紀初頭に手書きではあるが、ダンブレイン (Dunblane) のチソルム (Chisholm) 司教やブキャナンのように、美しいイタリア語の書けるスコットランド人指導者が活躍し、イタリア語もかなり普及した[35]。

その意味では、イタリア・ルネッサンスのスコットランドへの影響は、先ず比較的遅くまたゆっくりと伝わったと思われ、その理由はフランスにいたスコットランド人を介しての間接的輸入にあったからである。また一五六〇年のスコットランド宗教改革により、イタリア・ルネッサンスのスコットランドへの浸透は中断されたが、にもかかわらず新しい思想・哲学が着実に到来したことが、大陸で印刷された多くの書籍が持ち込まれたことから分かる。またスコットランドには、ブキャナンを代表とする歴史資料編纂の強い伝統の風土もあり、土着化に成功し易かった。ブキャナンにはカルヴィン神学が思考・信条となっていたが、同時に修辞的なイタリア・ルネッサンスの共和主義的心情も代弁し、人文主義者らしい歴史資料編纂に成功した[36]。

三　フランシス・スチュアート・ボズウェルとスコットランド魔女問題

一六世紀に入り一五〇九年にヘンリーⅧ世が即位（—一五四七年）した。一五一六年に、トーマス・モア（Thomas More）が『ユートピア』を出版した。一五二五年にはウィリアム・ティンダル（William Tyndale）が『新約聖書』を英訳した。

一五二八年頃にスコットランドの宗教改革が始まった。一五三四年にイングランドは、ローマ・カトリック教会を離脱し、英国国教会（Established Church）を発起し、二年後には国内カトリック修道院解散法が発布された。一五四二年にはメアリー・スチュアート（Mary Stuart）がスコットランド女王になり、次いで一五五三年にはイギリス国王（—一五八年）に就いた。そしてフランス嗜好の彼女の方針で一時的にイギリスはローマ・カトリックに回帰し、同時にプロテスタントへの迫害を開始した。またスコットランドでは、一五六〇年にスコットランド国教会が成立した。

しかし王政復古は時代思潮への逆流であったため短期間で終わり、一五八七年にはスコットランド女王メアリーは処刑された。また一六〇三年にエリザベスⅠ世が世継ぎなく逝去したため、いわゆる「王冠の結合」と言われるジェイムズⅠ世（スコットランドのジェイムズⅥ世）が招かれスチュアート朝（—一七一四年）を開始した。また一五八八年にドレイク（Francis Drake）がスペインの無敵艦隊を破ったことから国際化への道も開け、一六〇〇年の東インド会社設立、一六二〇年にはピューリタン迫害からピルグリム・ファーザーズ（Pilgrims Fathers）のアメリカ移住が行われた。

つまりイギリスは、国内では中世から近世への激動の時代を宗教改革の中で迎え、また国際的にはアジア、アフリカ、アメリカへの進出を図る時代であった。またスコットランド国内では、対イングランド、またカトリック教会と英国国教会とスコットランド教会の葛藤と混乱の時代であった。その時代を、同時代の資料により調べると、コーワン（Edward J. Cowan）の述べる「イタリア・ルネッサンスの暗い面」が見えてくる。(37)

スコットランドの歴史では北ベルウィック（North Berwick）の魔女事件が有名である。一五八〇年のハロウィンの日に、ダンカン（Gellie Duncan）に率いられた一群がフォース河を横切りスコットランド教会に侵入し、秘密の宗教儀式を行った。捕囚された人物には有名人も見られ、キース（Keith）の賢名との評判高かった女性サンプソン（Anny Sampson）、カニンガム（John Cunningham）、スコットランド高等法院の議員のクリフトンホール（Cliftonhall）侯爵の娘オウヘミィ・マッケルゼン（Euphemei MacKalzane）、エディンバラの貴族議員の令夫人のバーバラ（Barbara Napier）、グレアム（Richie Graham）がいた。

そこでスコットランドの魔女問題の政治的・社会的・知的起源を調べ、また魔女裁判に関連して有名なボズウェル伯爵スチュアート（Francis Stewart）に注目すると、一六世紀の最後の一〇年は大変複雑な経緯をもち、暴力と苦痛に満ちた事件が多かったことが分かる。(38)

当時は魔女裁判による処刑は、悪魔から解放される祝福とされた。事実、サンプソンには絞首刑が命じられ、さらに死後に火炙《あぶ》り刑が実行された。カニンガムは頭・首・足首・爪の拷問を受け、最終的には処刑された。オウヘミィは、彼女の社会的地位の故に、生きたまま火炙り刑で殺された。

推計ではヨーロッパ全域で、魔女裁判で処刑された数は、一五九〇―一六九〇年の一世紀間に、約三〇〇〇―四〇〇〇〇人と言われる。[39] 一般的にスコットランドでは宗教改革時代の流血事件は少なく、それを理由に双方側での殉教・犠牲者も少なかったことが強調されるが、この魔女裁判での被処刑者こそ、文字通りヨーロッパ宗教改革時代の犠牲者と言えよう。[40]

この時代のスコットランドでの魔女裁判は『スコットランドからのニュース』(*News from Scotland*) に記録されており、シェイクピア (Shakespeare) も名著『マクベス』(*Macbeth*) を執筆する際に同記録を引用し、コーワンの言葉では「陰惨なポルノ小説」に作品化したとされた。[41] そこにも描かれているが、拷問は告白を引き出す常套手段として使われた。あるイングランド人の観察によれば、スコットランドでは魔女発見のために、犠牲者を目覚めたままにしておくために親指締めと足首締めが使われた。当時、魔女は眠ることも涙を流すこともないと噂され、事実マクベスもダンカン殺人後に眠ることがなく、充分に魔女の証とされた。

またスコットランドでは、昔から幽霊話や黒魔術の信仰があったとされ、起源を調べると北ヨーロッパのデンマーク民話につながる特徴がある。[42] 興味深い話がある。スコットランド王ジェイムズはデンマーク国王の娘一四歳のアン (Anne) との結婚を決意した。そして王女はスコットランドに向けて三回出帆したが三回とも嵐で押し戻され、デンマークの海軍長官マンク (Peter Munk) は「魔女の仕業以外、考えられない」と感想を述べたほどである。[43]

そこでジェイムズ国王は、スコットランド海軍提督のボズウェル五代目伯爵のフランシス・スチュアート・ボズウェルをデンマークに海路派遣し、彼の花嫁を連れてくるようにと命じた。このフランシス・スチュアート・ボズウェルは、メアリー女王と共謀して彼女の夫ダーンリー卿を謀殺し自ら彼女の三番目の夫となったボズウェルの従兄弟であった。しかしメイトランド (Maitland) の主教は、ジェイムズにノルウェーに渡ることを勧め、F・S・ボズウェルに留守番を命じた。[44]

デンマークとの繋がりがスコットランドでの迫害を助長したかもしれないとされるのは、デンマーク改革主義者が改革教会に反対・攻撃する人々を魔女と烙印する方策をとった歴史に帰因する。[45] デンマークでの先例がスコットランドの偏見を強化したかたちになり、一五九一年に公刊された『スコットランドからのニュース』に、カトリックに復帰するようにと誘惑された多くの例が納められた。[46] 上に述べたサンプソンは呪文で「アベ・マリア」(ave Maria) と名乗り、宗教改革前の教会への帰順を誓った人物であった。

一五九〇年の一一月、一二月にスコットランドでの魔女審査・裁判が始まった。ボズウェルも嫌疑をかけられ裁判の対象となった。複雑な政治と宗教の抗争の中で、交遊の多い彼に魔女との契約があるとの噂が立てられ、翌年四月一六日にエディンバラの法廷でグレアムと謀議して国王暗殺を試みた件の釈明を求められ、その後エディンバラ城に幽閉され、彼の一族は追放された。F・S・ボズウェルは魔女と共謀して国王の命を狙ったと噂されたが、事実一二月に国王夫妻を攻撃し彼の仲間七人は捕えられ絞首刑に処せられたが、彼自身は逃げのび多くの伝説を生んだ。あるイングランド人は「ロビン・フッド」(Robin Hood) を想起させたと述べる。[47]

一五九三年七月にF・S・ボズウェルは逮捕され、ホリウッド宮殿で国王と再会した。彼の処刑も検討されたが、エリザベスの庇護もありピューリタニズムと英国の側に立ち、カトリックと外国勢力に与しない誓約をさせ、彼の延命が認められた。その後も彼は、宮廷側と反体制側の相互の限界点で活躍した。一五九五年四月にはスコットランド教会からも絶縁され、フランシスはフランス行きを企画した。ジェイムズに貴族特権を剥奪されるとエリザベスに嘆願して、フランスにてスペインやオランダからの情報、ローマのイエズス会（Jesuits）とハントレイ（Huntly）やエロル（Errol）との交渉を国王に報告するとの条件で、年金生活者に任ずるように請い、エリザベスはジェイムズに従兄弟を許し聞き入れるように説得した。(48)

その結果F・S・ボズウェルは出国し、スペイン、ポルトガルで多くの戦士に多大な影響を与え、またフランス、ドイツ、オランダでも遠征軍を率い活躍した。彼の傭兵としての活躍は多くの噂や物語を生み、さらに一六〇二年にはスコットランドのダンバートン（Dumbarton）で一万人の兵士を率いてヘンリー王子と戦い、彼をアイルランドへ追い払う勲功をあげた。(49)

ジェイムズはスコットランド王から英国王に就き、F・S・ボズウェルの脅威は、彼は未だ多くの交渉や連係に絶え間なく動き回っていたが、現実にも想像上も消失した。一六〇九年にF・S・ボズウェルは、フランスのヴェゾン（Vaison）の司教であったチソルム（William Chisholm）に相談し、一方彼の仲間はローマとスペインで援軍を懇請した記録がある。しかし既に彼の時代は終わり、イタリアのナポリで失意の内に一六一三年に病没した。(50)文化史的に興味あるのは、彼がイタリアで当時流行の新プラトン主義（neoplatonism）と接触を持ったことである。新プラトン主義と魔女問題が関係あるかどうかは意見が分かれるが、占星術で人の運命を予測し危機を回避する考え方の中で、F・S・ボズウェルがその後の事件を肯定する論理を持ったことも事実である。(51)

その当時、何人かのスコットランド人がイタリアに学んだが、有名人物にマキャヴェリ（Niccolo Machiavelli）の著作を翻訳しアン女王の秘書であったファウラーや、ボズウェル家の主事であったヘップバーン（Robert Hepburn）、「バベルの塔」（Tower of Babel）の七二言語を修得したと讃えられたヘップバーン（James Bonaventura Hepburn）がいた。

この新プラトン主義の影響を受けたことの確証が、一九六二年にプレストングレンジ・ハウス（Prestongrange House）の不思議な天井に見出された時に、即座に「魔女の作った天井」（witch-craft ceiling）と呼ばれたことにある。[52] 同屋敷は、イタリアのパドヴァ（Padua）で教育を受け一時パリで過ごしたロージアン（Lothian）の初代伯爵ケア（Mark Kerr）の所有と言われる。同宅天井は一五八一年に作られたとされ、さまざまな象徴的な造形や淫らな人物像が描かれ、一五六五年にパリで出版された『パンタグリュエルの風流滑稽夢』（*Songes drolatiques de Pantagruel*）の構図から選ばれたとされた。同書はオークニー（Orkney）の司教アダム・ボズウェル（Adam Bothwell）の書庫にあり、そこには数多くの魔女関係の図書が収納されている。[53]

ケア伯爵はスコットランドへの帰路、イングランドで一五七一年のエリザベスＩ世の廃位を狙った旧教徒のリドルフィ（Ridolphi）陰謀事件に関与した嫌疑をかけられた。彼の兄ジョージ（George Kerr）は、スペイン・ブランクス（Spain Blanks）事件の中心人物であり、彼らはスコットランドで有名な国教忌避一族と縁戚関係があった。[54] ケアは「請求の中心者」（Master of Request）としてスコットランド法廷に知られており、一五八九—九〇年の間には政府でボズウェルと密接な関係にあった。さらに両人物間には、希薄ではあるが極めて意義深い繋がりがあった。

一五九〇年代のスコットランドでのカトリック教会の最も著名な代弁者は、のちに大陸のＦ・Ｓ・ボズウェルへ書簡を運んだアレクサンダー・ディクスン（Alexander Dickson）であった。彼はエロル出身で「記憶術のディクスン」（Dickson of art of memory）として知られ、ロンドンのシドニー（Sydney）サークルのメンバーでジョルダノ・ブルーノ（Giordano Bruno）の仲間であった。ディクスンは、記憶術についての本を何冊か出版したが、彼はブルーノ同様に、ヘルメス・トリスメギストスの秘教的な博識を習得・吸収した博学者

（magnus）であった。[55] 彼の尽力によりクリフトン（Crichton）の地にボズウェルの名を冠した素晴らしいルネッサンス広場（piazza）も、調和感を象徴する形で企画された。

またヘルメス主義（Hermeticism）は、一六世紀後半のヨーロッパでは、全知識に到達するための鍵とされた。コーワンの言葉によると「彼らは独善的なカトリックと独善的なプロテスタントとの間の不思議な第三世界に住み」、ヴァロア（Valois）やハプスブルク（Habsburg）宮廷、ロンドンのシドニー（Philip Sydney）卿のサロンやアントワープの印刷業者プランタン（Christopher Plantin）の仲間、スペインの神学者モンタノ（Benito Arias Montano）のグループの中に見られる。[56] また彼らの世界とは、新プラトン主義とエジプト秘法との不思議な混淆にあり、天体十二星の運行で支配される相似性と調和の世界であり、その世界にF・S・ボズウェルは心酔した。その方向性は原始的なものよりも科学的な未来を模索するかたちをとった。にもかかわらず最終的には、彼はスコットランド教会（kirk）・貴族・王国の一時的な中心者となり、スコットランドとイングランドの親睦の象徴でもあったが、スコットランド・ルネッサンスとスコットランド宗教革命とを和解・調和させることは不可能であった。

四　アダム・ボズウェルとスコットランド・ルネッサンス

エディンバラの教区牧師ダンカン・ショウ（Duncan Shaw）は、スコットランド宗教史を調べた結果、オークニー（Orkney）の司教アダム・ボズウェル（Adam Bothwell）が彼の監督教区で同時代の最高の文化・神学的な運動として自力で宗教改革をなし遂げ、しかもジョン・ノックス（John Knox）たちのような、いわゆる宗教改革者からの助勢なしに達成したことに注目する。

しかし実際のスコットランド宗教改革運動においては、ノックスへの賛辞は大きい。トーマス・カーライル（Thomas Carlyle）は「ノックスの母国スコットランドへの貢献は、私たちに死者キリストの復活を想起させる」と述べ、神学者ジェイムズ・ウォーカー（James Walker）は「スコットランド神学は宗教改革に始まるが、我々の最初の偉大な著述家はジョン・ノックスである」と述べる。(57) この内なるノックスの宗教改革と外からのイタリア・ルネッサンスが近世スコットランドに与えた影響は大きかった。

また独自な文化と歴史をもつスコットランドの首都エディンバラの役割が、アダム・ボズウェルが育成した知的倫理を考える時に、看過されてはならないのである。実際にはフランスからの外交団やローマ法王庁からの使者の訪問、またスコットランド人や外国人牧師・学生・職人・貿易商がヨーロッパ各地から帰国する際に数多くの流行の書籍や体験本を持ち帰り、スコットランドへのルネッサンス思想の流入・受容に貢献した。事実、一五六〇年にスコットランド宗教改革の運動がエディンバラで始まった時、そのリーダーシップは王室・教会・季節法廷・市議会内部の人々にあった。(58)

アダム・ボズウェルの学歴は不明な部分があるが、ヨーロッパ大陸の一、二の大学で学んだことは事実とされ、彼の残した蔵書は群を抜いて素晴らしくクレメント・リィテル（Clement Litill）の蔵書を遥かに凌いだ。

アダム・ボズウェルの生きた時代は、スコットランドは知的・文化的輻輳（convergence）にあり、その一体化傾向が彼の人生と活動の形成に大きな役割を果たした。さらに彼が活動したエディンバラが、独立国家の首都として知的精神のシンボルとして存在し、フランスからの外交使節団、ローマ法王特使・大使、放浪するギリシア人、トルコからの難民、イタリア人銀行家等の訪問を受け、国際的な文化混交の雰囲気を形成した。そこからアダム・ボズウェル一族が登場したが、彼の祖父はエディンバラ市長をつとめスコットランド高等法院（College of Justice）の発起評議員メンバーであり、彼の親戚のリチャード・ボズウェル（Richard Bothwell）は同メンバーでアシュカーク（Ashkirk）の学院長、さらにジェイムズV世の財務長官をつとめた他、神学教授としても有名であった。[59]

またオークニー司教区の彼の前任者ロバート・レイド（Robert Reid）はキンロス（Kinloss）の大修道院（Abbot）の季節法廷議長をつとめ、自らルネッサンスの影響に深い造詣を持ち、同時に宗教改革への強い熱意を持っていたことは良く知られたが、アダム・ボズウェルの青春時代に大きな影響を与えた。[60]

そしてスコットランドの時代的風潮、ヨーロッパで一般的に漲っていたキリスト教の状況、さらにエラスムス主義（Erasmian）の伝統の中で、ボズウェルは、ルネッサンス人文主義の影響下に、スコラ哲学からの疎外とは対照的に、古典的遺産と同時代の神学運動との間に成立した結晶を確信した。[61]

同時代の学識のスコットランドへの恩恵は、古代ローマ人による著作同様に、多くのギリシア人の作品が見られた。その中にはギリシア最古の叙事詩と言われたホメロス（Homers）の『イリアス』（Iliad）の原稿と有名な人文主義者であったロレンツォ・ヴァッラ（Lorenzo Valla）編集の印刷版の他、アリストテレス、ディオゲネス・ラエルティオス（Diogenes Laertius）、イソクラテス（Isocrates）、ルキアヌス（Lucian）、ピンダル（Pindar）、プロティノス（Plotinus）等の作品がスコットランドへ受容された。[62] ラテン文学は古典時代以降に一般的であった。ギリシア文学に影響を受けた後期共和制時代のテレンティウス・プブリウス（Terentius Publius）、マルクス・トゥリウス・キケロ（Marcus Tullius Cicero）、ユリウス・カエサル（Julius Caesar）やルクレティウス（Lucretius）、アウグストゥス時代のウェルギリウス（Virgil）、ホラティウス（Horace）、オウィディウス（Ovid）等、さらにアウグストゥス以降の小セネカ（Seneca）、彼の甥ルキアヌス（Lucian）、大プリニウス（Pliny）、さらにタキトゥス（Tacitus）、マルクス・ワレリウス（Marcus Valerius）、マルティアリス（Martialis）、アプレイウス（Apuleius）、続いてキリスト教信奉者のラテン作家、例えばラクタンティウス（Lactantius）、ボエティウス（Boethius）等の人々の著述での韻律・歴史・詩に見出された。(63)

さらにA・ボズウェルは、古典的伝統の時代的重要性を意識しつつ、ギリシアやラテンの教父たちに注目し、アンブロシウス（Ambrose）、アウグスティヌス（Augustine）、バジリウス（Basil）、クリュソストモス（Chrysostorm）、キュプリアヌス（Cyprian）、セルウィウス（Cyril）、エピファニオス（Epiphaninus）、イグナティオス（Ignatius）、ヒエロニュムス（Jerome）やテオドレトス（Theodoretus）を好んだ。(64)

特に一六世紀の思想史においては、初期キリスト教を形成した教父たちの人文主義的主張は喜んで受け入れられ、特にマクランツォン（Mclanchthon）、ブリンガー（Bullinger）、カルヴィン（Calvin）等の宗教改革者の主張も敵対者との論争では、自身の主張の正当性の根拠とした。これらの著作は、イングランドのカンタベリーの大司教（Archbishop）グリンダル（Edmund Geindal）の所有していた書籍リストとも酷似すると指摘されるが、そこに宗教改革期の神学者への関心の深さが分かる。ただA・ボズウェルはルター（Luther）には関心をあまり示さなかった。(65)

これらプロテスタント神学者の文献は、当時のプロテスタントの信仰告白を表しており、一六世紀後半まで大変に流動的で、ソウルスベリィ（Salisbury）の司教ジュウェル（John Jewel）が表したようにルター派とツウィングリ派（Zwinglian）間の意見不一致に反駁し、双方ともキリスト教徒で友人であり、謂わば兄弟であるとの考え方にまとまっていた。[66]

ルターの著作はスコットランドへの輸入を禁じられ、ルター生存中にスコットランドに来た彼の著作はない。ルターの死後一五五〇年にニュルンベルグ（Nurnberg）で出版された『創世記講義』（*In Genesim Enarrationes*）が最初の本とされる。[67] またA・ボズウェル自身は、ツウィングリ派のブリンガー、グヴァルター（Rudolph Gawlter）、ベネデクト（Benedictus）の著作を好んだことが、彼の書架から分かる。特にグヴァルターは、イングランドの宗教改革に大きな影響を与えた人物とされる。

そしてスコットランドへは一五六〇年代からジュネーブ（Genevan）での宗教改革の強い影響が波及し、カルヴィンの六冊本の旧訳聖書批評、二冊の新訳聖書説話の他、『オプスクラ』（*Opuscula*）、『聖三位一体カトリック教義の擁護』（*Defensio orthodoxae fidei de sacra trinitate*）等が流入した。後者はミヒャエル・ゼヴェトゥス（Michael Sevetus）火刑の詫びとして、ドイツ諸都市の要望に基づいて出版された。例えばA・ボズウェルはカルヴィンの『キリスト教綱要』（*Institute*）の三種類の訳書を書庫に入れていたが、それはスコットランド後期宗教改革の教会教義や牧師教育の原典とされたカルヴィン主義の体系的な神学発展に自らを合致させてゆこうとする考え方を表していた。[68] またデンマークのヘミングセン（Nils Hemmingsen）の神学研究の二冊本もみられたが、当時のスコットランドとデンマークの緊密な関係の例証であった。

その意味では、A・ボズウェルは、単に自国スコットランドの宗教事情のみならずヨーロッパ社会全体の趨勢や諸国の具体的な進展状況に深い関心を抱いていた。事実、彼は若い時代よりオットーマン帝国とスコットランドの歴史的交流に関心をもち、論議した。これはルターの考え方にも一致するが、歴史的にも十字軍運動の敵がトルコを中心とするイスラム教徒であり、スコットランドのみならずイングランド、ドイツにおいても恐怖心が持たれていた(69)。彼が好んだ二冊の本を挙げると、先ずツウィングリ派の改革者たちがイスラム教徒を神学・政治的に理解しようと編集し一五四三年にチューリッヒで出版された『イスラム教教義』(*Koran*)、リヒター(Christopher Richter)がトルコ史研究の立場から執筆した『トルコ帝国』(*De rebus turcarum*)があり、どちらもルネッサンスとツウィングリ派のリベラルな外観をもち、彼の愛好したビブリアンダー(Thedore Bibliander)の価値観と並行的な考え方をもっていた(70)。

スコットランド季節・巡回法廷の初代議長であり、アウグスティヌス派のキャンバスケネス(Cambuskenneth)の修道院参事であったミルン(Alexander Mylne)は、ルネッサンスの時代風潮を背景に、文献的な聖書研究に関心をもった。またパリのサン・ヴィクトワール(St. Victor)の司教は、この時代を一五一五年から一五四三年の短期間に終わったが、自らそれを黄金時代と定義づけた(71)。

つまりパリでは中世以来のヘブライ語・文化またユダヤ法学者の研究の高まりがみられていたが、逆にミルンはヘブライ学者のロイヒリン(Johannes Reuchlin)から「教師」として尊敬された(72)。

さらにスコットランドでは、キャリオン(John Carion)の『年代記』(*Chronicle*)が発表されるとヨーロッパまたスコットランド社会で大きな関心を招き、『スコットランドの不満』(*The Complaint of Scotland*)の著者であるリンゼイ卿やスレイダン(John P. Sleidan)の周囲にサロンが形成された。そこではイタリア・ルネッサンスの成果とも言えるベンボ(Peter Bembo)、コレヌチオ(Randolfo Collnuccio)、マキャヴェリの諸作品が好まれ談論された(73)。

A・ボズウェルの教会法規に関する考え方は、宗教改革後、ルターとは異なり、またカルヴィンよりもツウィングリに近い立場をとった。ローマ法については、改革を求めるルターや改革教会に同情的な立場に立った。またイタリアの作家に比してフランスの作家は伝統的にスコットランドに影響を与えており、フランス語訳の聖書の他、マロ（Clément Marot）、ラブレー（Rabelais）、ジャン・デ・マルコビィユ（Jean de Marcoville）が読まれた。[74] スペイン人ではガルシア・オルデネス（Garcia Ordenes）が読まれたが、大半はフランス語もしくはイタリア語の翻訳書で読まれた。[75]

またA・ボズウェルの書庫には、彼が読んだ医学・外科・薬学関係の書籍も多くあり、そこには当時のヨーロッパを代表したエラストゥス（Thomas Erastus）、フェルネル（Jean Fernel）、ゲスナー（Conrad Gesner）、パレ（Pare）、ヴェサリウス（Andreas Vesalius）等の本が、また植物学については、コルドゥス（Valerius Cordus）、ドドネウス（Rembert Dodoens）、フックス（Leonard Fuchs）、メッティオリ（Pietro A. Mettioli）等の本がある。特に植物学分野では、スコットランドには伝統的にハーブ庭園があり、特別な関心が存在していたことが挙げられる。[76]

また外科手術と薬学への関心は、多くのルネッサンス学者がスコットランドへ持参した書籍から生じたが、A・ボズウェルたちは長年の教会者生活を通じて医学に専門的な興味を寄せていた。彼に先行する人物としてはセント・アンドリューズの大司教シーブス（William Scheves）が挙げられるが、天文学者でジェイムズⅣ世の宮廷医であり、医学と外科手術の他、錬金術の書籍を集めたことで有名である。またジェイムズⅣ世治下、エディンバラ外科医ギルドが市当局の庇護のもとに発展した。さらに彼に近い時代では、アバディーン大学の薬学講師であったグレイ（Robert Gray）やカトリック・カルトジオ会（Carthusian）修道士でグラスゴウ大学で一年間薬学を教えたこともあるボーデ（Andrew Boorde）博士がいた。[77]

しかしボズウェルが直接的に交友があったと思われるのは、セント・アンドリューズの大司教ハミルトン（John Hamilton）の治療にあたったスペイン医カサナット（William Cassanate）を補助するため一五五二年にスコットランドに到来した、一六世紀の最も高名な哲学者で最新流行の外科技術を修得したと評されるカルダノ（Girolamo Cardano）であった。彼はエディンバラとモニメイルに数か月間滞在し、ハミルトン公の喘息治療にも成功した。いかにカルダノが有名であったかは、彼がヨーロッパの旅を書き残したメモに、同時代の有名な医者たち、パリでフェルネル、チューリッヒでゲスナー、ロンドンでデュボア（Jacobs Dubois）と会ったと記録される。A・ボズウェルは、カルダノを初め、これらの著名な医者たちのほぼ全ての書籍を集めていた。[78]

またカルダノの影響は、A・ボズウェルの数学知識にも及び、彼はカルダノの三次方程式解決を扱った『偉大なる代数学の本』（*The Book of the Great Art*）の入手を熱望した。

五　結び——イングランドとスコットランドの受容の差

興味深いのは、同じブリテン島にあっても当時の北のスコットランドと南のイングランドは、現在の我々が想像する以上に、お互いが異国であった。一六〇三年の「王冠の結合」の以前では、むしろ両国は敵対し、スコットランドはカトリックを背景に、むしろフランス・スペインに同胞意識があったことも事実である。

イングランドがフランスと百年戦争を展開しフランス・ワインが輸入できなくなると、それをヨーロッパ大陸内ルートを北上し北海を横切りスコットランドのエディンバラ経由でイングランドへ密輸するルートができ上がった。またスコットランド人の知識人は、イングランドへ留学する以上に、イタリアやパリに留学し「グランド・ツアー」(grand tour)と呼ばれる旅に参画することが、彼らの地位の象徴とされた。[79]

A・ボズウェルの書庫にはルネッサンス期の書籍の多くが納められているが、それも他のスコットランドの当時の図書館同様に、新しい時代の神学や知的刺激をヨーロッパ大陸から排他的に直接的に受け入れる方法であった。スコットランドの宗教改革やルネッサンス思想に関するイングランドの書籍や印刷物は数も少なく重要性もなく、またイングランドから流入する宗教改革に関する文献も英語以外は読めない人々の間でのみ流通した。つまり英語を通し英国国教会主義の影響がスコットランドで意味を持つのは、次の一七世紀のことであった。[80]

A・ボズウェル書庫に残存する書籍と、一五九四年の彼の所有リストとは一致してない。それは彼が友人に貸して返却されなかったか、また謹呈されたかによる。事実、ジェイムズⅥ世への数冊の献呈が記録されている。[81]

また一五九四年のリストにありながら、国王書庫のカタログから削除されたミュンスター(Munster)の『宇宙図』(*Cosmographia*)を手放したことに、彼が最も後悔したと記録される。そしてA・ボズウェルに端的に象徴されたルネッサンス賛嘆の考え方は、彼の晩年にはエディンバラのみならずスコットランド各地でも衰微に向かった。つまりスコットランド教会内部ではささやかながらイタリア・ルネッサンスの影響は未だ続いていたが、より多くの文化的・知識的勢力はいわゆる「第二の宗教改革」(second reformation)を引き起こした狭義の告白事項への関心を深めた。それは主としてオランダ起源の新カルヴィン主義、反宗教改革の反知的主義、また英国国教会帝国主義(Anglican imperialism)の萌芽、さらにスコットランド諸大学にみられたカルヴィン主義による聖書神学主義により、超新カルヴィン主義（extreme neo Cakvinistic nature）と呼ばれる学風が流行したからである。さらにスコットランドの現実社会における多様な知的・職業的諸分野での専門化が発展した。[82]

他のヨーロッパ全域と同様に、スコットランドでも教会の自己反省が生じ、それがイタリア・ルネッサンスが全般・外観的には衰退したとの印象を引き起こした。その結果、他方では、新しい要因としての「科学革命」（scientific revolution）が生じ、旧勢力を追い落としてゆく。また新しい運動の伝道者たちは、科学革命を通じて、当初からその意図として現実への妥協から入り、そこから現実を変革する運動の展開を掲げた。

そして一七世紀の末には、アッシリアのニネヴェ（Ninevite）や古代バビロニアのバビロン（Babylon）のように不思議ではあるが、驚くような新しい文明とも言えるスコットランド科学文化が生じつつあった。[83] そのスコットランド科学革命が「スコットランド・ルネッサンス」と讃えられ、一八世紀末のイギリスからヨーロッパ、アメリカ、さらに一九世紀のアフリカ、アジアへと近代世界をリードする科学技術文明の時代を拓くに至る。

第2章

スコットランド宗教改革からイギリス名誉革命への道

【J・ノックスと教会・国家変革思想】

一　はじめに

イギリス市民革命がヨーロッパ近代社会形成への序幕とすれば、そのルーツを辿ることは意義深い。つまり中世ヨーロッパ時代には、フランスの属地方であったグランド・ブリュターニュ島が自立化してゆく起因としてイギリスの市民革命・名誉革命があり、その前史にヨーロッパ・カトリック勢力との葛藤を伴いながらのイギリス独自の教会制度（英国国教会 Established Church）の確立があり、その後イギリスがヨーロッパ諸国をリードし規範となる古典的産業革命を達成しゆく歴史がある。(1)

また私のスコットランド史研究の問題意識として、一八世紀後半からのスコットランドの産業革命の社会・経済的基盤を作り得た前史、つまり市民革命以前の封建時代に関心がある。と同時に一五世紀にイタリアからスコットランドに伝わったルネッサンス思想・哲学が、その後のスコットランドの歴史にどのような影響を与えたのかにも関心がある。何故なら一八世紀後半以降のスコットランドの科学技術文化の興隆は、まさに古代ギリシアや、また中世イタリアの賢人たちが夢に描き期待した世界を創出したからである。[2]そこで本章では、スコットランドの宗教改革からイギリス市民革命までの歴史を中心に、その歴史過程を吟味したい。

二　ジョン・ノックスとスコットランド宗教改革

スコットランド史の権威であるミチスンは、「スコットランドの一六世紀は宗教改革者ノックス(John Knox, 1513-72) と女王メアリー (Queen Mary 在位1542-67) の世紀である」と定義する。[3]

ノックスはハディングトン (Haddington) に生まれセント・アンドリューズ大学を卒業し公証人をしていた時に、ジョン・ウィシャート (J. Wishert, 1513-46) に会った。ウィシャートはレアード (laird) と呼ばれる富裕な地主階級に生まれ、アバディーン大学に学び、モントローズ (Montrose) で教師をしていた時にギリシア語で聖書を教えたため「異端」の嫌疑を受け、一五三五年頃にイングランドへ逃亡した。さらに大陸へ渡りスイス・ジュネーブでカルヴィニズムの影響を受けて一五四四年頃に帰国した。カルヴィン (J. Calvin, 1509-64) がウィシャートに会ったのは一五四五年一二月と言われ、彼が妨害や弾圧に怯むことなく宗教改革運動を展開していた時であった。その後ウィシャートは、政府や教会から異端者と烙印を押され捕らえられ、一五四六年三月に火炙り刑に処された。

ノックスはウィシャートの教えを継いで改革派の仲間と一緒にセント・アンドリューズ城に立て籠もり、「会衆」(congregation)の推挙を受けて説教師をつとめた。彼らはイングランドのプロテスタント勢力の支援を期待したが、摂政アラン(Arran)伯がフランスに援軍を求めた結果、一五四七年七月に降伏し、ノックスもフランスの捕虜として二年ちかくガリー船で苦役に服した。彼は一五四九年春に釈放されたがスコットランドへは帰れず、プロテスタント化を進めるイングランドのエドワードⅥ世の宮廷牧師に登用された。

しかしメアリーⅠ世(治世一五五三―五八)の反動改革の結果、ノックスは再びヨーロッパに亡命の旅に出る。そして亡命中にカルヴィンに会い親交を結び、彼の影響下に「正しい信仰を守り偶像崇拝者に抵抗することは『神の民』の信仰的行為である」との抵抗権神授論にゆきついた。

なおスコットランドの宗教改革を歴史的に観ると、先ず第一段階はノックス以前の一六世紀の二〇年代にはルター主義が入り下地ができ、自ら熱心なプロテスタントとなったアラン伯のもとで宗教改革が開始された時代であるが、イングランドのヘンリーⅧ世がスコットランド併合に合わせてプロテスタント化を進める意図が露見し、社会的反発を招いて挫折していた。

次の第二段階は、帰国したノックスを待って国王の親フランス政策に反発するプロテスタント貴族が蜂起し、イングランドの援助を得て一五六〇年七月にエディンバラ条約を結び、いわゆる、宗教改革議会が開催された。そこではノックスが起草した「スコットランド信条」(Scottish Confession)を承認した上で、三つの法律、すなわちローマ教皇司法権の否認、異端禁止法などのカトリック諸法の廃止、ミサの禁止を決めた。

次の第三段階は、カトリック教会の財産処分をめぐりノックス率いるプロテスタント牧師の思惑と貴族の利害が絡み複雑な政治闘争が生じたが、一五六七年頃には教会と牧師の協力関係が回復しメアリーを廃位に追い込み、議会では一五六〇年諸立法を再確認した。かくてスコットランド改革教会は社会的に確立されたが、内部での主教派（Episcopalians）と長老会派（Presbyterian）の葛藤が続いた時代である。

続いて第四段階として、ノックスの改革が教会組織の変革に影響を与えながらも妥協を経て、一五七二年のリース協約（Leith Concordat）により、総会に服すという条件付で大主教・主教の名称を復活使用する妥協案が、政府と教会間で成立したことが挙げられる。この主教派と長老会派の覇権争いは、同じスコットランド教会総会の中で激化し、一五八四年に国王の教会支配権を認める国法（Black Act）が成立して主教派が権力を握ったが、対抗して長老会派が巻き返し一五九二年に「長老教会のマグナ・カルタ（別名、黄金法）」と呼ぶ、同法の一部破棄による長老会派の自主性を容認する法律を成立させた。そして一六一〇年にはジェイムズⅠ世の圧力により、再び主教派が勝利した。また一六四八年のピューリタン革命中は長老会派が中心勢力となったが、王政復古により主教派が復権し、さらに一六八八年の名誉革命によって最終的な長老会派の支配が確定した。(4)

ここでノックスとスコットランド女王メアリーとの相関・相違について述べておきたい。ノックスがヨーロッパ大陸に亡命して経験を積んだのと同じように、メアリーはフランス・ヴァロア朝のアンリⅡ世（在位1547-59）の庇護下に成長した。イギリスでは一五四七年にヘンリーⅧ世が亡くなると僅か九歳のエドワードⅥ世が即位し、摂政サマーセット公（Duke of Somerset）が政権を握って僅か六年間の治世の間に、異端取締法、二種陪餐の容認、寄進礼拝堂の解散、聖職者の結婚許可、さらに一五四九・五二年法による共通祈祷書を定めた「礼拝統一法（Act of Uniformity）」を法制化し、違反者には厳罰で臨み、プロテスタント化を推し進めた[(5)]。

プロテスタントのエドワードⅥ世が僅か一六歳で若死すると、ヘンリーⅧ世とキャサリンとの間に生まれたメアリーⅠ世が即位し、エドワード治下の九つの法律の廃止を行った。さらに彼女は一五五四年にはカールⅤ世の息子（のちのフェリペⅡ世）と結婚し、カトリックへの復帰を目指して「異端火焙り法」を復活し、続いてヘンリーⅧ世時代の一八の法律も廃止して、宗教改革以前の一五二九年状態へと復帰させた。いわゆる「スコットランドの王政復古（Scottish Reformation）」である[(6)]。

そしてメアリーⅠ世はプロテスタントへの弾圧を開始し、多くの教区司祭を追放、多くのプロテスタントを火炙り刑にかけ「血まみれのメアリー」（Bloody Mary）と呼ばれた。一五四二―六三年の間には、数多くの魔術取締法が制定され、異端理由に代わり、魔女名目の火焙り刑が行われた。

しかしプロテスタントは、一方ではオランダ経由でイギリスに入ったミュンツァー（T. Munzer, 1489-1525）の流れをくむ再洗礼派（Baptist）と共に主教派を支持しながら、エドワードの改革への回帰を求める抵抗運動を続けた。メアリーのプロテスタント弾圧政策は、国民からの反発を招き、さらにフェリペⅡ世との結婚からスペインに肩入れしてスペインの対フランス戦争にイギリスを巻き込んで外交上でも失敗、さらにローマ教皇からは没収教会財産の返還を求められる干渉を受け、人心はメアリーⅠ世から離れた。つまりメアリーの反動改革は、失敗に終わったのである。

そして一五五八年、メアリーⅠ世の異母妹（アン・ブリン Anne Boleyn の娘）エリザベスがエリザベスⅠ世（治世一五五八—一六〇三）として即位した。翌年には国王至上法が制定され、メアリーI世時代の法律は廃止され ローマ教会からの分離を決定し、その後に一連のプロテスタント諸法を制定した。さらに継続的改革を経て、教義面でも一五三六年には聖職者会議で「三九カ条」(Thirty-Nine Articles) が定められ、一五七一年の議会で法制化され、英国国教会の公式教義が決定された。[7] そしてフッカー (R. Hooker, 1554-1600) が『教会統治法』を著してアングリカン (Anglican) 神学を体系化した。

またフッカーは、教会権威を絶対視するカトリックも、教会を単なる信者集団とするプロテスタントも誤謬であるとして、教会の役割を秩序維持とする観点からアングリカンの英国国教会を「中道」(middle way) と主張した。しかし当然の結果、プロテスタントから観ればカトリックの亜流に過ぎず「中途半端」(halfway) と攻撃され、その後の論争点となる。[8]

ここでノックスとメアリーの関係からスコットランド宗教改革について述べておきたい。先ずノックスは、プロテスタント思想とイタリア・ルネッサンス思想がヨーロッパ大陸から通商路の北海を越えてスコットランド東海岸に伝来した時に、特に一六世紀初めから普及した印刷術を利用した。[9] そして法律書、議会立法、歴史記録の他に、長老会派の教会堂の説教教科書、教理問答書、聖書、賛美歌集を出版して布教に活用した。さらに彼はメアリーが帰国し一五六一年にエディンバラ入場式典を行った際にも、メアリーに『賛美歌集』を贈呈する等の、プロテスタント示威運動を展開した。

一方メアリーは、フランス宮廷で見聞した危険なカルヴィニズムを敵視する行動に学び、カトリック再興を願い宮廷内でミサを行い儀礼の復活を図ったが、広く学芸を保護したことは興味深い。その結果、一六世紀に導入された印刷術を用いて、一五六八年にチャタリスがジェイムズV世時代の代表的宮廷詩人リンゼイ（D. Lindsay）卿やヘンリスン（R. Henryson）の作品を再版したのを初め、一五七〇年には一五世紀後半のハリー（B. Harry）の叙事詩『ウォレス』（*The Wallace*）の編集、翌七一年にはバーバー（J. Barber）の大作と称讃される英雄伝『ブルース』（*The Bruce*）を再版した。

つまり、その社会的背景として、スコットランド固有の啓蒙主義的な地主レアード層をはじめ、大陸と交易する商人、学識者、法律家等の間に読者層が形成された。それはスコットランド・ルネッサンスによる文芸復興が、宮廷中心にあったものの、その枠を越え新興の社会階層の人々にも浸透していったことを裏づける。(10) 特にスコットランド語の作品とスコットランドの独立をめぐる英雄伝が多かった点に、対イングランド劣位の歴史的状況に生きたスコットランド人の願望が浮き彫りにされる。当然の理由に、スコットランドがヨーロッパ最初の義務教育法を導入したことや、高等教育機関としての四つの大学の役割が挙げられる。(11)

リンチは「ノックスとメアリーは四回会見し、女王が涙ながらに激しく応酬した」とし、両者には、同時代にスコットランド人として生き、立場は違えどもフランスで教育を受け、ルネッサンス運動を支持し、自らの宗教観に殉じた共通性があったと指摘する。(12)

スコットランド宗教改革では、前掲の四段階の中で特徴的な二回の局面が注目される。先ず最初の局面は、フランスからの圧力に対して抗議したノックス率いる貴族・レアード（地主）・市民代表からなる「会衆」の「イエス・キリストへの信仰を告白する連合」が設立された段階である。ノックスは、自らの運動を宗教覚醒運動であり君主メアリーへの反乱でないと繰り返し弁明した。この運動の結果、一五五九―六〇年に、八カ月かけて六人の牧師と二つの委員会からなるスコットランド新教会の計画書の『規律の書』

（*Book of Discipline*）を作成したが、一五六〇年八月の宗教改革議会には間に合わず、国家の批准も議会の承認も受けることはなかった。

この背景には、「スコットランド信条」を承認したプロテスタント貴族も、カトリック教会所有の土地・財産処理をめぐり、利害関係がノックスと対立したことが挙げられる。つまりスコットランドの宗教改革は、イングランドでの改革以上にカルヴィン主義に基づいたが、教会組織では旧来の敬虔な信仰心も無視できず、決して急激な改革の道を辿るものではなかった。事実、ノックスは「主教職」を否定せず、「スコットランド信条」では第二〇条で「教会統治組織は、人間の考え出すものであるから一時的なものであり、変更しても構わないし、変更すべきもの」と述べ、『規律の書』では「改革教会役職を監督（superintendent）、牧師（minister）、長老（elder）、執事（deacon）の四職と定めた」が、監督は主教と「同職異語」と理解された[13]。

そして一五六〇年以降のスコットランド宗教改革により、グラスゴウやエディンバラを中心とする低地地方（Lowland）では、具体的には教区単位のプロテスタント司教体制と、教会の重要事項を決める季節議会（kirk session カークはスコットランド牧師の協議会議体）が確立された[14]。

一五六一年にはスコットランド全地域一〇八〇教区のうち、プロテスタント説教師は二四〇人に過ぎなかったが、一五六七年には八五〇人となった。ただし未だ正式の牧師資格を持たない者が四分の三を占めていた。また高地地方（Highland）では未だカトリック勢力が強く、スコットランド教会季節議会も組織されず、また同地方ではプロテスタント文書も一五六七年に翻訳出版されたカーズウェル（J. Carswell, 1525-72）のゲール語訳『ジュネーブ共同礼拝規定書』（*The Genevan Book of Common Order*）に限定された[15]。

第二の宗教改革局面は一五六七年頃であり、一五五九—六〇年に設立された「会衆」よりも戦闘的な「革命派」と呼ばれる人たちが、先ずメアリー女王を退位させ、僅か一歳余の子供を「敬虔な君主」ジェイムズⅥ世として即位させた。政変直後の教会総会の議長をつとめたブキャナン（G. Buchanan）は反乱を正当化し、反乱ではないと主張したノックスと見解を異にした。この一五六七年の教会総会は、さらに第二次宗教改革に着手し、一層カルヴィン主義への傾向を強めた。

つまり第一次改革では「信仰白書」を基に君主がプロテスタント教会を後援すると想定したが、現実の歴史では君主メアリーがカトリックで反動化したことから、教会の自律を重視するカルヴィン主義へと傾斜しても当然の帰結であった。なお『規律第二の書』（*The Second Book of Discipline*）の作成は、一〇年後となる。

確かに一五六七年の宗教改革は、一五六〇年の改革が旧体制為政者との妥協の産物であったのに対して、革新的であり、教会と国家の同盟が一時的にせよ成立した。また教会は貴族の支持を期待した。さらにノックスと古くから親交があるプロテスタント貴族でジェイムズⅥ世を後見して摂政役となった、国王の庶子でメアリー女王の異母兄であったマリ伯爵（Earl of Moray）のスチュアート（J. Stewart, 1531-72）に国の未来を託したが、一五七〇年にマリ伯はハミルトン家の手にかかり毒殺された。その後一五七三年までスコットランド域内で内乱が続き、敵対する貴族が相互に女王派と国王派に分かれて、勢力争いを展開した。その結果、教会は貴族との関係について慎重な態度をとった。またモートン伯（Earl of Morton）のダグラス（J. Douglas, 1516-81）が次の摂政についたが、教会との摩擦も絶えず、教会も教訓を得て国家権力とは距離を置くことになる。(16)

三　市民革命前時代の両国と教会

一六〇三年にエリザベス女王が没すると、一五六七年以来スコットランド国王であったジェイムズⅥ世がイングランド国王となり、ジェイムズⅠ世と称した。そしてイングランドのピューリタンたちは、スコットランドで長老会派を公認していたジェイムズⅠ世に期待を寄せ、彼がロンドンへ向かう途中に、宗教問題に対する考慮を求めての嘆願書を提出した。これは歴史上「千人請願」(The Millenary Petition)と呼ばれる。(17)

ジェイムズⅠ世は、一六〇四年一月に四日間をかけてハンプトン・コートで会議を開き、国教会側の代表とピューリタン側代表との折衝を行ったが、ピューリタンの主張する「聖書釈義集会」(Prophesyings)をめぐって紛糾し、出席していた国王から「長老会派と君主制は神と悪魔のように一致しない」と述べるに至り、スコットランドでの従来からの長老会派への拒否反応を明確にし、有名な「主教なくして国王なし(No bishop, no King)」の言葉を残した。その意味ではピューリタン側の成果は、リンカーン区副主教のレイノルズ(J. Reynolds, 1549-1607)が要求した英訳の新しい聖書の発刊で、五〇名の神学者を集めて一六一一年に欽定版(Authorized Version)が発刊されたことであった。(18)

イングランドではハンプトン・コート会議以降、国教会側は攻勢に転じて、非国教徒への圧力を増した。同年一二月にカンタベリー大主教に任命されたバンクロフト(R. Bancroft, 1544-1610)は、全国の聖職者に「通祈祷書」と「三九カ条」への同意を要求し、拒否した約三〇〇名のピューリタンを追放した。さらにジェイムズⅠ世はスコットランドに対しても主教制の導入を試みて一六〇五年には教会総会の開催を禁止し、翌年には国家と教会の分離を掲げて反対する教会総会議長のメルヴィル（A. Melville, 1545-1622）をロンドンに呼びつけて投獄し、一六一〇年には主教制を復活したが、下部組織には長老会制度を残す妥協策をとった。またカトリックに対しても当初は寛大であったが、国王暗殺未遂事件の一六〇五年の火薬陰謀事件（Gunpowder Plot）発覚後は、厳しく取り締まるに至った。宮廷財政はエリザベス時代からの赤字累積が積もり、その解決策を求めるジェイムズI世の政策は悉く議会の反対にあい、反対を抑えようと「王権の絶対性」を主張したが、議会との亀裂がさらに深まる結果になった。[19]

そして一六二五年にジェイムズI世を後継したチャールズは、さらに議会との対立を深め、一六二八年には議会請願の提出を受けたが、それ以降、チャールズは議会を開かず独裁政治をとった。独裁政治を助け宗教政策を遂行したのは、一六三三年にカンタベリー大主教に任命されたウィリアム・ロード（W. Laud, 1573-1645）であり、彼にちなんで一六四〇年に始まる弾圧はロード体制と呼ばれる。[20] ロードはオクスフォード大学に学び同大学の総長にもなったが、彼は思想的にはアルミニウス主義の立場をとった。

アルミニウスはオランダ神学者で、人間の意志の自由と全人救済のリベラルな神学を掲げ、カルヴィンの救済予定説に反対した。しかしイギリスでアルミニウスを継承した人たちは、本来の自由主義的な宗教思想ではなく反カルヴィン主義のみを強調し、主教制は神の意志として、反対勢力には弾圧を加えた。[21]

ロードは教会財産を調査して教会財政の再建を図ったが、不成功に終わる。またロードは、ピューリタンが重視する説教を禁止して祈祷書の朗読に限定し、式服着用や聖餐台を復活してローマの方角に設置するなどを決めた。ピューリタン活動にはさらなる厳罰が実施された。しかし当然の結果として、世論はロード体制批判に向かった。つまり全国の英国国教会の一万教区でもピューリタン牧師は未だ一割にすぎず、国教会派が約五割、中間派が残余であったが、ロードの弾圧が逆に中間派の反発、ピューリタンへの同情を招いた。

また一七世紀の二〇年代から、イギリスではキリスト教終末論としての「千年王国論」(millenarianism)が流行した。長老会派の牧師ブライトマン(T. Brightman, 1592-1607)の死後の一六〇九年に『黙示録の黙示』(*Apocalypsis Apocalypseous*)の出版や、一六二七年に発刊されたミード(J. Mead, 1586-1638)の『黙示録の鍵』(*Clavis Apocalyptica*)が社会的に大きな影響を与えた。前者が千年王国運動をプロテスタント運動と同一視して、ウィクリフ(J. Wyecliffe, 1320-84)時代に既に始まりほぼ完成に近づいていると主張したのに対し、後者のミードは国教内にとどまるケンブリッジ大学の神学者として、千年王国運動は未だ開始されておらずローマ教会の没落の以降に始まると論じ、プロテスタント信仰者たちの、苦難に耐えつつ将来を願望する心情に合致した。

そしてミードの著作は一六四三年には議会名で英訳され、イギリス宗教革命時代には千年王国運動への憧憬が大きく、人々は熱く期待を寄せた。(22)

イギリス市民革命の運動は、イングランドではなくスコットランドから始まった。スコットランドでは貴族と教会が協調すると国王に対抗でき、また両者が対立すると国王に支配を許す状況にあったが、一六二五年に英国王に即位したチャールズI世は「返還法」(Act of Revocation)を定め、一五四二年以降貴族に奪われた国王や教会の財産や徴税権を取り戻そうとしたが、それが貴族を長老会派の方へ押しやる結果となった。またチャールズI世は国教会の共通祈祷書のスコットランドでの使用を強要したが、一六三七年にエディンバラの教会で一信徒が異議を唱えたことを皮切りに暴動が起こり、翌年二月には貴族、レアード、市民、長老会派牧師の代表が集まり「契約」（Covenant）が行われた。契約概念は、ピューリタン固有の思想で、元来は神と人間の契約にあったが、信者社会を拡大してゆく際にも用いられるようになり、一六二〇年にアメリカに「メイ・フラワー号」（May Flower）で渡ったピルグリム・ファーザーズ（Pilgrim Fathers）たちの「社会契約」は最も良く知られるひとつである。[23]

スコットランドでは、『スコットランド第二信条』が既に「国民契約」（National Covenant）の副題をもっており、一六三八年の「契約」はより広く「国民契約」と理解され、伝統的なスコットランド社会の中でのチャールズI世の教会対策に対抗する国民組織の再構成を呼びかけた。チャールズは、スコットランドの反発を押え込もうとして「主教戦争」（Bishop's War）と呼ばれる戦争を引き起こしたが敗北し、一六四〇年四月にイングランドで一一年ぶりに議会を開かなければならなくなったが（短期議会）、そこではロード体制への不満が噴出し、成果なく三週間で解散した。そこで再びスコットランドへ軍を派遣して鎮圧を試み第二次主教戦争を起こしたが、再び敗北し、同年一一月に再び議会を開かざるを得なくなった。それは長期議会と呼ばれたが、国王とイングランド・スコットランド両議会代表が協議して、和平案のロンドン条約（Treaty of London）が締結された。この長期議会が、チャールズI世の絶対主義的支配体制を打破していった。

宗教問題については、先ずロードと彼の片腕であったストラフォード伯（Earl of Strafford, 1593-1641）を弾劾裁判にかけ、続いてロードも処刑した。そして一六四一年には、ロード体制の中心機関の高等宗教裁判所を廃止した。[24]

四　クロムウェルとスコットランド

ピューリタンたちは、ロード体制の打破を越えて、主教制の打破を目指した。一六四〇年一二月にロンドン市の一万五〇〇〇人の署名を集めたいわゆる「根こそぎ提案」(The Root and Branch Petition) を提出して、主教制を根底から廃止することを求めた。これはロード体制前の「人間的権威に基づく主教」の復活ではなく、その廃絶を求める要求であり、意見は分かれた。議会はその代替に一六四三年二月に「聖職者権利剥奪法」(Clerical Disabilities Act) を制定し、主教から貴族院議席権を剥奪した。別名「主教排斥法」(Bishop's Exclussion Act) と呼ばれる。[25] この法律制定が、イギリス革命の第一段階である。

国王の立場からは軍隊統帥権と教会支配権は譲れないとして内戦が生じたが、当初はイングランド議会派は劣勢でスコットランドに軍事支援を要請したが、その条件にイングランドにおける長老会派制教会の確立を要求され、イングランドの長老会派との対立を招いた。つまりイングランドの長老会派の目的は議会庇護下に置かれた教会にあり、スコットランド長老会派のような議会（世俗権）から独立した組織を望まず、エラストゥス主義 (Erastianism) と呼ばれる、国王を首長とした国教会の代わりに議会庇護下の長老会派制の国教会体制を理想とした。[26]

それ故に交渉は難航したが一六四三年九月に、議会派とスコットランドは「厳粛な同盟と契約」(Solemn League and Convenant)を結んだ。また一方では同年六月に議会条例でウェストミンスター神学者会議(Westminster Assembly of Divinities) が設置され、あるべき教会体制の検討が進められた。総員六〇名の中にスコットランドから代表として聖職者五名と俗人三名が参加した。この会議の主眼は「信仰告白三九カ条」に代わる信仰箇条の制定にあり、種々の曲折を経て、最終的に一六四八年六月に「ウェストミンスター信仰告白」(Westminster Confession)が印刷公布され、それが世界の長老会派の信仰基準となり、スコットランドでも従来の「スコットランド信条」に代わる公式の信仰告白と定められた。内容は、さらなるカルヴィン主義の教学に基づいていた。[27]

ウェストミンスター神学会議では独立派は極めて少数であったが、一六四五年二月にクロムウェル(O. Cromwell, 1599-1658)の率いる鉄騎兵隊を核として編成されたニュー・モデル軍が議会派の劣勢を建直し、次いで長老会派にも対抗して、革命の主導権を握った。ニュー・モデル軍は、従来のどの軍隊よりも民主的で身分や宗派を問わず能力による抜擢人事を行い、思想的にも『兵士携帯聖書』と『兵士のための問答集』を携帯させた。そこには「国王派は教皇派と同じ類であり神の敵」と書かれていた。

つまりクロムウェル軍は「神の民」(godly peoples)であり「聖者の進軍」であり、まさにウェーバーの呼ぶ「戦闘的教会」(ecclesia militans)であった。[28]

クロムウェルはピューリタニズムの勢力の強いケンブリッジ大学のシドニー・サセックス・カレッジに入学したが、翌年に父を亡くして退学、帰郷した。彼は貧民の法廷訴訟を指導して信頼を集め、一六二八年には生地ハンティンドンから庶民院議員となり、「権利請願」の承認が行われたチャールズI世の第三議会に初登院して発言した。そして一六四〇年一一月の長期議会で、水平派指導者のリルバーン(J. Lilburne, 1615-57)釈放の演説を行い、注目を集めた。クロムウェルは、一六四三年八月に母校ケンブリッジ大学が国王に貴金属や金を提供するとの話を聞き、町の武器庫を襲い、その動きを押えた。クロムウェルは「神の意志」と「福音の自由と国法を守るための聖戦」を確信した。

そして議会軍の刷新を訴え、自ら「聖徒の軍隊」を率いて一六四四年七月のマーストン・ムアの勝利、翌四五年のネイスビーの勝利を導き、議会では独立派の指導者として一六四八年一二月にクーデターを起こして妥協的な長老会派を排除、次いで一六四九年一月に国王チャールズを処刑、最終的には同年五月に「自由な共和国」を宣言した。[29] このマーストン・ムアの勝利に貢献したのが、初代レバン公（Earl of Leven）のレズリー（A. Leslie, 1580-1661）将軍率いるスコットランド軍で、一年前に締結されたイングランド議会との「厳粛な同盟と契約」を理由に軍事介入した結果であった。国王寄りの姿勢を示す従来は主勢力であった第三代ハミルトン公（Duke of Hamilton, 1606-49）は、都市とレアード層の支持を受けた第八代アーガイル公（Earl and Marquis of Argyll, 1607-61）によって投票で破れた。しかしその後スコットランド全般が、現実的なユニオン（合併）を「約定」（The Engagement between the King and the Scots）として構想し、実際には国王チャールズI世と組む方が現実的選択と思いかけた矢先に、クロムウェルがプレストンの戦いでハミルトン率いる穏健契約派と国王派に勝利し、彼らの現実認識を打倒した。その結果スコットランドが構想した「合併」案は完全に破綻し、イングランドは両国委員会の廃止と『厳粛な同盟と契約』からの責務破棄を決めた。[30]

一六四九年の夏以降に、クロムウェルはアイルランド・スコットランド遠征に出た。彼はアイルランドを占めるカトリック教徒には激しい憎悪・嫌悪感を示して残忍な行為を行う一方、スコットランドのプロテスタントには柔軟な態度を示した。一六五〇年七月に、クロムウェルはイングランド共和国成立に対するスコットランド長老会派からの批判に対して、自らの側近たちと協議して弁明し、彼らとの和解を求める「宣言」を提起した。[31] そこでは「キリスト教徒は一つの心になることができる」と親近感を訴え、クロムウェルのスコットランド長老会派に対する配慮がみられた。[32]

一方、イングランド国内では一六四九年一月に水平派の原案に独立派が手を加えて、第二次人民協定により教会の改革と国民の統合を目指した。一六五三年には護民官制の憲法「統治辞典」(Instrument of Government)、一六五四年には聖職者任命資格審査制と資格剥奪制が実施され、政府の教会統制が進んだ。さらに一般民衆の生活にも及び、厳格なピューリタンの生活基準が強要された。例えば姦通罪は死刑、クリスマスを国教会の決めた偶像崇拝日として禁止、結婚も教会ではなく治安判事への届け出制、葬式でのバグパイプの禁止、メイポールやモリス・ダンスの禁止、劇場や酒場の廃止など「パンとともに信仰を食わせた」と言われるピューリタン支配となった。つまり「聖者の進軍」が「聖者の支配」となった。[33] このようなプロテスタント体制の中で、多数のセクトが生まれるが、過酷な迫害を乗り越えて生き残るのはマグルトン派(Muggletonian)とクエーカー(Quaker)の二派であった。[34]

厳格なピューリタン革命の徹底と共和制確立を目指すクロムウェルから観れば、当初はスコットランドは国王と対決するための大事な援軍であったが、次第に変化して反革命の温床と見えるに至ったに違いない。スコットランドから観ると、プレストンでのハミルトン軍敗北の報が届くと、アーガイル公率いる急進契約派は一六四八年九月にクーデターを遂行して、政権を奪取した。一〇月にスコットランドに到来したクロムウェルはアーガイル公と協約を結び、約定派のスコットランド公職追放を条件にイングランドへ戻った。そしてスコットランドも、一六四九年一月に公職追放の等級を決めた。

そこに国王チャールズI世処刑の報が入った。スコットランド人にとっては、一三七一年以来続いてきたスチュアート朝の国王は民族の象徴であり、良き国主であって欲しい期待感が常に続いてきた。それがイングランドは、なんらスコットランド側には相談なく一六四九年一月三一日に国王を処刑し、両国連合の話を打ち切った。危機を感じたスコットランド王国議会は、同君連合を破棄する意図はなくスチュアート朝の復活を計り、二月五日にはチャールズ皇太子（後のチャールズⅡ世）に「契約王政」を承認させる条件の上に「グレート・ブリテンの王」（King of Great Britain）と宣言した。それは決して絶対王制への回帰ではなく、「国民契約」と「厳粛な同盟と契約」によって王国の福利と平和を守る条件を課した。

他方、イングランドの側でのコモンウェルス宣言ではスコットランドも別個の共和国としてとどまると期待されたが、チャールズ皇太子がスコットランドに到来して契約に署名した事実は脅威であり、イングランド国務会議はクロムウェルのスコットランド制圧を期待した。クロムウェルは、スコットランドのピューリタン賛同者たちへのこだわりを残しながらも、一六四九年の九月三日にレズリー（A.Leslie, 1580-1661）率いるスコットランド軍と戦い、ダンバーで大勝する。反撃を狙うスコットランド軍は、一六五一年一月に正式に即位したチャールズⅡ世を中心に同年五月に等級法を撤廃し、離散した貴族勢力を糾合してイングランドに侵攻したが、一六五一年九月のウースターの戦いで再びクロムウェルに破れ、チャールズⅡ世は亡命した。かくてスコットランドは政治・軍事的独立を失った。(35)

五　結び――王政復古から名誉革命への道とスコットランド

一六五八年九月にクロムウェルが没すると、一六六〇年五月に亡命中のチャールズⅡ世が帰国しイギリスの革命は終止符を打たれた。帰国前の四月にブレダ宣言で信仰の自由を約束しながら、チャールズⅡ世の下で開かれた復古王朝の議会（暫定議会）で一六四二年以降の国王同意なしに制定された条例を無効と宣言して、国王を首長とする主教制の国教会制度に回帰した。さらに革命下の一連の諸法律・条例を廃止、旧法を復古させた。このような国教会体制復活に対し、黙示録による終末論思想とも連動して一六六一年一月に第五王国派（Fifth Monarchy Men）蜂起が起こったが、国王側に弾圧の口実を与える結果になった。一六六一年から六五年にかけてクラレンドン法典と呼ばれる四法、すなわち一六六一年の「自治体法」(Corporation Act)、一六六二年の「礼拝統一法」（Act of Unification)、一六六四年の「秘密集会法」（Conventicle Act)、一六六五年の「五マイル法」（Five Mile Act）を定め、国教会体制の強化が図られた。さらに一六七三年には審査法（Test Act）により、非国教徒は全ての公職につくことが禁じられた。[36]

この復古王朝の下での宗教弾圧のもとで、宣誓拒否したのはバプティストとクエーカーであったが、前者は最終的には従ったものの、後者クエーカー教徒は反対したため、さらに一六六二年にはクエーカー法が導入され、彼らは厳しく弾圧された。

チャールズⅡ世を後継して国王についたジェイムズⅡ世は、カトリックへの傾斜を強めた。一六七二年の第一次「信仰自由令」（Declaration of Indulgence）に続いて一六八七年に第二次「信仰自由令」、さらに翌年四月にそれを再交布し、カトリックを容認・宣揚したため国民から激しい反発を招き、カンタベリー大主教の他六人の主教が反対嘆願書を提出し、次の一六八八年の名誉革命への契機となった。一六八九年には「宗教寛容法」（Toleration Act）を定め、国教会体制を堅持しつつ、非国教徒への弾圧を止める寛容政策がとられた。さらに一六九六年には「クエーカー救済法」（Act in relief of Quakers）が制定された。[37] このような宗教寛容時代を迎え、経済発展に連動して教会の沈滞を打ち破る動きが表れ、一種の宗教復興の時代となり、ウェスリー兄弟（J. Wesley, 1703-91, & C. Wesley, 1707-88）のメソディスト（Methodist）運動も生んだ。[38]

一七〇一年には議会でイングランド「王位継承法」を通過させ、プロテスタントのみが王位を継承できることを明記した。スチュアート朝は、血族の優先を主張して三回復権を試みるが失敗に終わった。しかしイングランドのジェイムズⅡ世は、スコットランド人の目からすれば自国のジェイムズⅦ世であった。そのスコットランドでは自らの王を合法的に選ぶ権利を有していたので、イングランド議会はスチュアート朝が王位復権を狙いスコットランドの王位継承方法を利用することを警戒した。またスコットランドが当時のイングランド最大の敵のフランスと、その歴史的絆から昔の同盟を復活させる危険性があった。そこにイングランドから観たスコットランド「合併」への政治的意図があり、スコットランド側からは直面する貧窮した経済状況から両国間の通商障壁を撤廃したい経済的理由が存在した。[39] その両者の利害が、一七〇七年の「合併」に結実した。[40]

このイギリス宗教改革から市民革命の時代を観ると、スコットランドは政治的には国王支持のカトリック勢力の強い高地地方と、イングランドの経済的影響を受けプロテスタント勢力の強い低地地方に異なる動きが見受けられた。宗教的には古代ケルト系キリスト教伝来の敬虔な宗教教育の伝統を背景に、一五世紀のイタリア・ルネッサンスの影響、スコットランド知識人の「グランド・ツアー」を通じてのヨーロッパ学術文化との接触、また北海をはさんでの通商等の複合的影響下に、スコットランドはヨーロッパの僻地に位置しながら、高い教養と文化を愛好する地域となった。そこには一方における世界最初の義務教育制度の施行による教育土壌と、他方における四つの大学に象徴される高等・実用教育機関の成育が見られた。

特にノックスの宗教改革は、プロテスタントの改革精神をもとにスコットランドの将来社会を創出するための現実に即したデザインを提供した。それ故に、彼の思考はイングランドの戦闘的プロテスタント程に革新的ではなく、国王制度の下での長老会派中心の社会体制を目指していた。個人倫理を中心に経済活動に規範を与え、政治活動にも教唆をするけれども権力を握る思考ではなかった点が注目される。[41]またイングランドの宗教改革も、急激なプロテスタント革命のあとの反動的な王政復古、さらに両者を包合したような名誉革命を経て成立した社会は、意外とノックスの構想した社会体制に近似した結果となった。その後もスコットランドは、優れた哲学・教育環境をもとに、イギリス社会全体を主導する数多くの啓蒙学者を輩出する。

つまりスコットランドは、その固有の文化を土台に、一五世紀のイタリア・ルネッサンス思想・哲学を吸収・活用し、次時代の新しい科学・技術文化として開花させていくのである。[42]

第3章　スコットランド近代経済倫理の形成

一　はじめに

一八・一九世紀のイギリス産業革命を評して、別名「スコットランド人の革命[1]」と言われる。また「スコットランド歴史学派[2]」の主導した啓蒙主義は、一八世紀ヨーロッパ思潮をリードし、アダム・スミス等が主導した「スコットランド・ルネッサンス[3]」は、その後のイギリスの文化活動の原動力となった。

このようにスコットランドは、中世から近代への移行を、いち早く主体的に完成させ、ヨーロッパ工業社会の原基形態を現出させた。本章では、社会変容の中で近代スコットランド経済倫理がどのように形成されたか、また本来の宗教倫理がどのように変化したかを取り上げてみたい[4]。

二　マックス・ウェーバー理論とスコットランド宗教倫理

『プロテスタンティズムの倫理と資本主義の精神』（一九〇五年出版）を著述したウェーバー（M. Weber）は、スコットランドのプロテスタンティズムについては極めて消極的な評価しか与えなかった。(5) しかし近年、スコットランドで著名な二人の経済史学者キャンベル（R. H. Campbell）とスマウト（T. C. Smout）が、スコットランド社会を対象として、固有のプロテスタンティズムと同地域の資本主義の経済発展の相関性を追究した。(6)

またマーシャル（G. Marshall）は『長老会主義と利潤』を著し、一五六〇年に宗教復古をしながらも一七世紀にはカルヴィン主義国家となり社会発展したスコットランドの経験は、ウェーバー仮説にとって理想的な実験舞台となったと述べる。(7)

ウェーバー仮説のプロテスタンティズムからのみ資本主義精神の高揚を導く論理は、他面、あまりにも中国・インドやユダヤ教の宗教倫理について、研究をすることなく容易に消極的評価を下したとする意見も大きくなっている。この点については、マッキンタイヤ（A. MacIntyre）(8)やレズノフ（M. H. Lesnoff）等の最近の研究が挙げられる。(9) さらにベルガー（S. D. Berger）はプロテスタント主義倫理を強調し、トランス（J. Torrance）はプロテスタント分派の非閉鎖性が社会的階梯上昇への活力になった点を挙げる。(10) またウェーバー歴史観の批判を、リード（W. S. Reid）はカルヴィン自身の著作から引用して展開した。(11)

マーシャルは、従来の批評者がスコットランドの歴史的経験例をウェーバー理論の反駁例であることを看過してきたのではないかと問題提起する。[12] そこで問題となるのは、ウェーバーがどの程度スコットランド社会の宗教・経済発展を理解していたかであろう。ウェーバーが『プロテスタンティズムの倫理と資本主義の精神』を著述した時、有名な話として、スコットランド系アメリカ人フランクリン（B. Franklin）の言葉を引用して「富裕を希望する者へのアドバイス」として「時間の無駄は金の無駄となる。能力を高め信用を増し善用する。些細な金の使い方を誤る者は、潜在的な未来の幸運を失う。借金の支払いは正確にする、それを継続的に続け、他人の財布の主人になる。注意深く貸借対照表をつけること、消費は倹約的に臨むこと」等を挙げており、ウェーバーが世俗的な経済行為に関心を持っていたことが分かる。[13]

彼は、その他方で、古代・中世の資本家が「伝統的な利益観を持ち、無尽大の富を即座な奢侈生活に向けていた」ことを対比的に把握した。[14]

ウェーバー自身、自らの仮説を証明するために、プロテスタント教義の諸局面の発達、特に天職（calling）概念の発展に関心をもち、ルターからカルヴィンへの変遷、さらにピエティスト（Pietists 敬虔主義）、メソディスト（Methodists 方式主義者）、バプティスト（Baptists 浸礼主義者）等の清教徒主義の禁欲的なプロテスタンティズムへの分派を追求した。ピエティストやメソディストは若干弱かったとされるが、諸教会はいずれも清教徒主義を掲げ、信徒に対して「質素倹約に努め、快楽に身を委ねることなく、全体観にたち生活上の貸借対象表をつけ、世俗の仕事への勤労を奨励し」、最大利潤追求への倫理規範を提供した。[15] ウェーバーは、フランクリン説を用い、西欧社会の諸プロテスタント宗教と社会発展を研究し「プロテスタント諸派と資本主義の精神」（一九〇六年）を著した。このウェーバーの分析については、ラッハファール（F. Rachfahl）やフィッシャー（H. K. Fisher）等の「ウェーバー説は歴史の理念的解釈学に過ぎない」との批判がある。[16]

さらにウェーバーへの批判書として、近代資本主義の起源についてユダヤ教倫理と歴史的実践の立場から、ゾンバルト（W. Sombart）が『ユダヤ主義と近代資本主義』（*The Jews and Modern capitalism*, 1911）、『資本主義の真髄』（*The Quintessence of Capitalism*, 1913）を著した。[17] それに対してウェーバーは『経済と社会　Ⅱ部』（*Economy and Society*, 1910-14）を著し、自らの学説を擁護した。

ウェーバー学説の批判については、一方にプロテスタント倫理に関する面を追求したセイ（H. See）、ハドスン（W. S. Hudson）、ヒル（C. Hill）、ブリーン（T. H. Breen）[18]と、他方の資本主義精神を追求したボウルドウィン（R. E. Baldwin）、ヒギンズ（B. Higgins）、ハンセン（N. M. Hansen）、アイゼンシュタット（S. N. Eisenstad）が挙げられる。[19] しかしウェーバーの二局面を分離し、歴史上、熱心なプロテスタンティズムと「未発展経済」（undeveloped economy）が同時に存在した一七世紀スコットランド社会の状況はウェーバー理論に充分な反駁を与えるとの意見もある。[20]

またトレルチ（E. Troeltsch）は、スコットランド教会の社会化に注目し[21]、カニンガムはゾンバルトの主張する資本主義思想へのユダヤ教影響論批判として、ウェーバー擁護の立場から、スコットランドのプロテスタンティズムを挙げる。[22]

他方ゾンバルトはウェーバー批判として、スコットランド改革教会（Scottish reformed Church）の保守的な経済政策を挙げる。[23] またトウニー（R. H. Tawney）は、個人よりもスコットランド教会の貧者救済の歴史的役割を挙げる。[24]

スコットランドを代表する経済史家マーウィック（W. H. Marwick）は、ウェーバー＝トレルチ＝レヴィ（Levy）＝トウニー理論を偽科学的として扱い、ハイマ（A. Hyma）は「スコットランドのカルヴィニズムの歴史はウェーバー理論に専ら否定的である」と述べ、またベッカー（H. Becker）、バーンズ（H. E. Barnes）、フィショーフ（E. Fischoff）も同意見の立場をとった。[25]

現代スコットランド経済史を研究する学者の多く――ヘンダーソン（G. D. Henderson）、ライス（S. G. E. Lythe）、バレル（S. A. Burrell）、リード（W. S. Reid）、トレバー＝ローパー（H. R. Trevor-Roper）、アンデルスキ（S. Anderski）、クラークスン（L. A. Clarkson）、スマウト等――が同じくウェーバー理論とスコットランド例の分離を主張する立場を踏襲する。[26]しかしロバートスン（H. M. Robertson）はウェーバー理論を支持して「スコットランドのカルヴィニズムは、一七世紀以来むしろ経済活動への阻害要因であったが、それが一九世紀の経済発展につながる結果を生む」として結果として肯定した。[27]

またキャンベルはウェーバー理論への反駁として、データを用いて「一八世紀の経済変化と宗教生活の関係性の調査により、ビジネス活動に向けての近代資本家の倫理は、宗教とは直接的には関係なく確立された」と述べた。[28]

そこでカルヴィニズムがどのようにしてスコットランドに根づいたかを明らかにするため、以下に歴史的淵源をたどってみたい。

三　スコットランドのカルヴィニズム倫理

一五六〇年に始まる宗教改革の結果、ローマ教会は廃絶され、カルヴィン主義信仰告白を採択し、スコットランド教会は再編されたが、[29]封建的な中産階級による政治的な支援をうけた性格が強かった。マーシャルは、特に一五六〇年から一七〇七年のスコットランドのイングランドとの「合併」に至る期間を、[30] 教会組織発展の時代と把握し、また一六世紀と一七世紀のカルヴィニズムの差異を指摘する。[31]

この間スコットランド教会内部の紛糾、つまり長老会（Presbytery）派と高位聖職者（Prelacy）の衝突は、教義問題ではなかった。一六一〇―一六二〇年の間と一六三八―一六六〇年の間、高位聖職者会議が廃止されていたが、国民契約者（Covenanters 一六三八年にスコットランドで長老会派擁護のために結んだ盟約）は、主教（bishop）選抜選挙に反対し教会自治内部での長老会の再建を目指した。教会分離の最初の動きは、名誉革命が決着した一六九〇年頃からスコットランド教会内部では、一方に監督（主教）主義者（Episcopalian）、他方に改革主義者（Cameronian）が活動を始めた。しかし一五六〇年から一七〇七年までの間は、スコットランド教会は、内部では各派の特性を主張しながらも、外から観れば単一と見做される状況にあった。[32]

スコットランドでは、唯一の神のみを受容する「信仰告白」（Confession of Faith）が一五六〇年に批准されたが、一六四七年に「ウェストミンスター信仰告白」（Westminster Confession of Faith）によって包摂された。その間、教会では一五六一年に「訓戒書」（Book of Discipline）、一五八一年に『第二訓戒書』（Second Book of Discipline）を採用した。

この時代をリードしたスコットランド教会の三人の牧師の主張を紹介しておきたい。エディンバラのセント・ギルズ高等教会のホリロッド（Holyrood）の教区牧師ジョン・クレイグ（John Craig, 1512-1600）は、救世主（Redeemer）に対して、四つの方法――誓約・従順・祈願・感謝――で讃える信仰を奨励した。彼は敬神による社会生活を説き、仕事での成功が信仰の実証につながると述べた。[33] リバートン（Liberton）の教区牧師でセント・アンドリューズのセント・レオナルド・カレッジ（St. Leonard's College）の学生監（Regent）であったジョン・デイヴィッドスン（John Davidson, 1549-1603）は「神は人間を造り賜うたが、国家が人間を欺き神の法に背かせる」と述べ、個人の純粋な信仰のみが神への恩寵に与る道であり、自己の信仰を確立した者が社会指導者として善政を導くべきであると主張した。[34] ジェイムズ（James）VI世の監督教会主義政策に反対してインバネス（Inverness）に左遷されたエディンバラの教区牧師のロバート・ブルース（Robert Bruce, 1554-1631）は「心の中の天の声（inward calling）に基づく贖いの行動により救済される」として、信仰実践の意義を訴え、スコットランド初期カルヴィニズムを展開した。[35]

スコットランドでジョン・ノックス（John Knox）が宗教改革を意図して行動を開始した時、[36] 彼は一方ではローマ・カトリック教会の教義に反駁しながらも他方ではプロテスタンティズムの世俗主義にも反対した。[37] しかし当時の日々の生活について、トレルチはカルヴィニズムを分析して「救済の仲介者としての教会の役割、神への恩寵としての秘跡（sacraments）を強調する、神と教会の明白な識別を失うことなく結合する、世俗生活を受け入れつつ宗教上天職観をもつ予定説や神の奇跡を信じる、人間の罪の平等性と他の人間関係における不平等性を敬神から許容する」等を挙げ、スコットランド初期宗教改革者の神学観はカルヴィン主義の源流にあったことは明白であるとし、「初期カルヴィニズムはルター主義の娘である」と評価した。[38]

数人の学者が、特に初期スコットランド・カルヴィニズムの福音主義にはルター主義の雰囲気があると評した。[39] また事実、ノックスを含めてスコットランドの宗教改革者たちが、カルヴィン主義の影響を受ける前にルター主義の影響を既に受けていた。[40] ルター主義の諸要素として「内的な精神性の追求、個人救済、救済信仰と恩寵の知識の予定調和による満足」等が挙げられるが、[41] それはノックスの神学体系にも明白であり、先述のクレイグ、デイヴィッドスン、ブルース牧師たちも、その基本思想を継承していた。簡潔な表現をすれば「共通の思想は神への恩寵は禁欲にあり、キリスト教普遍の愛・慈善・正義・前進を含む」点にあった。[42] マーシャルは小括として「ウェーバーは、彼自身が一七世紀の新カルヴィン主義者たち（Neo-Calvinists）によって詳述された禁欲プロテスタンティズム（他の方向では再洗礼派）の心理的諸結果や現実的意味づけに関心をもっていたが、カルヴィンから派生したカルヴィン主義には興味を持たなかった」とし、さらに「一六世紀のスコットランドのカルヴィニズムは前者と言うよりは後者に該当する」と述べ、ウェーバーがスコットランドについて知識と関心がないことを指摘している。[43]

四　一七世紀スコットランド・カルヴィニズム

世紀が変わった一七世紀には、スコットランドでは六人の神学者――ロロック（R. Rolloc）、クーパー（W. Cowper）、アベルネッティ（J. Abernethy）、ストラザー（W. Struther）、ディクスン（D. Dickson）、ダーハム（J. Durham）――が活躍した。彼らに共通する特徴は、敬神の生活と心理的救済を積極的に展開した点にある。そこで具体的に評価を試みたい。

ロバート・ロロック（1555-99）は、一五八三年から一五八七年にエディンバラ大学の神学教授さらに初代学長を務めた。[44] 彼は、心の中の誓いに基づく敬神と恩寵の実践を訴え、[45] ウェーバー理論に合致する方向での、新カルヴィニストの草創期の教義を代弁したと言われる。ウィリアム・クーパー（1568-1619）は、ボスケンナア（Bothkenner）とパース（Perth）の教区牧師、さらに一六一二年にギャロウェイ（Galloway）の主教（bishop）となった。彼は「天職」を強調し、信仰における正当性の評価と敬神生活の内容に関心を持ち「救済の金の鎖」（golden chain of our salvation）を説いた。[46] 彼は全般的召命（general calling）と特定の召命（天職）を識別し、自己正当化を社会生活における信仰の実証に求めた。

アベルネッティはジェドバラ（Jedburgh）教区牧師から一六一六―一六三八年の間ケイスネスの主教であったが、「カルヴィニズムの予定論（predestinarianism）は決して宿命受容論ではない」と主張した。[47] アベルネッティは、あまりにも現世主義な立場として教会を追放されたが、スコットランド・カルヴィニズムの典型とされ「各自は自身を宗教的に厳格に把握し、生活各所での信仰姿勢を点検し、罪を贖う行為を予定論に展開してゆく、しかし職業自体は真実信仰ではなく、自己満足や利己的な価値は虚偽の信仰である」と述べた。[48]

ストラザー（1578-1633）は、一六一八年にグラスゴウ教区牧師、次いでカーキンテラ（Kirkintilloch）、最終的に一六一四年にエディンバラのセント・ジャイルズ（St. Giles）教会牧師を務めたが、彼は「より良い生活は神の栄光のために使われる財産であり、罪の濫用ではない」[49] と、経済活動を通じての富の蓄積を積極的に肯定した。つまり「スコットランド・カルヴィニズムは富の蓄積に反対するのではなく富の濫用に反対した」である。[50]

ディクスン（1583-1663）は、一六一八―四一年の間アーバイン（Irvine）教区牧師を務めた後、グラスゴウ大学神学教授、次いでエディンバラ大学神学教授となった。彼は王政復古時の宣誓を拒否して一六六一年に、罷免された。[51] 彼には『誤謬に対する真実の勝利』（*Truth's Victory over Error*, 1684）、『イエス・キリストの福音の簡略な明示』（*A Brief Exposition of the Evangel of Jesus Christ*, 1647）の著述があるが、教会の救済における限界を挙げ、典型的な牧会神学（pastoral theology）を展開した。その結果「敬虔なカルヴィン主義の実務に従事する者は、天職に勤勉に働いて自らを証明することを志し、天賦の才能を発揮して神の栄光に用い、禁欲主義に徹するために儲けた利潤は合法的方法（企業への再投資）に向け、それが一層の利潤拡大を生んだ」のである。[52]

ダーハム（1622-58）は一六四七―五〇年の間グラスゴウで教区牧師、一六五〇年にグラスゴウ大学神学教授となり、一時期には国王司祭（King's Chaplain）であった。[53]彼によると「神は個人の信仰を試す指標を明示され、人は救済への熱意を敬神の行動で表す」とされた。[54]また彼は一六八五年に著作『地上の天国』（Heaven Upon Earth）の中で「敬神の行為を、良心に内在する規範に照らし、最大の能力発揮を召命に向けて、行動する」ことを訴えた。[55]

マーシャルは「ダーハムの表明した八つの戒律はスコットランドのカルヴィン主義者の牧父哲学の倫理と近代西欧資本主義の一貫性の決定的証拠を供する」と述べた。[56]

またウェーバー理論から見れば、一七世紀のスコットランドのカルヴィニズムとイングランドのピューリタニズム（English Puritanism）の牧父神学は一致していた結果、両グループとも体系的教義の公式化について共通の関心を持っており、ウェストミンスター神学会議（Westminster Assembly of Divines）発行の教科書にも沿いながら、スコットランド教会とイングランドの長老会派や組合教会主義者（Congregationalists）の双方によって、共通の信条や信仰様式を立証するに至った。

マーシャルは「ウェーバーによると、非カルヴィニストの教えの二局面が近代資本主義者の精神創出に役立ったとし、第一に諸個人の天職での勤勉を奨励する日々の行動への指針、第二に信仰者へのカルヴィン教典に合致する心理的救済を含む予定説を挙げるが、一七世紀スコットランドの牧師たちは、これら両局面を含み、ウェーバー理論にも妥当な方式で説いた」ことであり、また「一六世紀第二半期の原初的なスコットランドのカルヴィニズムと対照的な」新カルヴィニストの牧父神学の時代と要約している。[57]

五　スコットランド資本主義の萌芽

ウェーバーは、経済活動の伝統主義（traditionalism）として、一方における大陸の前貸問屋制による豪奢な経済活動と他方におけるシレジア人の農民を挙げる。[58] そしてヨーロッパ中世を象徴したフッガー（J. Fugger）のような商人からスコットランド系アメリカ人フランクリンの掲げる近代西欧社会の経済活動を例証した近代ビジネスマン像への転換を述べる。そして貧民から金満家に昇りつめたダッティニ（Francesco Prato Datini, 1335-1410）が自己の欲望のおもむくままに金を貯め、人生の決算として贖いのために教会に全世俗財産を寄付した行為を挙げ、その対比としてカルヴィニズムの資本家は、日々の生活の中で禁欲主義をもとに勤勉・倹約による社会法規に合致する経済活動を展開し、近代的西欧資本主義をリードしたとする。

スコットランドにおける前王政復古（pre-Reformation）時代の典型的近代商人として、リードは、レイス出身の小船長バートン（Robert Barton）がウェーバー主義の近代プロテスタンティズムに該当する例とする。[59] バートンは、私掠船長（privateer）から出発し、冒険商人、徴税請負人、農園経営者、不動産所有者、国王領の代理経営者、外交文書伝達者、金貸業、銀行家、王室会計監査官、エディンバラ市監督官を歴任した人物である。[60]

フランクリンは、海賊行為（piracy）や税金取り立て行為（tax-farming）を職業として正当とした。さらに一一五三年にはじまるスコットランドの貴金属採掘業も、一四二四年に国王から金・銀鉱山採掘権も認可となり、ハミルトン侯爵等の地主がドイツ・フランス・オランダ・イングランド人と共に鉱山経営に着手した。彼らは、借地権と費用コスト算出に精通することが必要であり、そこからウェーバー主義の価値観に類似したスコットランド・カルヴィニズムを奉じた。(61)

時代が移りマニュファクトリー（Manufactory 工場制手工業）の時代を迎える。一六世紀末では、スコットランドの貿易は完成製品の輸入と原材料の輸入に依存したままであり、その欠陥を補正する経済政策が求められ、なかんずくオランダの漁業とイングランドの織布貿易に対抗することが必要であった。一七世紀のスコットランド経済思想にも、それが反映されていた。

当時のスコットランド社会の意思決定には、スコットランド議会（Scottish Parliament）、スコットランド枢密院（Scottish Privy Council）、スコットランド王立都市連合会議（Convention of Royal Burghs）があったが、前二者は工業分野拡大の政策をとり、諸法律を制定した。例えば一五八一年法により、次いで一五九七年に批准された法により、貧民により良き雇用機会を与えるために羊毛の輸出を禁じた。(62)

一六世紀末には、熟練労働者不足を補うために諸団体が外国人織布技師招聘を支援した。一六三三年にピーブル市会議員たちが紡績技術向上のために、女教師を雇い教区徒弟教育にあたった。一六二五年、一六三三年には、国王により主要都市にマニュファクトリーを設置する法律も施行された。一六四一年には、スコットランドの製造企業に構造的な欠陥とされた諸問題、資本・高品質の原材料調達・熟練労働力等の不足、海外諸国の優越競争力について、体系的な解決策がとられ始めた。一六四五年には工場経営者や熟練技師には徴兵義務免除、税金免除の特権を附与した。そして一六六一年、一六八一年法の全面的な重商主義的保護政策へと導いた。

スコットランド資本主義成立史にとって、一時代を画す会社が、スタンスフィールド（J. Stansfield）卿やブラックウッド（R. Blackwood）を含む二三人のエディンバラ商人によって五千ポンド（六万スコット・ポンド）を集めてニューミルズ（Newmills）の地に、二〇部屋の織機部屋と二三三人の労働者を雇用して発起され、粗布から繊細な毛織物まで生産した。(63) 工場の成功とともに、水力利用の動力源設備拡充、工場とエディンバラ間の交通手段の改良、レイスに原材料輸入用の地下室倉庫、エディンバラに完成品収蔵倉庫の他、紡績工・織布工のための施設を建設した。(64)

一六八一年六月二二日にエディンバラで最初の新経営者（近代的な意味では理事会）の公式会議が開かれた。一番の問題は熟練技術の獲得であり、イングランドから八月に技師二名、一〇月に二台の織機を導入した。翌年から、絹装飾製品も製造した。工場の拡大は、一六八二年三月に力織機八台、同一〇月に一四台と拡大した。同社の完成品は、株主とエディンバラ商人会社（Merchant Company of Edinburgh）に売却する原則であった。同社の形態は、工場制手工業から株式会社への過渡期と言える。(65) 同社は一六九三年六月一四日法で二一年間の免税特権を賦与され、諸特権を持つ工場制会社「ハディングトン州ニューミルンズの羊毛マニファクトリー株式会社」(Incorporation of the Woolen-manufactory at New-Mills in the Shire of Haddington) として成立した。

しかし会社状況は、政治的に不安定な時期から保護主義政策の紡糸輸出の禁止・外国産織布の輸入禁止等も守られず、また借地権も期限切れとなり、またスタンスフィールドが一六八七年に逝去し（彼自身の事業が最終的には一七〇三年に破産する）危機に瀕した。一六九五年頃、ブラックウッド（W. Blackwood）やマクスウェル（D. Maxwell）がエディンバラで、またスチュアート（J. Stewart）卿等がロンドンでパートナーを募り資金調達を図った。協力した応募者の多くは、ロンドン在住のスコットランド人商人（徴税請負人・国家業務代理人・戦費調達家・植民地貿易商人たち）が多かった。[66] 彼らの動機は、決して慈善家としてではなく勘定にたけ合理的判断を下せる近代資本家としての参画であった。最終的には一七一一年に全パートナーが同意して会社の清算を決め、一七一三年二―三月の間、同社の土地・機械・家屋・設備等が競売にかけられた。問題は彼らの商業活動がウェーバーの言う新カルヴィニストの概念に包含出来るかどうかである。この点で最も論議を呼ぶのが、一六九五―一七〇七年のダリエン会社（Darien Company）である。同社を初め、この時代のスコットランド商人には、イングランド商人の重商主義的商業活動に刺激されての、海外進出活動が顕著であった。

メイソン大尉（Captain J. Mason）の一六一七―二〇年のニューファンドランド（Newfoundland）植民活動、アレクサンダー（W. Alexander）卿の一六二一年のノバ・スコシア（Nova Scotia）植民計画、一六二一―二五年のゴードン（R. Gordon）卿のブレトン岬（Cape Breton）植民のロッキンバー（Lochinvar）計画、一六八四年開始のユーリ（Urie）のバークレイ（R. Barclay）設立のイースト・ニュージャージー（East New Jersey）でのクエーカー教徒植民地（のち王室植民地）、一六八四年の自発的に亡命した南カルフォルニアのスチュアート・タウン（一六八六年に対スペイン戦争で破壊された）等が挙げられる。[67]

スペインやポルトガルが「不信心な活動」によって、海外侵略を通じ巨額な富を蓄積したのに対して、スコットランドは無精と無知から極貧のままであった。しかし信心篤いスコットランド人は、時代の到来とともに、プロテスタンティズム、カルヴィニズムに則って海外活動を開始したと言えよう。一七〇七年の「合併」と共に消滅したダリエン会社は、その最も典型的な例である。ダリエン会社の正式名称は「スコットランドのアフリカ・インド諸島との交易会社」（Companyof Scotland Trading to Africa and the Indies）と呼ばれ、スコットランド民族の誇りを持ってイングランドの東インド会社（East India Company）の成功に対抗し、エディンバラとロンドンで資本を集めて株式会社を作った。(68)

興味深いのは、同社設立に関与したエディンバラ商人には、ブラックウッド（R. Blackwood）やバルフォー（J. Balfour）のようにニューミルズ織布工場のパートナーたちが多かった。(69) インシュ（G. P Insh）は、ダリエン会社設立の意義を三点、すなわちスコットランドから観た新市場、特にスコットランド毛織物輸出市場を求めた点、次いで東インド会社の独占貿易打破のためにロンドンで私商人がグループとして行動した点、さらにエディンバラ商人たちがアフリカ貿易を確立した点を指摘する。(70)

それはスコットランド議会の一六四一年法で規定され一六八一年法で強調されたが、外国産製品の輸入禁止等のスコットランド保護主義を象徴していた。と同時に外国からの原材料輸入も禁止したためスコットランド内での原料供給体制の確立が求められた。資本面では一六九五年に、スコットランドの財政確立を目的に、スコットランド銀行（Bank of Scotland）がイングランド人ホランド（J. Holland）によって設立された。(71) 労働力面については、一五七九年と一五九七年の貧民法、一六〇六年、一六四一年さらに一六六一年徒弟法、一六七二年修正法により、安定的な労働力調達を図った。しかし怠惰な労働者に厳しい罰金条件を課し、クリスマス等の安息日・休息日はなく長時間労働の経済外的強制による重商主義的政策であった。この労働力は「社会的遊休労働者」から調達できたのでスコットランド教会から干渉を受けることはなかった。(72)

六　ウェーバー理論の検証

前述の一六・一七世紀のスコットランド・カルヴィニズムに明らかなように、スコットランド牧父神学が、商人たちに対して、禁欲主義により時間を守り勤勉に励み、精神的救済を求め、社会的職業に召命する行動規範を与えたことになる。しかしスコットランドのカルヴィニズムは、二つの点でウェーバーの論点を越えていた。先ず「スコットランド資本主義の精神」として歴史的に考察できたスコットランド人企業者の行動・価値観は経験的に形成され、ウェーバー仮説が掲げる西欧社会の経済行為の性質とは対照的である。つまりウェーバーの企業者理念があって経済発展したのではなく、スコットランド人の歴史的経済活動がウェーバー哲学に結果的に合致したと言える。第二にスコットランドの経済史では、その調査結果として、資本家の経済行為の世俗的倫理とカルヴィニスト神学の宗教倫理との間にリンクが見られ、一七世紀には双方とも並行的に進展したことを例証していた。

そこでスコットランドのカルヴィニストの主張を考察しておきたい。一七世紀スコットランドで近代資本主義の精神興隆に熱心であった二人の牧師カルスティアズ（John Carstairs）とマクウィーン（John MacQueen）が挙げられる。(73)

カルスティアズは、一六四七—一六六二年の間、グラスゴウ市内の多くの教会教区牧師を務めたが、「忠誠の誓い」（Oath of Allegiance）を拒否して牢獄に入れられた。一六六六年の蜂起に参加し、失敗後、オランダに亡命、帰国後エディンバラで静かに暮らした。彼がダーハムの『敬神における大きな利得』（*Great Gain of*

Contenting）の序に、同書の論点を補正する形で幾つかの具体的な経済行動と信仰観を明示し、神への戒律においてカルヴィニストの倫理を擁護した話は有名である。また聖マクウィーンは、一六六六―八八年の間、エディンバラの教区牧師を務め、王立教会副部長となった。彼はジェイムズⅦ世への対抗宣言書を読むことや、またウィリアムとメアリーのために祈るのを拒否して土地委員会から権利を剥奪された。最終的には一六九八年にはドーバー（Dover）のセント・メアリー教会牧師に任命された。彼がスコットランド王立都市会議委員会（Commissioners of the Royal Burghs of Scotland）に対する演説やエディンバラのグレイフライアズ（Greyfriars）教会の組合員に対しての聖簡の中で、三二名の名を挙げ、敬神を掲げ国富増進に貢献する信仰心篤き実業家の実践を讃えた。これは神の基に平等とする世俗人に対して、社会的偉業を讃えることであり、画期的な教会価値観の変革であった。[74]

この点ではサルトン（Saltoun）のヘンリー・フレッチャー（Henry Fletcher）と彼の妻マーガレット・カーネギー（Margaret Carnegie）の活動と信仰が注目される。彼はスコットランド特有のレアードと呼ばれた地主層のフレッチャー卿の次男で、サルトンの土地を兄から借り大麦製粉工場を経営、近代技術を導入した。妻マーガレットは、オランダまで出かけ、熟練労働者を偽装させて連れ帰り、オランダ最新工場に類似した機械を製造させ、同工場に設置した。そして企業の成功と共に、彼女の名声は高まり、彼女はさらに一七一五年頃に再びオランダに行き、水車大工や織布工を輸入し、本場オランダを凌ぐ木綿工場を目指し、彼等の長男アンドリュー（Andrew）をオランダのライデン（Leyden）大学に留学させた。一七一六年に未婚の兄の逝去により、ヘンリーが家督を相続した。そこで亜麻（linen）製造分野を業務に入れ、マスターソン（Henry Masterson）を助言者に迎えた。[75] 最も典型的な熱心なカルヴィニストとして、ミドロージアン（Midlothian）

のペニクイック（Penicuik）の地所を相続したクラーク（John Clerk, 1649-1722）卿がいる。彼の父はパリで貿易を営んで成功して地主に転化、一六七九年にチャールズⅡ世から男爵位を授けられた。[76] 彼が一六七六―一七二二年に自ら著述した手帳には「我が敬神のキリストとの全人的約束、それが聖なる精神の援助を投げかける」（Register of All my personal Convenants with my God in Christ, throw The assistance of the Holy Spilit）があり、一六九二年六月二六日から一七二二年三月三日の間に一〇九以上の『神への約束』が記録されている。[77] マーシャルは「クラーク卿のカルヴィニズムの原理は平等主義政策の源である」と評している。[78] またクラークのローンヘッド（Loanhead）炭坑での利潤極大化の試みは、明白に彼の時間厳守の価値観と関連していたとされる。つまりクラーク卿は、同炭坑で、配下労働者による最大生産性の追求こそ、換言すれば、彼の利潤極大化の達成に通じると考えていた。

スコットランドの宗教史から観れば、一五六〇年から宗教改革を経験し、一六〇〇―一七〇〇年間には、次第に成熟したネオ・カルヴィニズムがスコットランド教会での支配的な神学的立場となったが、それが近代資本主義の倫理と一貫性をもつに至った。このネオ・カルヴィニズムが、一七世紀中頃以降の世俗主義的なスコットランド経済活動の中で確立され、近代資本主義精神として歴史的評価を得たのである。

しかしマーシャルは、スコットランドのネオ・カルヴィニズムとウェーバー主義との不一致は、労働者全般に波及しなかった点を挙げる。またその理由に、ウェーバーはネオ・カルヴィニズムが国家教会として社会体制を支え、その教会からの行動規範が禁欲的な資本主義の精神を醸成したとするが、スコットランドではこの運動を推進する自発的なセクトは弱小であった。それは全体からみて、労働者階層全般が少なくとも実践的なカルヴィン主義者ではなかった点である。例えばニューミルズ工場の場合、熟練労働者は外国から若しくは土着でないカルヴィニストから、また不熟練労働者は局地的に調達された。後者には、自己利益が主たる労働理由であり、自らが教会が明示する諸規範に順ずると自認する人はいなかった。[79] バン・デル・スプレンケル（van der Sprenkel）は、ウェーバーを批判して、彼の中国仏教・社会やユダヤ主義・社会理解の不充分を挙げる。さらにスコットランドの経済的「離陸」（take-off）は、一五六〇年の宗教改革ではなく一七〇七年の「合併」を契機に、生じたことを主張した。[80]

七　結び――スコットランド経済発展と宗教倫理

スコットランドの本格的な社会経済発展は、イングランドとの合併を通じて獲得した一層の経済機会から進展した。それ以前の一七世紀は、封建社会の延長上にある、複雑な地理による貧弱な国内通信網、厳しい天候と頻発する飢饉、僅小な剰余農産物の国であった。しかし非経済的分野においては、既にスコットランド資本家が活躍していた。そしてスコットランド商人は、オランダの諸商港での貿易拡大や王立都市の諸商人の地位向上を図った。

一六〇三年にイングランドとスコットランドの間の「王冠の結合」があり、その結果スコットランド－フランス間貿易が減少し、またロッテルダム経由の貿易も減少し、アメリカ大陸や西インド諸島との貿易量が増大した。[81] 当時のスコットランドは、未だ新しい製造工業を開始するに必要な熟練労働力も不足しており、原料としての羊毛や半製品を輸出し、工業製品や奢侈品を輸入する国であり、国内資本不足も顕著な状態にあった。

ウェーバーが例証するような宗教的寛容性が近代資本家の倫理の源ではなく、一七世紀スコットランドに事実生じたような宗教紛争が社会的波乱や戦争を巻き込み、経済発展を阻害し、特にイングランド軍隊のスコットランド占領期間、経済活動の全領域が沈滞した。

一六六〇年、一六六三年のイングランド航海法により、スコットランド船舶はイギリス植民地やロンドンやイングランド諸港には直接入港はできず、そのためスコットランド商人は密輸出入を手がけることが多かった。事実、その事情が一八世紀末のアダム・スミスに代表される「自由貿易論・夜警国家論・重商主義撤廃」の主張の背景を形成した。しかし現実的には、全くイングランド比して競争力のないスコットランドの羊産業の保護政策をとったり、厳しい財政策をとったり、間違った政治状況にあった。

これら状況打破のため、スコットランドは先述のダリエン計画による西インド植民地拡張政策、またスコットランド銀行創設等により、イングランドへの対抗策を進めたがいずれも挫折し、結果的には一七〇七年の「合併」により、スコットランド商人に対してイングランド商人と同等の諸特権が付与される恩典を得て、初めて工業化を開始できえた(82)。

そこで再度、当時のスコットランドの宗教と国家の関係に目を向けると、スコットランド宗教改革の父ノックスが死去した後の約一二〇年間、大衆は長老会派、国王は監督会派支持の教会闘争を展開したが、最終的には大衆の勝利で決着した。スチュアート朝はイングランド・スコットランド両国の王冠から外れ、オレンジ公ウィリアムがプロテスタンティズムのチャンピオンとして就任、スコットランドの宗教組織も一六九〇年頃には、政治・宗教的平穏の到来とともに、安定した。マコウレイ（T. B. Macaulay）侯は「スコットランドの一九二〇人以上の牧師が長老会派であり、二〇人に一人も監督会派に関心をもっていない」

と述べた。

そして長老会派牧師たちは、王政復古から監督会派支配の三〇年間の時代には辛酸をなめながらも、宗教的報復とか復讐はなく寛容をもって臨んだ結果、二〇〇人の監督会派牧師も新しい社会体制に恭順した。不満な牧師はカトリック的な風土である遠隔地諸島や外国移住に活路を求め移住した。一六八〇年に「協会」(Societies)を設立し構成員自ら「協会員」(Society Men)と称し、一七〇六年までは牧師メンバーはいなかったが、聖ジョン・ミラン(Rev. John M'Millan)牧師が国教会から追放され「キャメロニアン」(Cameronian)と呼ばれる「改革長老会派」(Reformed Presbyterians)を作り、最初の説教者となった。他方、不思議なことに、新国王の寛容の精神が時代精神となり、監督会派牧師にも教区牧師説教壇が許され、英国国教会の恩恵を受けた。[83] また一六九七年の障害法(Barrier Act)には、急激な変革はなかったが、多くの長老会派が同意した。

一七〇七年にスコットランドはイングランドに「合併」されたが、スコットランド教会の自立性は確約された。そして一七一一年には聖職授与権復活法(Act of the Restoration of Patronage)が議会で可決され、一七一二年五月から実施されたが、先述のマコウレイは「同法が合併条約を侵害し、スコットランド教会に影響を与え、スコットランド教会会議(General Assembly of Church of Scotland)は毎年反対し訴えたが、結局同法により同教会からの分離(secession)・分裂(schism)が始まった」のである。[84] また一六四九―五〇年の英国共和政治時代にイングランドで出版された「敬信による教義正当化」を訴える『近代神学の精髄』(*Marrow of Modern Divinity*)がスコットランド教会から弾劾されたが、スコットランド社会に影響を与え、アースキン(Ebenezer and Ralf Erskine)兄弟やボストン(T. Boston)のように「精髄派」(marrowmen)と呼ばれる新グループ牧師を生んだ。かつて聖職授与権を持っていた（patrons）のは、地主（landed gentry）で主として監督会派や旧教派であったが、次第に変化して行く。一七三二年に、教会会議が聖職授与権の相続権を選挙で補う法案を可決した。同法は一七一二年法とは異なり、国家制度として導入されたのではなく、自発的に教会内で採択された。

エベニーザ・アースキン牧師は、一七三二年一〇月のスターリング（Stirling）での説教で同法を非難した結果、一七三三年の同教会会議で叱責され、彼を含む四人の牧師が反対したが、罷免されるに至った。そこで同年一二月にアースキンを調停者（Moderator）とする「長老会協会」（Associate Presbytery）を発起し、独立組織を宣言した。一七四〇年に弟ラルフ・アースキンも同組織に参加した。次いで一七四五年のジャコバイトの叛乱後、一七四七年頃から、同組織が「国家観」の是非から、「自治都市派」（Burghers）と「反自治都市派」（Antiburghers）に分かれた。[85]

しかし一七五〇年頃になっても牧師の聖職授与権は大衆の意向とは関係なく決められたので、ロバートスン（W. Robertson）博士の影響を受け、これに反対したカルノック（Carnock）のジレスピー（T. Gillespie）が同教会から追放され、第二の分離派としての「救済教会」（Relief Church）を設立した。[86]彼ら「分離派」は、自由な良心に基づく説教を背景に、より厳しい道徳性と社会活動を訴え、権威主義的な教会・旧社会体制を非難して新しい時代を願望した。ここにリード（T. Reid）、ブレア（H. Blair）、グラス（J. Glass）やハルディン（R. Haldane）等の、新しい時代精神を吸収して社会大衆を指導するリーダーが誕生した。そしてヨーロッパ史において、フランスの市民革命に匹敵する歴史的意義を有するイギリス産業革命の思想をリードするスコットランド歴史学派が醸成され、その思想もエディンバラ、グラスゴウからスコットランド人技師・

教師により世界各地に拡散するのである。[87]

つまりスコットランド教会またカルヴィン主義の歴史は、源においてはウェーバー学説に合致したものではなかったが、歴史過程の中でカルヴィン主義の分派・分裂を生み、結果としてはスコットランド資本主義思想の誕生を通じて、ウェーバー歴史観の傍証のひとつとなったと評価しえる。

第4章 スコットランド啓蒙思想の変遷

一　はじめに

スコットランドはイタリア・ルネッサンスをヨーロッパの北西端で受容し、固有の歴史と宗教をもとに、優れた教育制度を作り上げて、一七〇七年のイングランドとの「合併」を経て著しい社会経済発展を可能とした。そこにはノックスがなし遂げた宗教改革による新社会創出への経済倫理を受け入れ、それを一般大衆に啓蒙したスコットランド教会の弾力的対応が見受けられる。(1) スコットランドの歴史を概観して「一六世紀はルネッサンスと宗教改革、一八世紀は改良と啓蒙主義の時代」とも言われる。

さらにルネッサンス期の印刷技術の導入により、一方では宗教教理の宣教が拡大し、他方では民族の固有の偉大な文学作品がラテン語やスコットランド（ゲール）語で出版され、愛国心の宣揚となりスコットランド社会運動が大きく展開した。また一七世紀以降、スコットランドのヨーロッパ大陸との交易の拡大と交流を通じて、「グランド・ツアー」経験のスコットランド人知識人層が形成され、国際的な学問・音楽・建築・紋章学に大きな貢献をなした。そこにはスコットランド四大学の果たした学術・教育的役割が高く評価される。(2)

スコットランド長老会派は、イギリス市民革命の時代にもイングランドの長老会派と異なる行動をとり、カーク（kirk）と呼ばれる教会中枢組織を中心に、社会大衆に大きな影響を与えた。特に一七〇七年の「合併」後にスコットランドが固有の議会を喪失した時に、大衆の社会的支柱としての役割を果たした。(3)

そのような歴史・文化的土壌から、一八世紀後半から「スコットランド啓蒙主義」と呼ばれる人々が登場した。それは同時に、イングランド合併後のスコットランド知識人の英語学習・普及運動を通じての社会興隆運動と合致した。またスコットランド教会が、個人としての厳格で純粋な信仰観の形成を求めながらも、社会発展に連動して新しく直面する問題に対し、柔軟な現実的適応を果たした結果とも呼応していた。たとえばスコットランドがタバコ貿易の興隆に直面した時に、喫煙慣習について一方では規制しながらも他方では容認した。(4) 以下、本章ではスコットランド啓蒙主義の形成と代表的な啓蒙主義思想家たちの思想を論じてみたい。

二　スコットランド啓蒙主義の形成

スコットランド啓蒙主義の形成について、ヴィクトリア期のイギリス文化史家バックル（T. H. Buckle, 1821-62）は、イングランド人特有の批判的立場から、スコットランド人とプロテスタンティズムは合致しないものでありながらも、一七一五、四五年の二度にわたるジャコバイト（王党主義者）の反乱・敗北から亡命生活を大陸で送った民族主義者たちが、コスモポリタンな立場から自らの宗教である長老会主義を解釈するに至った結果と考えた。またミチスン（R. Mitchison）は、ジャコバイトの経歴から啓蒙主義最盛期に活躍した人物に、著名な経済学者ジェイムズ・スチュアート（J. Stuart, 1712-80）卿を挙げる。事実、彼はエディンバラ大学に学びジャコバイトと交流を深めチャールズ皇太子と親交し、一七四五年の反乱に参画して敗北後亡命、一七六三年にジョージⅢ世の恩赦で帰国した。スチュアートは、ヨーロッパ大陸での亡命生活の中でフランス財政事情を学び、一七六七年に『政治経済学原理』（*An Inquiry into the Principles of Political Economy*）を出版した(5)。また「スコットランド啓蒙主義」という用語は、スコット（W. R. Scott）が「一八世紀後半を中心とするスコットランド知識人の活動」を表現したことに始まるが、スコットランド啓蒙主義の一七六〇―八〇年代の運動についてはスコットランド長老会の穏健派たちが主流であり、教会と距離を置いたヒューム（D. Hume）やスミス（A. Smith）は例外的な存在とされる(6)。

バックルは自らが嫌いなフランス人とスコットランド人を批評して、「フランス人は自らの宗教を誇り、スコットランド人は自らの宗教を重荷に感じる」と述べたが、啓蒙主義のイメージも、フランスでは自由主義的で反体制的、教会権威に反発する反宗教的性格を表したのに対し、スコットランドでは教会と大学を基盤とする政治的にも社会的にも保守的な性格が強かった。特にスコットランド啓蒙主義は、ミチスンは「その指標は知識と徳への敬愛と、信仰と科学に対する敬意といえる。またコスモポリタンで上品な振舞を身につけて社会生活を豊かにし、スコットランドの国際的地位の向上をめざす運動でもあった」とし、その淵源を王政復古期に求めた。[7]

つまり一六六〇年代に王政復古を推進した女王メアリー・スチュアートによって貴族社会が再構築され、いわゆる「宮廷ルネッサンス」が展開された。メアリーはイタリア人音楽家リッチョ (D. Riccio, 1533-66) を愛好した。そして一五六六年一二月にスターリング (Stirling) 城で、メアリー女王の王子 (後のジェイムズVI世) の洗礼式が行われた際、華麗で大規模な行事や文芸披露がラテン語・フランス語・イタリア語・ゲール語で行われ、文字通りスコットランド・ルネッサンスを象徴するイベントが行われた。[8]

またクロムウェル占領下の時代を経てウィリアムIII世治下では、ジャコバイトとして活躍したキンロス (Kinross) 出身のブルース (W. Bruce, 1630-1710) が登場したが、彼はイタリアの古代建築研究家パラーディオ (A. Paradio, 1508-80) の建築様式を踏襲し、洗練で雄渾・優美な建築物をエディンバラを中心にスコットランド各地に紹介したが、彼の建築の影響は国境南のイングランドにも伝わった。この時代には、スコットランドにはルネッサンスの影響を受けた知的伝統が定着し、法体系の整備が進められ、またヨーロッパ大陸、特にオランダの先進学術影響下に、科学・地誌学・医学・応用科学の学術上の発展をみた。[9]

一八世紀に入り「合併」を迎えた後、スコットランド啓蒙主義は王政復古期とは異なる展開をみせる。先ず国際・国内的にも、彼らスコットランド人の公用語がラテン語からイングランド語に代わった。さらにスコットランドでは主教制教会が国教ではなくなり、民主主義的な意思決定を重んずる長老会主義的教会体制が確立した。そして同世紀後半にはスコットランド穏健派の聖職者たちが尽力し、貴族勢力中心の保守的社会構造に、長老会教会制度を巧く適合させた。[10]

この運動の代表人物に、スコットランド長老会派のエディンバラのセント・ジャイルズ（St. Giles）教会牧師からエディンバラ大学修辞学・文学教授となったブレア（H. Blair, 1718-1800）、リース（Leith）に生まれ牧師職から劇作家となったホーム（J. Home, 1722-1808）、牧師の子にして牧師となり穏健派の中心として一七六二年にはエディンバラ大学学長となったロバートスン（W. Robertson, 1721-93）、プレストパンズ（Prestonpans）に生まれ穏健派の指導者で「ユピタル」と崇められたカーライル（A. Carlyle, 1722-1805）たちがいた。[11]

またスコットランド啓蒙主義者たちは、イングランドの目的が自国の安全保障とスコットランド国政の廃止にあったのに対し、「合併」を支持してウェストミンスター中央政府統括下のスコットランド地域集権国家を作り、スコットランドとイングランドが「連合王国」（United Kingdom）として均衡を保つ体制を願った。そこでイングランドと連合してブリテン（Britain）国家に帰属する新たなアイデンティティを生み出す運動、つまりホイッグ（whig）の伝統をつくった。[12]

その後スコットランド啓蒙主義者は、二度にわたるジャコバイトの乱を乗り越え、イングランドとの「連合国家」に収斂していった。また啓蒙主義への批判として、彼らが「人間本性の諸原理」をもとに経験科学を作りあげることが出来ると信じ、常に一般論を論じて個別事象の説明に欠けていたと言われるように、スコットランドの啓蒙主義者は、普遍的な永遠に変わらぬ結論を追い求めた。[13]

そして一八世紀のバーンズ（R. Burns, 1759-96）に匹敵する、スコットランドの生んだ偉大な文豪スコット

(W. Scott, 1771-1832) 卿は、スコットランド啓蒙主義の最終時代に生き、同時に次の時代の思潮であるロマン主義の影響をも受けた人物である。[14] 興味深い点としては、経済学ではスミスと並ぶスチュアート (J. Stuart) については、スコットランド啓蒙思想家集団には含まれていないことである。

三　代表的な啓蒙主義者たち

1　ケイムズ卿

先ず代表としてケイムズ卿 (Lord Kames) と讃えられたヘンリー・ヒューム (Henry Hume, 1696-1782) がいた。ケイムズ卿は、アダム・スミスが「私たちの誰もがケイムズを自らの師と認める」と言ったように、多くのスコットランド啓蒙主義の知識人に物心両面からの支援を与えた。特にイングランドから戻り無職の若きスミスに「エディンバラ公開講義」の仕事を与え、デイヴィッド・ヒュームやミラーにも大きな影響を与えた。[15] ケイムズ卿は上流家庭の教育方針で私的な家庭教師について学び、その後の専門的学習により幅広い教養を身につけ、一七二三年に二七歳の時に弁護士試験に合格、一七五二年に民事裁判所判事（それ以降自らをケイムズ卿と称した）、一七六三年に刑事裁判所判事となり法曹界で活躍する一方、スコットランドの青年知識層のパトロンとして活動した。

また一七六二年末頃から、ケイムズは「共和主義者」(civic humanist) と呼ばれたが、フランスのルソーに関心を持ち『エミール』から多くの感化を受けた。ケイムズ卿は愛国心にあふれ、一七一五年の第一回のジャコバイトの反乱には同情的であったが、一七二〇年代には離れ、一七四五年の第二回の反乱は支持しなかった。それは同時に当時のスコットランド人知識者層の対応を代弁するものであった。事実、ファーガスン（J. Ferguson）卿も「スコットランド低地地方の大多数の人々にとっては、四五年の反乱が生じたこと自体が最大の悲劇」と述べたが、彼も同意見を表明した。

ケイムズ卿は、親イングランドの代表としてスコットランドが真にイングランドとの「連合」パートナーとなれるように尽力し、スコットランド封建遺制の廃止、固有の土着産業の振興、新技術の導入、さらに高地地方の安定化と近代化に貢献した。つまり彼は一七世紀末から一八世紀初めのスコットランドの抱えた歴史的命題である対イングランド後進性の克服、つまり貧困、失業を中心に封建的貴族支配打破と隷従関係の克服を目指した。

さらにケイムズは、「法」とは規則や法令のみを取り扱う狭義の法ではなく、人間の規範・相互関係に係る意味を持つもので、生活の付属物ではなく、生活そのものの主要部分を占めるものであると主張した。それ故にケイムズ卿の信念では、法律家は社会的指導者であるべきであり「有能な法律家であるために、哲学、歴史、文学、自然科学、数学の知識も不可欠であり、さらに論理学、言語学、修辞学の習得が法廷弁論にも必要」と考えた。[16] 思想的には早くも一七一六年頃から、クラーク（S. Clarke, 1675-1729）著『神の存在と諸属性に関する一論』（*A Discourse of Natural Religion*, 1706）に没頭し、その著者への質疑の書簡を交わした。そして形而上学的な議論で神の存在を論じるクラークに不満をもち、さらにロック（J. Locke, 1632-1704）の『人間悟性論』（*An Essay Concerning Human Understanding*, 1690）研究に向かい、自らの心理的葛藤を経て結論に至った。

またヘンリー・ロウリー（H. Laurie）は、スコットランド啓蒙思想・常識哲学の方向を位置づけたのはケイムズの一七五一年の『道徳性と自然宗教の原理』（*Essays on the Principles of Morality and Natural Religion*）と評価し、ヒュームの懐疑主義的哲学を批判したリードの常識哲学もその著作に依拠したと観た。[17]

ケイムズ卿の社会改革案の要点は、スコットランドが商工業社会形成に向けてイングランドに追いつくため、人間主体の形成・向上と社会制度の改革を求めることにあり、たとえ社会の富裕化が達成されても、人間が奢侈と快楽にふけり公共精神を失う危機があると警告した。そこでケイムズ卿は社会制度の改革運動と、その発展に呼応する精神の近代化を訴えた。先ずスコットランドの社会改革を目指し、封建遺制と言われた限嗣封土権法（長男に家督を継がせる）を含む法改革論、勅許（自治）都市の政治・行政的改革論、農地・農法改革運動展開のための農業委員会設置提案、財政・救貧論、固有のリンネル（亜麻）産業振興の提案等の経済改革、さらに軍事を輪番制徴兵とする改革案、大学教科を初めとする教育機関の改革案を発表した。[18]

さらに具体的にみると、ケイムズ卿の法哲学はスミスの道徳感情論に衣拠しながらも、彼の掲げる常識哲学（Common sense Philosophy）は、スミスの道徳感情論とは対峙するものであった。この背景には、エディンバラ長老教会の穏健派知識人の思潮が存在した。さらに合併後に発起され、特に高地地方で啓蒙活動を展開したキリスト教知識普及協会の役割も指摘される。[19]

ケイムズは、合併後の一七一六年に設立された合併遺失土地委員会（Annexed Forfeited Estates Commission）や一七二七年に設立された製造工業者工業評議会（Boaed of Trustees of Manufacturers）や農・漁業開発評議会（Board of Trustees for the Improvement of Agriculture and Fisheries）の事業をミルトン公から継承して、一七五〇年代以降の社会発展を企画した。[20]彼の指揮下にスコットランド社会は、農業改良や家畜飼育の推進、林業や漁業の振興、ターンパイク（有料道路）や軍用道路の建設・拡大や橋梁・運河の建設を実現して発展した。さらに羊毛・毛織物工業の振興や石炭・鉄工業の促進も図られた。特にケイムズ卿は、スコットランド固有の産業としてリンネル工業の発展に力を入れ、自ら一七六六年に小冊子『スコットランドにおける亜麻工業の発展』(*Progress of Flax-Husbandry in Scotland*) を出版し、啓蒙活動を展開した。

またケイムズ卿は、亜麻工業の直面する課題を分析して生産高や技術的課題について細かな論議を展開し、販売市場拡大策や集荷体制・倉庫の整備を論じ、亜麻工業の振興・成功を通じてのスコットランドの富裕化を計画した。その実践としてスコットランドで三番目の勅許銀行と言われるイギリス亜麻会社のビジネスも行った[21]。これらのスコットランド固有の亜麻ビジネス再生の事業企画は「ケイムズ卿のユートピア」とも呼ばれた[22]。

次いでケイムズ卿の常識哲学を考察すると、日常生活上の事実の哲学的論証として『道徳性と自然宗教の原理』を著し、第一部は道徳論、第二部は認識論を扱ったが、自らの言葉として第一部では社会的存在としての人間の本性を、第二部では道徳性の主体としての人間を対象として、自然と人間本性の基本構造の解明と論理化を試みたとしている。特に彼の提起した自由と必然の対立、すなわち「日常性の事実」と「哲学的真理」との対立を調停する解決を、人間の抱く偶然や自由の気持ちは「欺瞞的」(deceitful) であり、日常生活も「物事についての人為的な見方」(artificial view of things) に基づいて行われると把握した。この道徳的世界が欺瞞的な自由に支えられているとの主張は物議をかもし、スコットランド教会福音派牧師からは破門要求を提出されたが、穏健派の牧師たちからは支持を受けた[23]。

2 アダム・スミス

アダム・スミス（Adam Smith, 1723-90）は、北海に臨む港町カーカルディ（Kircaldy）に税関吏の父と地方郷士の娘の間に生まれた。スミスは一七三七年に一四歳でグラスゴウ大学に入り、ダンロップ（A. Dunlop）教授からギリシア文学、シムスン（R. Simson）教授から数学を学んだが、最も大きな影響を受けたのは道徳哲学（経済学・自然法学を含む）の進歩派のハチスン（F. Hucheson）教授であった。[24] この年にハチスンは、彼の言動が「ウェストミンスター信仰告白」に反するとスコットランドの長老教会から訴えられた。

一七四〇年にスミスは、同大学を卒業しスネル奨学金を得てオクスフォード大学のベリオル（Balliol）・カレッジに留学、一七四四年には学士号を得た。六年間のオクスフォード滞在中は、大学は学問的沈滞にあり知的刺激も薄く、彼は独学でギリシア・ローマの古典を学習したと彼は書き残した。[25]

一七四六年八月に郷里に帰ったが就職浪人中の時に、スミスはエディンバラ文化啓蒙運動の指導者ケイムズ卿や幼友達のオズワルド（J. Oswald）と母方の親戚のクレイギー（R. Craigie）たちが立案したエディンバラ公開講座に招かれ、一七四八年からの三年間の冬に文学・文芸批評・法学の講義を行い名声を博した。[26] その成功が彼の一七五一年一月のグラスゴウ大学論理学教授就任をもたらした。翌年にはクレイギー（T. Craigie）教授が病死すると後任として道徳哲学講座に移った。彼は空席となった論理学教授の後任に友人のデイヴィッド・ヒュームを推薦したが、彼は「無神論者」であるとの学外反対から実現しなかった。[27]

一七五四年にはスミスも積極的に支持してエディンバラ選良協会を設立し、翌年には『エディンバラ・レヴュー』（*Edinburgh Review*）にジョンストン（S. Johnson）の『英和辞典』への批評を匿名で発表した。スミスはグラスゴウ大学発展に尽くし、一七五八年には大学財務担当官（treasurer）、一七六〇年には学部長、一七六二年には副総長に昇任し、一七八七年には総長に就任、さらに翌年にも再選された。その間一七五九年四月にはロンドンで『道徳感情論』(*The Theory of Moral Sentiments*)、一七六四年二月から六六年一〇月までバックルー(Buccleuch)公に随行してヨーロッパへグランド・ツアー、一七六七年にはロンドン王立学士院メンバーに選ばれ、一七七五年にジョンストン(Johnston)文学クラブに入った。そして一七七六年三月に、初期草稿から一〇年以上を経て大著『国富論』(*The Wealth of Nations*)を発刊した。(28) 同年一〇月に友人ヒュームの死に際して「平安にして有徳の死」との書簡を公表したところ、オクスフォード大学モートン(Merton)・カレッジのホーン(G. Horne)総長から、無神論者の類として激しく非難された。

しかしスミスの『国富論』の評判は高まり、フランス語、イタリア語を初め多くの外国語にも翻訳されてゆく。スミスは一七七八年にエディンバラに居を移し、化学者ブラック(J. Black)、地質学者で著名な農業改良家ハットン(J. Hutton)と共に「牡蠣(Oyster)クラブ」を作り、また一七八三年にはロバートスン(W. Robertson)と一緒にスコットランド文化活動の宣揚に向けて、エディンバラ王立協会(Royal Society of Edinburgh)を発起した。

経済学者としてのスミスは、「古典派経済学の父」として讃えられ、イギリスが重商主義を脱して自由貿易主義の旗を掲げて世界市場に進出してゆく理論的支柱を与えた。宰相ピットが最高の敬意を持ってスミスを迎えたエピソードが、それを物語る。(29)

スミスはスコットランド・ルネッサンスの旗手のひとりとして称賛された。スミスがグラスゴウ大学論理学教授に就任した際に、学生時代に彼の授業を聴講し自ら弟子と自認するミラー(J. Millar, 1735-1801)は、スミス教授は従来のスコラ学派の論理学や形而上学の「三段論法の技巧的な推論方法」(an artificial method of reasoning）を見事に学生の好奇心を満たす形で説明した後、「修辞学と文学の一体系」（a system of Rhetoric and Belles-letters）の講述にあてたと述懐した。[30] スミスは、スコラ哲学への批判的言及や精神の力能（powers of the mind）とその作用を強調した「レトリック体系」の方法論を論じて新しい道を開き、さらに彼の後任者のクロウ（J. Clow）、ジャーディン（G. Jardine）等に継承されていった。

つまり当時、論理学にはアリストテレス以来の伝統的な論理学とベーコン（F. Bacon）やロック（J. Locke）の示唆した新しい論理学があり、レトリックではギリシア・ローマ古典を受けついだ一八世紀キケロ（Cicero）主義者が登場した。論理学では「五つの共通語と一〇のカテゴリー」の一般的語彙を重視したが、スミスはレトリックとして弁論文の他に歴史記述、詩、教訓文を入れた包括的な構成を心がけたとされる。[31] それをロージアン（W. Lothian）は「スミス教授は学生たちの興味に対して理知的な面よりも情緒的な面でのアピールを目指し、彼らの推理能力よりもむしろ感情および美的感覚の刺激を試みた」と分析した。[32]

つまりスミスの時代のスコットランド知識人は、その啓蒙主義思想の立場から、文芸諸団体を通じて学問的知識の伝達や内容の表現能力の向上に多大の関心を示し、一般的文芸理論体系の確立を求めた。その要求に対してスミスは「伝達の理論」としての「修辞学と文学の一体系」を提起した。[33] そして中世以来のスコラ論理学が抽象的な「普遍」に基礎をおき、三位一体としての論理学・本質論・気学に重きを置いたのに対し、スミスは具体的な「個」、つまり人間を出発点とする学問体系の創出を提唱した。そして抽象的な論術を避け、常に「言葉」と「事物」の関係に注目したが、スミス哲学では「普遍の主題」として「感覚」（感情・意見）の対象である人間への信頼が前提となった。

水田洋は、「スミスは近代思想の中で初めて、自己の利益を追求する近代個人を市民社会という自律的な秩序に統合するに至った」とし、「ヨーロッパ啓蒙思想のなかでスコットランド啓蒙思想だけが、しかもスコットランド啓蒙思想のなかでスミスだけが、この水準に到達しえた」とする。[34]

スミスは、スコットランドがイングランドと合併して市民社会として自然調和的に発展し、一般的富裕が同社会の全階層にゆきわたることを確信した。そしてスコットランドが発展の中で直面する問題、一方での富の蓄積、他方での貧困の蓄積という市民社会に内在する矛盾についても、スミスは利己心と自由競争の原理を正義の原則として枠づけし、それを利他心＝市民的共同体（civil community）の原理によって統括して乗り越えることを願望した。市民社会の問題は、その体系の中で自らが解決しようとするのがスミスの道徳哲学＝社会哲学の構想であった。その意味では、スミスは一面は観念論でありながら同時に他面では唯物論でもあるとの双面性をもち、その結果、市民社会を社会的自然として自律的に運動する社会的メカニズムとして把握した。[35]なおスミスが当時のイギリスまたスコットランドの教会についてどのように思っていたかの論評は文章としては残されていないが、教会から批判されたハチスンを師と仰ぎ、また無神論者ヒュームとの友情、さらに彼の先進的な社会観、例えば同時代を生きギルド仲間から排斥された職人ワットに大学内での計測器械製作の仕事を与えた友情等の経緯からしても、距離をおいていたに違いない。[36]

3　デイヴィッド・ヒューム

デイヴィッド・ヒューム（D. Hume, 1711-76）は、スコットランド固有のレアード層の地主の息子としてエディンバラに生まれた。彼はフランスに渡り三年間の思索研究の後、一七三九―四〇年に『人間本性論』（*A Treatise of Human Nature*）を発表したが、当時は受け入れられず、書き直して再度一七四八年に『人間悟性論』（*An Enquiry Concerning Human Understanding*）を公表した。その主張は、民衆の感情は確率論的基礎から理論的考察の対象とすることが可能との立場から、ニュートン力学を人間と社会の研究に導入しようと試みたものであった。[37]

その間一七四二年に『道徳・政治・文学論集』（*Essays, Moral, Political and Literacy*）において長編論文「技芸と学問（科学）の興隆と進歩」（Of the Rise and Progress of the Arts and Sciences）を発表し、フランスでの古代・近代優越論争に依拠したが、彼の思想がケイムズ卿やハチスン教授と並びスコットランド啓蒙主義の起点を形成し、その流れに続く友人スミスやファーガスン、ロバートスン、ミラーたちに大きな影響を与えたとされる。例えばスミスの天文学史は、ヒュームの『人間本性論』における認識論「諸感覚についての懐疑論について」の議論を科学史に適用したと言われる。そして「スコットランド常識哲学」（Scottish Common Sense）は、ヒューム批判の形をとりながら、ケイムズ卿やトーマス・リードによって形成、発展させられた。[38]

ヒュームはホィッグの立場を取り、一七四五年のジャコバイトの反乱に批判的態度をとり親イングランドの立場を明確にしながらも、無神論者の烙印をおされてスコットランド教会から批判され、その結果、一七四五年のエディンバラ大学道徳哲学教授職、また一七五一年のグラスゴウ大学論理学教授職応募にも大学外からの反対に遭い、実現をみなかった。ヒュームは仕事もなく暇でもあり、一七五二年にエディンバラ図書館長になったのを機に蔵書を利用できたので、一七五四―六一年の間に、大著『英国史』（*The History of England*, 1754-61）を執筆した。一七六三年にはハートフォード卿についてパリに赴き、六五年には秘書官、さらに一時は代理公使をつとめた。パリでは宮廷に出入りしいわゆるフランス百科全書派のダランベール（J. R. d'Alembert）やテュルゴー（A. R. J. Turgot）とも親交を深め、フランスで迫害を受けているルソー（J. J.

Rousseau）を連れてイギリスへ戻り年金獲得まで助力した。ルソーの文明批判は、古典文明社会時代のギリシア、ローマの文明を評価するルネッサンス支持の啓蒙思想家には説得力をもたず、ヴォルテール（F. M. A. Voltaire）たちからも批判され、孤立化していた。またヒュームも思想的にはルソーには同調しなかったが、彼の優れた弁論や表現能力を高く評価して支援を申し出た[39]。しかし誤解から喧嘩別れしたとされる。

一七六七―六八年の間、フランスでの経験と学識を評価されて、ヒュームはコンウェイ外務大臣の次官を務めた。ヒュームは、既に一七四二年の論文で絶対君主制を批判し、またアジア・中国の緩慢な進歩と学問衰退因の指摘から、重商主義下の貿易独占を批判し自由競争を支持した[40]。ヒュームは文明社会史論を展開し、先ず絶対君主制を倒した共和制の中から、その必然的本性として法が生まれ、その法から安全が作られ、その安全から好奇心が刺激され学問・技芸が発展すると論じた。その学問・技芸の発展は「商業と政策で結合された多数の隣接する独立国家に最も好都合な土壌を見いだす」とし、しかも「学問は共和国で最も発展し、美術や豪奢、繊細な財貨を造り出す奢多と技芸は開明君主国で最も発展する」と論じた。そして現実のヨーロッパ世界諸国を見渡した上で、ヒュームは開明君主制が学問・技芸の定着と奢多を含むあらゆる洗練の技芸に適応しているとしながら、君主政体と共和政体の収斂を理想とした。

ヒュームは、同時代のスコットランド教会から無神論者として排斥されたが、エディンバラで逝去した後、一七七六年に彼の遺稿『自伝』（*Autobiography*）、一七七七年に『自然宗教についての対話』（*Dialogues on Natural Religion*）が出版され、彼は時代を先取りした哲学者として評価された。そして一八七四―七五年に『ヒューム哲学著作集』が世に出されると、彼に対する評価はスコットランド啓蒙主義の先覚者として賞賛されるに至った[41]。

4 ジョン・ミラー

アダム・スミスの弟子と自他共に認めるジョン・ミラー（J. Millar, 1735-1801）は、一七六一年からの四〇年間、グラスゴウ大学法学教授として活躍した。彼はスミス思想の思想・哲学の影響を深く受け彼の思想的後継者と言われるが、特にそれが軍事関係の精神・組織論に表れたと言われる。ミラーは、スコットランド啓蒙思想家群の中で一般的には核を構成するハチスン、ヒューム、ケイムズ卿、スミスたちと共に商業社会の理論家であり、商業の社会的機能に関心を持った。ミラーは、スミスに学びながらモンテスキュー（C. B. Montesquieu）とヒュームから影響を受け、さらにケイムズ卿から軍事問題に関する強い刺激を受けた。

ミラーは、処女作ながらミーク（R. L. Meek）によって不朽の名作と評価された一七七一年の『階級区分の起源』（*The Origin of the Distinction of Ranks*）の他、一八〇三年の『イングランド統治史論』（*Historical View of the English Government from the Settlement of the Saxonian to the Accession of the House of Stewart*, 一七八七年初版）の第三版に「勇気と忍耐」と題する論文を入れ、そこにスミスの『グラスゴウ大学法学講義』で学んだ軍事精神と軍事組織に関する歴史・理論的分析を継承して自らの持論を展開した。(42)

ミラーは、近代ヨーロッパの展開を自然史=普遍史の様式で述べるが、古典古代のポリス社会から近代商業社会への発展を、モンテスキューとヒュームの理論に始まりスミスが究明した知的遺産を継承して「商業と自由」のテーマから論じた。彼は『階級区分の起源』の第三版（一七七九年）や第四版（一八〇六年）では、初版以降に生じたヨーロッパでのフランス革命と新大陸でのアメリカ独立戦争をめぐる歴史的一大変化の分析に、同時代の知的同僚の研究成果をふまえて提言する。特に軍隊組織の変遷について言及し、先ず未開時代の人類では略奪によって富を獲得し、その実行が勇気であり栄誉とされ、域外にむけての軍事遠征を行う。そして域内では祖国防衛のための強力な民兵が形成される。しかし次第に狩猟社会から農耕社会に移り、さらに商業社会に向かう。

その結果、主権者は自らが戦争に直接従事する代わりに貨幣を提供して傭兵軍を雇うが、常時に臨戦態勢をとる必要性に気づくと直に常備軍を導入し、ここにスミスの「分業論」のように「兵士の職務は独自の一身分者の占有する特別な職業となり、他方その他の住民は全面的に武装解除され」、軍事と民事の分業=専業化が確立する。かくて近代ヨーロッパ諸国では、封建的な民兵軍から正規軍へ移行した。

この経過を追究しながら、ミラーは「常備傭兵軍が、国王の権力と公権を強める傾向は明白であり、軍隊が直接的に君主の指揮下に置かれるので（中略）、反乱を鎮圧し、侵入を撃退するために維持される同じ軍事力が、しばしば国民の自由を覆し破壊するために利用される可能性がある」と警告した。(43)

当時、スコットランド教会の穏健派は、スコットランドの自国防衛に正規軍だけでは充分ではないと認識し、イングランド民兵組織に準じるスコットランド民兵組織化への支援をきめ、ファーガスンやカーライル（A. Carlye, 1722-1805）たちと共に運動した。またミラーは、文明社会を生きる人間にとって「勇気」（courage）と「忍耐」（fortitude）を二つの大きな徳として挙げる。その社会変化をもたらすのは、商業と製造業の改善及びその結果としての富裕とする。(44) しかし富裕化の結果、封建社会での勇気の徳が商業社会での正義（消極的徳）に代替され、その勇気の徳が、近代ヨーロッパ諸国の全ての国民の間で商工業や製造業の進歩に反比例して衰退したと観る。さらに常備軍の充足のために、「国民軍（兵士）」（a national militia）を持つ愛国主義的な方策がとられたが、ミラーは当時のスコットランド啓蒙主義者を代弁して「この種の規制を強制する権力」は「時代精神に逆行する」とした。

5 アダム・ファーガスン

アダム・ファーガスン（A. Ferguson, 1723-1816）は、スコットランド高地地方の地主の息子に生まれスコットランド長老会派の穏健派のひとりであった。ちょうどアメリカ独立戦争の勃発した一七七六年には、ファーガスンはエディンバラ大学の道徳哲学教授であり、また学識政治家として著名なチェスターフィールド（Chesterfield）卿の息子の家庭教師としてグランド・ツアーから帰国したばかりであった。彼は非国教徒のユニタリアン（Unitarian）のプライス（R. Price）が独立戦争の数カ月前に発表した『市民的自由についての考察』を初めとする諸パンフレットでのアメリカ問題の扱い方を批判した。

プライスは、イギリス議会が植民地アメリカに対する主権を表明したのに対して、名誉革命体制を支え議会を至上主義とする教義に根本的な疑義を提起した。[45] 田中秀夫は「プライスの『市民的自由』は、ロック流の基本権思想を立論のベースとし、モンテスキューの政体論を摂取して、それを宮廷（ジョージⅢ世と国王の友ノース内閣）批判に適用した」とする。[46] ファーガスンが大蔵大臣クーパー（G. Cooper）宛に書いたプライス『市民的自由』の批判的論評が政府に歓迎されて出版されたエピソードを残すが、彼は決して悪意ではなく緊密な客観的にして説得力ある推論を展開した。そして制度と実定法の歴史に基づいて、イギリスのアメリカに対する課税の妥当性を主張し、自然権論をかざすプライスのアメリカ自立論を否定した。しかし「代表なくしては課税なし」の声については明確な回答はせず、立法への参与＝代表よりも安全の方が大事であり、また選挙人資格よりも選挙で誰が選ばれるかが大事と主張した。参加よりも安全が優先する論拠には、彼がイギリスの植民地法制が完全ではないことを認めながらも、アメリカからの大ブリテン議会への議席の配分にも否定的であったとされる。またアメリカの独立を不可避的と考えるような表現をし和平交渉の可能性を探りながらも、イギリスの弱腰の和平交渉を批判するなど、タッカー（J. Tucker）やジョンストン（W. P. Johnston）と同じタカ派的性格をもっていた。[47]

ファーガスンは自由論者として、ロック流の自然権論を人民主権論に徹底した民主主義者プライスと対峙した。ファーガスンは、ヒュームやスミス以上に公共精神の徳に深く関わり、市民ヒューマニスト（civic humanist）に近い思想家であった。彼らが商業利益の追求において富が自由と幸福に寄与する面を強調する「富の使徒」であったのに対して、ファーガスンは「徳の使徒」として徳と忍耐と正義感があれば、社会は活力と秩序を維持して繁栄できると仮定した。そこにはモンテスキューに影響を受けて、文明の発展にともない人間精神は軟弱化するとの認識があった。また分業の進展は、道徳的存在としての人間の資質と能力を退化させ堕落させると考えた。なお彼の道徳哲学はハチスンに近く、またスミスに分業論や疎外論についての示唆を与えたと言われる。

ファーガスンの文明観は国民的精神や公共精神の強調にあり、堕落し卑怯な人間からなる国民は弱いが、力強い公共精神と決断力ある人間から成り立つ国民は強いと主張した。彼を、最後まで公共精神と徳の重要性を説きつづけた「最後のローマ人」と評する学者もいる。[48] さらに文明の産物としての奢侈と堕落の帰結は政治的奴隷に転落するが、しかしながら人間本性が堕落の極みに達すると改善に向かうとして、文明の発展と衰退の繰り返しをとると主張した。

ファーガスンは、モンテスキューから深く学び、優れた相対主義的視点から異なる文明と時代、さらに諸社会と諸国民の個性を客観的に評価する試みに成功した上で、モンテスキューの保有しないスコットランド啓蒙学派・歴史学派の史的背景を入れて、独創的な市民社会史論を展開した。そしてファーガスンはブラック・ウォッチ（Black Watch, 第四三ハイランド連隊）の牧師として、大ブリテンの自由と富と安全を守るためにジャコバイト（王党主義者）との対決を説く中で軍事的徳性を高く評価するに至り、全ての自由人を交替で階級制をもとに編成された兵役制度に組み入れる『民兵論』を提案した。また彼は、地主レアード層の指導力の発揮を訴える保守主義的自由主義の面も持っていた。[49]

6　トーマス・リード

トーマス・リード（T. Reid, 1710-1796）は、アバディーン近郊のストロンーン（Strachan）に生まれ、ケイムズ卿からは一四歳後輩でヒュームの一年先輩にあたった。彼は「スコットランド哲学の創始者ではないとしても、その代表にふさわしい人物」とされ、「アダム・スミスを襲ってスコットランド道徳哲学の覇権を握った」スコットランド常識哲学派の祖とも言われる。

またケイムズ卿の一七七四年出版の『人間史素描』（*Sketches of the History of Man*）の第三巻の第一スケッチの後に、リードの小論「アリストテレス論理学の簡単な説明」が収められている。[50] 優れた家系に生まれ、一二歳でアバディーン大学に入学し数学教授のマクロウリン（C. MacLaurin）、ギリシア語教授のブラックウェル（T. Blackwell）、リージェント（regent）と呼ばれる権威ある指導的立場の哲学教授のターンブル（G. Turnbull）の指導を受けて学び、一七二七年に卒業した。一七三一年に教会説教師の資格、一七三七年にニューマーカー（New Machar）の牧師に任命された。なお彼の一族には父方には宗教改革後に数多くの牧師、母方のグレゴリー家からは多くの大学教授を輩出していた。牧師在職二年目の一七四九年に、ヒュームの『人間悟性論』を読み「懐疑主義体系」に大きな衝撃を受け、それまでのターンブル影響下のバークリー（G. Berkeley）哲学の再検討に至った。[51]

リードは、スミスが一七五一年にグラスゴウ大学論理学教授に任命された時に、同じくアバディーン大学のキングス・カレッジの哲学教授に任命され、以後一三年間同カレッジのリージェントとして論理学・倫理学・数学・物理学を教えた。スミスの『道徳感情論』を読み、大変に賛同した。そして友人のキャンベル（G. Campbell）と共に一七五八年に、神学クラブを発展的に解消して「アバディーン哲学協会」を発起した。そこでの活動をもとに一七六四年に『常識原理に基づく人間精神の研究』（*An Inquiry into the Human Mind, on the Principle of Common Sense*）を発刊して評価され、スミスの後任としてグラスゴウ大学道徳哲学教授に迎えられた。[52] 一七八〇年には著作専念のため講義をアーサー（A. Arthur, 1744-97）に譲り、一七八五年に『人間の知的力能』（*Essays on the Intellectual Powers of Man*）、一七八八年に『人間の能動的力能』（*Essays on the Active Powers of Man*）等を発表した。リードは「常識哲学」（common sense）の祖とされ、哲学者たちが仮説設定に力を費やしすぎ基礎資料の収集・検討を怠っていると批判し、意識しうる努力としての日常性における観察と経験を重視した。

一八世紀前半のスコットランド長老会派内では、「恩寵と自然」をめぐり、神学論争として福音派と穏健派の対立が見られた。人々の間で国教会から離れる人も増える一方、教会の主流自体も一八世紀啓蒙主義の所産である穏健派から一九世紀に力を伸ばすことになる福音派への移行をみせていた。つまり教区牧師の推薦権をめぐり「パトロン」と呼ばれる聖職推挙権（patronage）をもつグループと「会衆」（congregation）間の対立が激化した[53]。ケイムズ卿が一七五一年の『道徳性と自然宗教の原理』で「必然と自由」の問題として扱ったが、リードは必然性論者を徹底的に批判し、人間の自由意志を確認した。それが彼の道徳論の肝要であり、それを自然界と道徳界における力能の性質の差から論証する。また彼は「物理的自然法」(physical laws of nature) が神的存在が宇宙の自然統治に従って行動する規則であるのに対し、道徳的自然法は神がその理性的被造物の行為を規定した規則であるとして、人間の「自由意志に基づく行動」(free action) を前提とした。このようにリードは道徳的に自由な存在の人間の行為のみが、是認と否認の対象となるとしたが、それが「道徳性の第一原理」と呼ばれる。

その基盤の上で動物的行動原理と異なる高次元の理性的行動原理を掲げ、後者は判断と理性を前提とした。さらに、そこには「利害の感覚」(sense of interest) と「義務の感覚」(sense of duty) があり、人間行動が低次元の本能から高次元の義務感まで到達するプロセスを分析した。リードにとっては、義務感は人間の本源的力能としての道徳感覚 (moral sense) として把握された[54]。

リードは、一方では「文化」(culture) を通しての人間本性の洗練や精神の陶冶を重視したが、他方では自然の創造者が最初に我々に植えつけたもの以上のものは如何なる教育でも新しい力能を生み出すことはないと、その限界を強調した。つまりリードは、正統カルヴィン派の「堕落した自然に対する恩寵の絶対的優位」のドグマを拒否しながらも、カルヴィン派の「神と人間間の絶対的懸隔の存在」の教義 (Genevan doctrine) は是認・保持したことになる。リードは、スコットランド啓蒙主義の時代が「改良の時代」(the Age of Improvement) と呼ばれたことから、「そのような良い方向に向けての諸変化を起こすためにも人間自身が改良されねばならない」と考えたのである[55]。

リードはスミスを後継してグラスゴウ大学の道徳哲学教授に就任した当初より、スミス道徳論の批判を展開した。またスミスは、自身の講座後継者がリードと知り困惑したと言われる。リードはグラスゴウ大学では「精神の陶冶」(Culture of Mind) と題して人間形成論を論じ、「自然の教育」(Education of Nature)、「人間の教育」(Human education)、「理性と反省」(Reason & Reflection) の三段階として把握した上で、「自然の文化」(Culture of Nature)、「社会の文化」(Culture of Society)、「教育の文化」(Culture of Education) の評価を試みた。[56] リードは「自然の教育」の長所と短所を比較検討した上で、「社会の教育」の重要性を強調してルソーを批判、また「道徳的是認を単に『感情』の交流（調和）に解消させる道徳論は精神形成の最終段階の位置づけを視野に入れない『徳性の外観=幻影』を強調するだけの役割しか果たさない」とスミスを批判した。そしてリードの道徳哲学の体系的分析は、一八二八年に、スコットランド啓蒙思想の最後の世代と言われるドゥガルド・スチュアート (D. Stewart) により出版された二冊本の『人間の道徳的力能と行為の哲学』(*The Philosophy of the Active and Moral Powers of Man*) で行われた。[57]

四　結び——スコットランド教会の変容

一八世紀のバーンズ (R. Burns, 1759-96) と共にスコットランド文学を代表する一九世紀のウォルター・スコット (Walter Scott, 1771-1832) 卿は、啓蒙主義とロマン主義の双方の影響を受けたスコットランド啓蒙主義の終期の人物といわれる。ロマン主義は、啓蒙主義の合理・普遍性よりも、非合理・個別性に力点を置く情緒主義である。[58]

その背景には、一七〇七年の「合併」によってイングランドと共にイギリス国内・海外市場に進出できる機会を得たスコットランドの著しい経済発展が、固有の封建主義社会から近代・工業化社会に移行する歴史を導いた。この発展に大きく貢献したのがスコットランド長老会派の現実的対応であり、また宗教を哲学に昇華させ、人間論から社会運動論として展開したスコットランド啓蒙主義学派であった。

しかし工業化のさらなる進展の結果、都市化も進み、人口も流動化現象も生じた。またスコットランド高・僻地地域から西部クライド地方の工業地域への「入移民現象」(imigration) が活発化する一方、他方では海外への「出移民現象」(emigration) も顕著となった。[59] 一九世紀末には、スコットランドの四大都市、グラスゴウ、エディンバラ、アバディーン、ダンディに人口の三分の一が集中した。この人口集中現象には、労働力需要にスコットランド固有の共同体志向が適合した結果でもあり、一九世紀後半にはグラスゴウは人口においてもロンドンに次ぐ英国第二の都市、ヨーロッパ第六の都市となった。[60] 人口急増の結果、グラスゴウには労働貧民スラム街ができ、公衆衛生水準の低下による伝染病の流行も生じた。グラスゴウ市では旧来の教区救貧法による救済も限界となり、新しい解決方法として篤志家による慈善事業も生まれた。[61] しかし工業化・都市化の波は、従来の対応を乗り越えるほどの激しさをもち、スコットランド伝統の教区を中心とする地域毎の制度は機能を失い、その中枢的役割を果たしてきたスコットランド長老教会の活動も弱体化した。しかしながらスコットランド教会総会 (kirk) を中心に必死に社会的責任を果たす努力が続けられた。[62]

教会史から観ると、一八世紀には体制化したスコットランド長老教会がスコットランド国教会となり、教会内部では穏健派から民衆派へと変化したが、また他方では非国教徒 (Non-Conformist) 数も次第に増大した。そして一八世紀から始まった教会の聖職推挙権をめぐる権力闘争が多くの教会の分岐・分流を作り出し、一八四三年には「教会分裂」(distruption)を生み、新しい自由教会が設立された。

スコットランド教会は、保守的な世俗の地主権力と結びつきながら、イングランドのウィクリフによって始められたロラード(Lollard)抑圧体制を続ける農村地域で地位を保っていた。他方、合同長老教会派と自由教会は、主として都市の中産階級の支持を受けた。当然の結果、政治的信条にも影響を与えた。この教会分裂が社会にも影響を与えたが、諸教派が再び統合に向い、一八四七年には合同長老会派が設立された。彼らは教会収入が法的な強制による一〇分の一税ではなく任意寄付収入であるべきとするグループで、教会と国家権力との間に一線を画していた。

またスコットランド自由教会は国家との関係を否定しなかったが、一八八〇年以降になると、次第に国家との繋がりの否定に向かい、その結果一九〇〇年に両教会が統合されて合同自由教会が設立された。[63] また一九世紀には神学教義上の変革も生じ、二つの流れがスコットランド外部で生れた。一つはイギリスの急進的な聖書批評から生まれた自由神学であり、もうひとつはアメリカでの大衆伝道で活躍したムーディ(D. L. Moody, 1837-99)とサンキー(I. D. Sankey, 1840-1908)たちによって宣揚された福音主義である。前者は専門的な神学者間で討議されたが一七世紀につくられた「ウェストミンスター信仰告白」は、もはや全面的な信奉を失っていた。また後者は社会の下層階級者に既に受入れられていたが、未だ教会史では無視されていた。さらにスコットランド西部にアイルランドからの移民が急増すると、彼らの信奉するローマ・カトリックが勢力を得て、スコットランド長老会派の絶対的優位に脅威となりつつあった。そしてスコットランド社会に複数の教会が併存するに至り、伝統の救貧法による国教会の教区単位の貧民救済という社会保障制度は機能できなくなり、その実施は一八四五年以降は地域行政に所管が移された。一八七八年には、カトリックの叙階制度も再整備され、長らく続いたスコットランド長老会派体制も終焉を告げる。同時に教育制度も改変された。先ず一八世紀のスコットランド諸大学には、多くの特権が付与され、それが優れた研究成果を挙げる背景を形成していた。しかし一八三〇年代以後に、大学内改革派の自由主義者によって、その特権が廃止された。それまでは教育領域でもスコットランド国教会からの干渉もあったが、一八七二年のスコットランド教育法の実施を国で統括するに至った。[64]

このスコットランド地域内での固有の特性が失われていく過程において、逆にスコットランド地域から世界各地に移民活動を通じてスコットランド技術・学芸が新天地に移植され、異文化世界の中で融合文化を形成していくのである。[65]

第5章 スコットランド・ルネッサンス I

【科学革命への助走——一七世紀】

一 はじめに

近代世界の思想史の中で、一八世紀のスコットランド啓蒙主義が近代ヨーロッパの精神世界を主導し、スコットランド・ルネッサンス（Scottish Renaissance）と呼ばれる時代を創出したことはよく知られる。[1] また、このスコットランド・ルネッサンスは、単にイタリア・ルネッサンスからの影響ではなく、むしろ一六世紀のスコットランドで生じた宗教改革による新価値観の確立の成果として、その独自の歴史・宗教・文化的背景を伴いながら登場した。この部分は、いずれ本格的にスコットランド宗教史を究明する過程で明らかにしたいが、本章ではスコットランド・ルネッサンスを、スコットランド固有文化の近代科学革命への結実・発露と捉える立場で、事実の探究を通じて歴史的実像にアプローチしたい。

二 ルネッサンス前史――スコットランド教会穏健派の誕生

一六世紀中葉、ジョン・ノックス（John Knox 1514-72）は、一五五九―六〇年、カルヴィニズムにもとづくスコットランド宗教改革を実践した。[2] その後二世紀にわたり、改革教会（Reformed Church）と呼ばれる長老会派教会（Presbytery）と監督派教会（Episcopary）と呼ばれる主教派教会との抗争が展開されたが、イングランドの清教徒革命と名誉革命の影響を受け、一六九〇年に「穏健派」としてのスコットランド長老教会制度が確立した。またこの年にイングランドで「ウェストミンスター信仰告白」が批准された結果、スコットランド教会は正統派神学の表明を明記した「信仰告白」と「教義問答集」（カテキズム）の二制度を全面的に受容することになった。スコットランド教会にとっては、前者は制度的、後者は神学的な支柱を提供したのである。[3]

そして一八世紀に至り基本的に長老会派のスコットランド教会体制が確立すると、次の課題は教会統治の問題から神学上の論争に移り、特に「自然」と「恩寵」の理解をめぐり長老会派内部にあっての福音派（Evangelicals）と穏健派（Moderates）との対立が先鋭化した。[4]

つまり正統派の神学では神への絶対的な無条件の「依存」が「堕落した自然及び人間本性」（corrupt nature）に対する神の「無償の恩寵・恵み」（free grace）の絶対的優位として確認されていたが、一八世紀前半にスコットランド宗教界は従来の厳格な正統派教義への固執を離れ、当時の新しい自然観、哲学・道徳思想の影響を受け、人間本性の向上や現世の道徳的義務・実践的道徳を強調する自由・合理的な思考を許容してゆく傾向に至る。

それを象徴した事件が起こる。一七一四年にグラスゴウ大学のシムスン（J. Simson）神学教授は「神学講義で不必要な意見」を述べたことを理由に教会法廷に訴えられたが、一七一七年にはスコットランド教会は「異端性は認められないが不快な表現を使わないように」との警告を与えた。さらに数年後に同教授は「自然理性と堕落した自然の力能を過大に評価する仮説を適応したアルミニウス主義者」との理由で再び訴えられ、教会法廷で形而上学的な思想をめぐる活発な論議の上で、一七二九年に僅差の評決で「停職処分」を受けた。その理由として「理性と自然の地位を不当に向上させる」ことにあったが、彼の思想自体は当時のグラスゴウ大学の「自由な弾力的思考」を愛好する大学人から絶対的な支持を受け、次の「改良の時代」を予想させるものであった。[5]

他方、スコットランド教会は、カルヴィニズムの徹底化を目指した動きには、逆に告発・抑圧に回ったのである。これは一七一八年にオクスフォードの神学者フィッシャー（E. Fisher）が『近代神学の精髄』を再刊した時に、「キリスト教徒としての心の確信」を強調しすぎ「信仰者に必要な道徳性」が欠落しているとの理由から、スコットランド教会総会で「精髄主義者は神秘主義と情緒主義に流れすぎる」と判断し、二原則の「ウェストミンスター信仰告白」と「教義問答集」に反する「無律法主義」（antinomianism）との裁決を下した。しかし『精髄』を支持するマロー主義者（Marrowmen）と呼ばれた人々から観れば「若年の神学者を中心に、福音が合理主義に代替される危機」と主張した。マロー主義に立つ牧師は「福音派」と呼ばれ、のちに台頭する「穏健派」とは、しばしば対立した。[6]

シムスンの教え子でセント・アンドリューズ大学の神学・教会史の教授となったキャンベル（A. Campbell）教授は、一七三〇年に『使徒たちは狂信家ではなかったことの証明』を発表し、啓示思想に反対する理神論者への対抗を、彼らの論拠をもとに反駁を試みた。そこで先ずティンダル（M. Tindal）の『創造とともに古いキリスト教』における基本的命題、つまり「神の存在と完全性及び人間精神の不滅性についての我々の知識は、超自然的な支持によらずに獲得できる」から出発して、人類史の客観的研究の過程で命題を証明できる史実を見極めるとした。もし、それが不可能であれば「人類には超自然的な教示がなければ自らでは知識が発見できない」、それ故に「人類には自然宗教でさえも、超自然的啓示が不可欠」の結論が引き出されることになる。(7)

キャンベルの主張は、自然宗教を犠牲にして啓示を誇張することではなく、啓示擁護のために「人類史に関する合理的な自由な研究」を奨励することにあった。そして宗教についても、経験主義的な探究方法が、仮説設定による推論への対応よりも遥かに合理的判断であり、啓示された事物の判断基準も自明の概念や命題である事象の本性、一般的格言やコモン・センスの諸原理の中に見出されなくてはならないとの思考に達した。(8) キャンベルは一七三六年に、スコットランド教会の総会で尋問を受けたが、彼自身への裁決は行われず、聖職者・教師一般への「誤解をまねく疑わしい表明や命題を用いないように」との警告に終わった。この判断こそ、スコットランド教会総体の中に、判断基準に「教義」（dogma）から「道徳性」（morality）への時代的思潮が見られ、「教会内で啓蒙的見解が漸増しつつあることを表していた」のである。(9)

そして一七六〇年頃にはスコットランド教会内でリベラルな牧師群が「穏健派」（Moderate Party）として確固とした地位を占めたが、その象徴がロバートスン（W. Robertson）のスコットランド教会総会議長（Moderator）

への就任であった。[10] 彼ら穏健派の主張は、教会制度と社会制度の双方を同等に重視をする特徴をもち、基本的には一七一二年の聖職授与権復活法を容認し、また急進的な牧師の推薦権が会衆（congregation）にあると主張する「人民派」・「福音派」には反対し、彼ら人民派の教会規律無視を咎めない教会委員会の怠慢を叱責した。それを一七五二年に、ロバートスンは盟友ブレア（H. Blair）やヒューム（J. Hume）と語り、穏健派宣言と言われる『委員会の判決に反対する諸理由』を総会で公表し、彼らの基本原理である「社会的人間」・「社会的秩序」・「法への服従」を明示した。

その結果、ロバートスンは総会での委員会判決の破棄を勝ち取り、その後、穏健派が主流となってゆく。ロバートスンは、一七六六―八〇年までスコットランド教会総会議長を、また一七六二―九三年にはエディンバラ大学学長をつとめた。[11]

彼ら穏健派の主張の力点は、次第に「予定・永罰・義認」から「良き生活を達成するための技術」へと移行、アダム・スミスの道徳哲学の倫理的背景の形成につながった。[12] また当時の大学での神学授業もシムスンやキャンベル以降は、新しい方向に向った。ロバートスンを後継して総会議長に就いたヒル（G. Hill）は、最も純粋なカルヴィン主義者と見られたが、セント・アンドリューズ大学の神学講義において、その準備としての健全な論理学を挙げ、リード（T. Reid）、ベーコン、ロック等の著作学習を奨励した。このスコットランド論理学は、独自な自然哲学や道徳哲学への入門となり、特に「精神の諸作用」への関心を強調した。

つまりスコットランド道徳哲学は、このような内省的な精神構造・力能・作用へ注目する方法と実践倫理学への関心の二要素が、重要な並柱となった。[13]

彼ら穏健派牧師の説教は、当時のスコットランド社会の情報伝達中枢をつとめ、広範な教会組織を通じて、さまざまな人物と思想の交流の仲介を果たし、種々な文芸団体との自由な議論・討論を供し、スコットランド啓蒙主義思想の醸成に貢献した。[14]

三　スコットランド文芸諸団体の成立

一八世紀の後半に、スコットランドに数多くの文芸機関が設立され文化運動を展開したことから、この時代が「改良の時代」(Age of Improvement) と呼ばれる。[15] つまりこの時代のスコットランドの知識人は、会話・議論を好む極めて社交的な人々であった。そこには専門的な知的職業と言われるスコットランドの大学教授、聖職者、弁護士たちが、一般大衆に積極的に働きかける動きがみられた。この知的連環から、スコットランド伝統の四大学と教会と法律を基盤とする文芸諸団体が誕生した。

先ず一七一六―七四年の間、エディンバラで作られ哲学団体のランケニアン・クラブ (Rankenian Club) が挙げられる。[16] ランケニアン・クラブは、エディンバラ大学の論理学教授スティーブンスン (G. Stevenson)、数学教授マクロウリン (C. MacLaurin)、歴史学教授マッキー (C. Mackay)、道徳哲学教授サー・プリングル (Sr J. Pringle, 1707-82)、アバディーン大学マーシャル・カレッジの道徳哲学教授ターンブル (G. Turnbull) など大学教授六名、聖職者七名、判事と弁護士の法律家七名を中心に、エディンバラ市の新進気鋭の有能な紳士たちから構成された。[17]

このクラブの目的は「会員間における自由な談論と合理的精神にもとづく相互啓発」にあり、バークリー

(G. Berkeley) との熱心な書簡交換でも知られる。[18] このクラブについて、ウォレス (G. Wallace) は、「ランケニアン・クラブのメンバーは、自由な思想・積極的な探究・寛大な感情・論理的な推論・合理的な趣味の追求・文章表現の推進等をスコットランド地域内に普及させるのに貢献し、特に現在のスコットランド文芸界の高い評価は、このグループの推進する方式と精神によるところが大きい」と述べる。[19]

つまりランケニアン・クラブは、親イングランドのスコットランド名士たちの、当時イングランドで使われた英語がスコットランドにおいても日常語となってゆく歴史的趨勢を推進し、しかも質的にもギリシア・ローマの優れた作品に匹敵する民族特有の作品を、英語を表現・伝達の最良の道具・手段として、完成することに多大に貢献した。[20] そしてスコットランド・ルネッサンスの核となる団体となった。

次いで、スコットランド文芸運動の社会的改良・拡大に貢献したエディンバラ哲学協会 (Philosophical Society of Edinburgh) が挙げられる。同協会は、エディンバラ大学解剖学初代教授のマンロー (A. Munro) が発起した医学知識の改良・普及の組織に端を発したが、それに一七三七年に同大学数学教授のマッケルロイ (C. McElroy) が関心を自然哲学の全領域に拡大するように提案、それが受理されて自然・哲学知識改良協会 (Society for Improving Natural Knowledge) として活動した。それが「哲学協会」の端緒となった。一七四五年の第二次ジャコバイトの乱の影響を受け数年間は活動の停止を余儀なくされ、マッケルロイの企画した機関紙発行も容易には実現しなかった。[21] 一七五二年に、協会は再編成されケイムズ卿 (H. Home, Lord Kames) を副会長、ヒューム (D. Hume) とマンローを書記として活動を展開し、一七七一年までに四冊の機関紙『物理・文芸的論文と考察』(*Essays and Observations, Physical and Literary*) を刊行した。また一七八三年には国王から王立特許状を得て、「エディンバラ王立協会」に発展した。その機関紙冒頭に「自然哲学と文学」の奨励が掲げられたが、この協会の主要役職は前述のランケニアン・クラブ・メンバーが占めており、その結果、文学よりも自然哲学に圧倒的に力点が置かれ、事実と観察結果の収集が強調された。[22]

また一七五二年に、グラスゴウで「グラスゴウ文芸協会」(Literatury Society of Glasgow)が同大学教授九人を含む一二名の名士によって創立された。当時のグラスゴウ大学には一三講座があったが、文芸課程の人文学・ラテン語教授ロス(G. Ross)、ギリシア語教授ムーア(J. Moor)、論理学教授クロウ(J. Clow)、道徳哲学教授スミス(A. Smith)、自然哲学教授ディック(R. Dick)の五人、専門課程の神学教授リーチマン(W. Leechman)、法学教授リンゼイ(H. Lindesay)、医学教授カレン(W. Cullen)、解剖学・植物学教授ハミルトン(R. Hamilton)の四人が参加した。[23]

当時のグラスゴウには一七四三年に市長のコクラン(A. Cochrane)が創立した「政治経済学クラブ」(Political Economy Club)があり、一七五一年に同メンバーとなったスミスが、一七五五年には自然的自由に関する講義を行った。グラスゴウ文芸協会も、設立二年後には二三名に会員数を伸ばし、哲学者ヒュームの他、同市の指導的な商人も参加した。[24]

グラスゴウ文芸協会の例会は一七五二年二月のムーア「歴史著作の文章構成について」から開始されたが、一月の準備会ではスミスがヒュームの『商業論』を紹介した。また彼は例会で自らの構想する『道徳感情論』の一部を述べた記録がある。グラスゴウ文芸協会では才気縦横の活発な論議が特徴とされ、熱弁で有名なスミスの愛弟子ミラー教授と一七六四年にアバディーンから到来しスミスを批判した「常識哲学の父」と言われるリード(T. Reid)間の論争は「ミラー=リード論争」と呼ばれ、社会的注目を集め、一八世紀スコットランドの「雄弁」(Eloquence = Rhetoric)への関心を象徴していた。[25] しかしアメリカ独立戦争の勃発した一七七六年頃から、内部規律が乱れて会則が守られなくなり、出席者も減り、一七八〇年頃には、その歴史的役割を終えて閉会した。[26]

続いて一七五四年にエディンバラに、画家ラムゼイ（A. Ramsay）がヒュームとスミスに相談して「エディンバラ選良協会」（Select Society of Edinburgh）を設立し、その発起設立集会で哲学研究の遂行と会員話術の向上・改良を目的とした。この会には発起の三名以外に、後のロックスバラ（Loughborough）卿でロスリン（Rosslyn）伯爵となるウェダバーン（A. Wedderburn）、後のモンボド（Monboddo）卿となるバーネット（J. Barnet）や著名な思想家カーライル（T. Carlyle）等の一二名で結成された。できるかぎり選良な会員を維持してゆく基本方針にもかかわらず、会員数は翌年には八三名、さらに数年を経て青年貴族・開明的な地主たちの追加加入により一三〇名まで膨れ上がったが、この協会にスコットランドが生み出した同時代の大半の著名人が包含されることになり、いわゆる「雄弁のための素晴らしい学校」が形成された。[27]

そしてエディンバラ選良協会の活動とメンバーを基盤に、一八世紀後半のスコットランドを代表し社会発展に尽力する親イングランドの二つの実践団体が発起された。先ず一七二三年にスコットランド地域経済の発展を志向して「スコットランド農業知識改良者協会」（The Society of Improvers in the Knowledge of Agriculture in Scotland）が設立された。この目的は、一七五五年にエディンバラ選良協会の下部組織として発起された「エディンバラ技術・科学・製造業・農業奨励協会」（The Edinburgh Society for Encouraging Arts, Sciences, Manufactures, Agriculture in Scotland）にも継承された。同協会は、産業技術の発展に貢献した科学者・実業家に賞金や各種の賞を提供した。[28]

次いで同協会の下部組織として、一七六一年六月にアイルランド人シェリダン（T. Sheridan）がエディンバラバラで行った連続公開講座に端を発した「スコットランドにおいてイングランド語の読書・会話を促進させる協会」（The Society for Promoting the Reading and Speaking of the English Language in Scotland）がある。シェリダンは、ブリテン島における共通言語としてのイングランド語（英語）の普及が教育水準の向上に貢献し、そのためには朗読法（elocution）とレトリックが有効と信じて活動を展開した。彼は三〇〇人の名士を集めてエディンバラのセントポール教会で英語普及の意義と朗読法について各八回の連続講義を行ったことでも有名である。[29]

一七六一年のシェリダンの夏季講義に参加したスコットランド教会穏健派のサマヴィル（T. Sommerville）は、講義を受講した人々の間に「英語朗読法がスコットランドの学問研究者に新しい方向性を与え、正確な発音と優雅な読み方が上流階級の人々にとって公での演説の不可欠な条件となった」と記録した。[30] そして地方都市のアバディーンで、一七五八年に別名「賢人クラブ」（Wise Club）と呼ばれるグラスゴウ文学協会のアバディーン版として、アバディーン大学のマーシャル・キングズ両カレッジの教授により、従来の「神学クラブ」を基に、アバディーン哲学協会（The Philosophical Society of Aberdeen）が設立された。当初はキングス・カレッジの校長（regent）リード（T. Reid）、彼の又従兄弟の同カレッジ医学部教授のグレゴリー（J. Gregory）、牧師で一七五九年よりマーシャル・カレッジの学長となったキャンベル（G. Campbell）、医師で同カレッジの学部長のデイヴィッド・スキーン（D. Skene）、同数学教授のスチュアート（J. Stewart）、牧師のトレイル（R. Trail）によって結成され、一七六一年頃には同カレッジの道徳哲学・神学教授のジェラード（A. Gerald）、同神学教授ゴードン（T. Gordon）、牧師ファーカー（J. Farquar）、貴族御抱え家庭教師のロス（J. Ross）が追加参入、さらに六名マーシャル・カレッジの自然哲学教授のジョージ・スキーン（G. Skene）、キングス・カレッジの元校長のオグルヴィ（W. Ogilvie）やダンバー（J. Dunbar）、牧師トレイル（W. Trail）、マーシャル・カレッジの道徳哲学教授ビーティ（J. Beattie）、牧師トレイル（J. Trail）が参加した。[31] 同協会は、毎月第二・第四水曜日に開催され、会則に示された哲学的主題の中から告示されたテーマをめぐり、論文報告と質疑が行われた。特にG・キャンベルは、一三年間にわたり雄弁に関する論理学・文法・字句用語・文章連結技術を発表し、一七七六年には『レトリックの哲学』を出版した。[32]

これらスコットランド文芸諸団体が特に英語に関心をもった点に注目される。つまり一七〇七年の合併以後に親イングランド派の勢力が強まり、特に一七一五・一七四五年の二度にわたるジャコバイト主義者の反乱鎮圧により、さらにイングランドとの経済協力は増加した。そこではスコットランド人側での標準英語（Standard English）の習得と向上が必須とされ、知識の効果的な伝達や説得的な表現能力の行使が求められた。特に合併後にスコットランドからイングランド、ロンドンに出て議会で発言する議員にとって、正しい英語の習得は極めて大事な緊急課題であった。[33] また他方では、スコットランド初等教育にも標準英語が導入され、英語を教える資格教師への社会的需要が増大した。[34] 特に後者については、「選良協会」の第二の下部組織を構成していた「促進協会」の活動が評価された。

このスコットランド哲学運動の背景には、一八世紀のスコットランドの四つの大学の役割が指摘される。イングランドのオクスフォードとケンブリッジ両大学が伝統的な貴族教育のみにあった時代に、スコットランド四大学は、一方ではノックスに始まる義務教育制度の波及と実利・実学教育の伝統を背景に、さらに時流の変化に敏速に弾力的に対応した。

そしてスコットランド大学制度も、一八世紀はじめにカースターズ（W. Carstares）たちの尽力で改革され、従来のラテン式のリージェント制度（regent system）から教授制度（professional system）に移行させ、教育科目の専門化と世俗化（医学からの化学、地質学、植物学の分離）が計られ、多くの新講座が開設された。つまり従来のリージェント制度では、チューターのような役割を果たすリージェントが入学もしくは二年次から卒業時まで同クラスの学生を対象に論理学、自然哲学、道徳哲学等の複数科目の講義を教える方法であったが、神学と共に発展した諸学問への需要に合わせて、専門的・実用的な科目重視の教授制度へと移行した。一七〇八年にエディンバラ大学、一七二七年にグラスゴウ大学、一七四七年セント・アンドリューズ大学が教授制度に移行し、アバディーン大学は最も遅れたが、マーシャル・カレッジが一七五三年に、キングス・カレッジが一八〇〇年に移行した。[35]

四　スコットランド科学教育の結実

スコットランドがルネッサンスの時代から二〇世紀に至るまでに、特に科学と軍事の分野で、大きく人類社会に貢献したことは、エリス著『英国の天才たち』（H. Ellis, *Study of British Genius*）に紹介されており、イングランドに比して遥かに人口が少ないスコットランドが多くの人材を輩出し、しかも世界を舞台に活躍したことが知られる。そして彼はスコットランド人の貢献分野の科学として、特に化学、純粋・応用物理学、数学、天文学、気象学、生物学、動・植物学、地理学、薬学から医学、機械工学、農学、さらに人類学、社会学、心理学、経済学が挙げられると述べる。[36]

例えば蒸気船誕生の歴史をみても、既に一七〇七年にスコットランド人のパピン（D. Papin）が蒸気エンジンの船の建造と試走に成功、一七八三年にはジョフロイ侯爵（Marquis de Jouffroy）が蒸気船を建造した。一七六五年にはグラスゴウ大学の科学器具製作に携わっていた技師ワット（J. Watt）が分離蒸気圧縮器を発明し、蒸気力の実際・商業的成功を導いた。アメリカでは一七八六年にラムゼイ（A. Ramsey）や一七九〇年にフィッチ（J. Fitch）が蒸気推力の船を構想したが実用化には至っていない。スコットランドでは一七八八年に、ミラー（P. Millar）、タイラー（T. Taylor）、サイミントン（W. Symington）たちが模型を作り、ダルスウィントン（Dalswinton）湖で成功、それに基づいてフルトン（R. Fulton）が一八〇二年には「シャーロット・ダンダス号」（Charlotte Dundas）を建造してフォース - クライド運河航行に成功、一八〇七年には最初の商業蒸気船「クレメント号」（Clermont）がアメリカのニューヨーク - アルバニー（Albany）間の定期航行に至る。

ヨーロッパでは、一八一二年にベル（H. Bell）が「コメット号」をクライド河航行に使用したのが最初となった。つまり蒸気力を船舶推力に応用する考え方は、ギリシアで生まれたが実用化に成功したのはスコットランドであった。(37)

その後の科学の世界で、創始者としてのスコットランド人を調べてみると、地震学の父ミルン（J. Milne）、近代軍事医学の父プリングル（J. Pringle）、海洋学の父トムスン（C. W. Thomson）、家畜衛生学（veterinary hygiene）の父クラーク（J. Clark）、実地地理学（experimental geology）の父ホール（J. Hall）、膠質科学（colloid science）の父グレアム（T. Graham）、近代神経学の父フェリエ（D. Ferrier）、英国産婆術の父スメリー（W. Smellie）、英国機械工学の父と讃えられるフェアバーン（W. Fairbairn）、二人のスティーブンスン（George & Robert Stephenson）、ウィットワース卿（Sir J. Whitworth）、また冷蔵技術の父レズリー卿（Sir J. Leslie）と聖スターリング（Rev. R. Stirling）博士が挙げられる。いずれも両親がスコットランド人であるか、少なくとも父がスコットランド人であった。[38] 次世代でスコットランド人の移民運動が本格化すると、スコットランド人の父をもちインドで有名となるロス（R. Ross）卿や、新大陸のアメリカ建国で貢献した電気学のヘンリー（J. Henry）やエディソン（T. A. Edison）、電信学のモールス（S. F. B. Morse）、電話のベル（A. G. Bell）、蒸気船のフルトン（R. Fulton）、刈取機のマッコーミック（R. McCormick）が登場した。[39] またカナダでも一八七四年に真空計を発明したマクロウド（A. McLeod）やニュージーランドでもラザフォード（E. Rutherford）卿がでる。[40] 興味深いのは、ニュートン（Issac Newton）卿は、彼自らエディンバラ大学のグレゴリー（J. Gregory）教授にスコットランド家系と発言したが、未だスコットランド人の項目に入れられてはいない。[41]

五　スコットランド科学技術の発展――一七世紀まで

人類史において、科学が確立されるのは一七世紀である。この科学思考は、ギリシア・ローマで科学知識の応用として芽生えたが、ローマ帝国の衰亡と共に衰微し、八―一一世紀の間地中海地方を占めたアラブ文明の著述家の間で翻訳・通訳されて、僅かに存続していたに過ぎなかった。例えば物理学・化学でのラゼス（Rhazes, 866-925）やアヴィセンナ（Avicenna, 980-1036）の著作は、暗黒中世の東洋と西洋の接点であったスペインを経由して、しかも修道院僧を介して北ヨーロッパへ伝播された。[42]

このアヴィセンナの著作を、スコットランド人マイケル（現在では Michael Scot もしくは Scott）が、オクスフォード、パリで学んだ後トレド（Toledo）で勉学し、アラビア語と文化を習得し、西欧人がギリシア学術遺産を再発見する契機を供した。彼はアイルランドの大僧正職を断りフリードリヒⅡ世の公式占星学者となり、彼の論理的な説得話術は名声を集め、ダンテ、ボッカチオの著作に登場する魔法の知恵者になぞらえて「ヨーロッパの鬼才（wizard）」と呼ばれた[43]。例えばアリストテレスの著作については、唯一入手可能であったアラビア語版からマイケルによって翻訳され、ヨーロッパに紹介された。彼が一二三〇年にフリードリヒ王に随行してヨーロッパ諸国を訪問し、諸大学を訪れアリストテレス思想を伝えたことは有名である[44]。

彼の死後から一六世紀初めまで、錬金・煉丹術はヨーロッパで流行するが、そこには世界同胞主義で知られるセトン（A. Seton）を初め数人のスコットランド人が活躍した。彼らの努力を下地に、東洋との貿易で経済力をつけたイタリア諸都市からヨーロッパ・ルネッサンス運動が生じてくる。当時のスコットランドでは生活・生存闘争に追われ、大学も創立されたばかりで未だ文法学校が中心であり、ルネッサンス運動からスコットランドへの恩恵は、ほとんどなかった[45]。

しかしイタリアには既にスコットランド人が定着・活躍していた。特にイタリアのルネッサンス期を代表するレオナルド・ダヴィンチ（Leonardo da Vinci, 1452-1519）が既に近代諸科学の全般的に精通していたことはよく知られるが、そこには彼に象徴される科学探究の人材群があればこそ、それら科学情報・知識の蓄積の上、彼独自の天才的な新たな展開が可能であったことになる。実はダヴィンチには、フェラーラ（Ferrara）近くに住むスコットランド人の友人がいたが、名前をベイリー（William Baillie）と言い、フェラーラ芸術学院院長として、一四八六―八七年に同学院で医学・薬学を教え、さらに本国スコットランドで医学に関する大変に評価を高めた二論文があった[46]。またダヴィンチには、イタリア人の友人で、歴史上では偶像破壊主義者（iconoclast）として知られる薬学者パラケルスス（Paracelsus, 1493-1541）がいた。パラケルススは、ダヴィンチやコペルニクス（N. Copernicus）、ガリレイ（G. Galilei）よりも急進的な立場を取り、当時の権威学説のガレノス（Galen）の書籍を公然で燃やし、その時代のヨーロッパ共通語のラテン語を用い諸大学で自説を講演・出版した。彼はアラブ人医学者流の治療法ではなく、単純な鉱物と薬物を用いた薬物治療を展開したが、人間の病気治癒力を信じたギリシア人医者ヒポクラテス（Hippocrates）の思想に基づいていた。[47]

この一五三〇年頃のスコットランドでは、医学・薬学はパラケルスス時代前の未だジェイムズⅣ世（1488-1513）の王室内のみの発展であった。当時の学校では、ロバートⅡ世（1371-90）の貴族でアイラ（Islay）島出身の医者ビートン（J. Beaton）が行ったアリストテレス、アヴィセンナ等の著作からのゲール語（Gaelic）翻訳のテキストであった。

しかしパラケルススの革新的な学問観は急速にヨーロッパ各地に伝達され、長く保守的で低迷していた薬学・解剖学・生理学の分野で革新が開始された。ベルギー人のヴェサリウス（A. Vesalius, 1515-64）は、ダヴィンチと同様に人体観察を続けて、一五四三年に『人体解剖図』（Fabrici humani corporis）を公刊し、ファロッピオ（Fallopius, 1523-62）も同様の研究を進めた。またパレ（Pare, 1509-90）は、パラケルススによって始められた外科手術を実行した。サルベトゥス（M. Servetus）は、ダヴィンチの仮説をもとに、肺臓を通って血液が循環することを発見した。[48]

化学研究は、パラケルススやアグリコラ（Agricola, 1509-1555）の影響下で進歩したが、前者は多くの病気治療法を考案し客観的記述による説明方法を考案した他に、ガスの存在を認識し、またバン・ヘルモント（J. B. van Helmont）以前に、「混沌」（chaos）という用語を確立した。後者は、今日の技術学校の教師の先駆者とも言える人物で、鉱山労働者の病気を調査し『冶金学』（metallurgy）の本を出版した。天文学研究では、明らかにダヴィンチは地球を惑星と考えていたが、その歴史的証明はコペルニクスに委ねられ、さらにケプラー、ブラーハ（T. Brahe）、ガリレイ等の科学者が次々と誕生・活躍した。[49]

この時代に、スコットランド諸大学が高等教育機関として、一四一四―一五三八年の間に発起される。特にグラスゴウ大学は、ローマ法王の認可により「ボローニア大学の娘」として設立された。スコットランド宗教改革と伝統風土を背景に、新しいルネッサンスの動きにも敏感に反応して科学技術教育を受け入れた。[50]

そしてスコットランド出身の国際的科学者として先ずアバディーン人リデル（D. Riddel, 1561-1613）が挙げられる。アバディーン大学を卒業してドイツのフランクフルトで教育を受け、三〇歳でヘルムスタッド（Helmstadt）で数学教授となり一二年間教えた。また彼はコペルニクス理論の信奉者として知られ、さらに医学・物理学の論文も発表した。同様にパース州のエロル（Errol）出身のロウ（P. Lowe, 1550-1612）は、パリで医学を勉強し一五九七年には治療術書の出版を行ったが、それが当時のスコットランドで教科書となった。彼は一五九九年にはグラスゴウに住み、枢密院の認可を得て薬学治療を規定したグラスゴウ外科・内科医学校を設立した。

次いで一七世紀になると、国際的に有名な二人のスコットランド人が登場した。先ず数学は、ルネッサンス時代ではヴィエト（Vieta, 1540-1603）が一五九〇年に代数学を紹介するまで沈滞していた。一六一四年にセント・アンドリューズ大学に学んだメルチストン（Merchiston）出身のジョン・ネイピア（J. Napier, 1550-1617）が数学界に革新的な対数（logarithm）概念を発表し、現在の一〇進法の基礎を築き、ヨーロッパ数学・科学界に大きな影響を与えた。また彼は一六一五年に計算機を発明した。さらにネイピアは、自領でスクリュー推力による水上航行や装甲車の実験を行った他、当時深刻化していた宗教論争にも参画した。[51]

もうひとりの傑出したスコットランド人数学者はアンダースン（A. Anderson, 1582-1619）で、ヴィエトの著作発刊を手伝いながら数学を究め、三角法（trigometry）をはじめ数多くの数学上の発見をなしたことで有名である。同時期のヨーロッパ大陸ではフランス人のデカルト（R. Descartes, 1596-1650）が活躍し、ユークリッド（Euclid）幾何学と決別した近代代数学の基となった代数幾何学を確立した。スコットランドでは、同世紀二番目の数学者と讃えられるグレゴリー（J. Gregory, 1638-1675）が数多くの数学論文を発表したが、一六六七年の『円周と双曲線計算』（*Vera Circuli et Hyperbolae Quadratura*）は特に有名である。彼はニュートンやドイツ人ライプニッツ（Leibnitz, 1646-1716）と並んで微積分計算法の共同発明者とされる。彼は僅か二三歳の一六六一年に反射望遠鏡を提唱したことでも有名である。グレゴリーの考案を実現させたのは、放物形の鏡の完成でも有名なエディンバラのショート（J. Short）であった。その後グレゴリー家は、三世代一六人の数学・医学者を輩出する名家となった。

このようなスコットランドでの科学研究の進展は、イギリス科学全体の興隆を生み、一六六〇年にロンドン王立学士院（Royal Society of London）が設立され、一六四五年以降の新哲学・実験哲学と呼ばれた自然物理学を容認・養護するに至った。初代書記にはモレイ（R. Moray）卿が就き、現在に至るまでセント・アンドリューズ記念日に集まる伝統を続けている。[52]チャールズⅡ世治下のグレゴリーは、ちょうどジェイムズⅠ・Ⅱ世治下のネイピアと同様に、社会全体が宗教論争と市民革命の喧騒とした時代に、静かに研究できる環境に恵まれた幸運も存在した。

数学から分岐し天文学・物理学も発展した。ギルバート（W. Gilbert, 1542-1603）はイングランドで活躍し、一六〇〇年に『磁石』（*De Magnete*）を出版し、地球の地軸とは異なる磁極の存在を論じ、また電気力についても言及した。これはコペルニクス理論が公表されたから僅か五七年後、ガリレイの天球観公表に先立つこと三〇年前のことであった。物理学では、一七世紀はイングランドにニュートン（I. Newton, 1642-1727）が登場し、重力の発見に続き多くの物理学上の発見もなし、一六八七年に『自然物理における数学的原理』（*The Mathematical Principles of Natural Philosophy*）を発表し、近代世界の科学樹立の最大功労者と讃えられた。[53]

デカルトが一六三七年に、光線についての論文を発表したが、それは一六二一年にライデン（Leyden）でスコットランド人スネル（W. von R. Snell, 1546-1613）が発見した光屈折論理に近代的な解釈を与えた。スネルは、光のスペクトラムと合成の法則を発見し、オランダのホイヘンス（Hughens, 1629-95）の言うような波ではないと論証した。

化学では、当時ヨーロッパ最先端にあったオランダ地域に注目される。バン・ヘルモント（Van Helmont, 1577-1644）は化学史における偉大な功労者で、気体の定量分析に道を開いた。「ガス」という名称も彼が命名したものであり、圧縮真空の概念や気体識別方法を行った。そしてスコットランド人ボイル（Boyle, 1629-91）は、「ボイルの法則」で有名なエネルギー不滅の原理を公表し、真空ポンプの開発の他、ガスをめぐる多くの研究を成功させた。アバディーン出身で一六一七年同大学マーシャル・カレッジ卒業生のデイヴィッドスン（W. Davidson or Davison, 1593-1669）は、一六四七年にパリで化学教授に任命されたが、彼はパラケルススの弟子で医療化学を学び、ヨーロッパ世界最初の化学教授講座三席の獲得者の一人となった。彼は世界最初の化学教科書を書いた他、特に結晶学の分野で貢献したが、一八五一年に宗教上の理由から辞職し、ポーランド国王の侍医となった。[54]

スコットランドでは、シンクレア（G. Sinclair）がグラスゴウ大学哲学（一六八九―九一）・数学（一六九一―九六）教授をつとめ一六九六年に死去したが、同時に鉱山業にも関心をもち、一六七二年に『石炭の歴史』(*Short History of Coal*)を出版、鉱脈の深度や鉱山の高度測定法を教え、一六七三―七四年にはエディンバラ市の上水道敷設工事を指揮・完成させた。[55] 医学分野では、一七世紀で最も特筆されるべきスコットランド人は、一六二八年の体内血液の循環を発見したハーヴェイ（W. Harvey, 1578-1657）である。彼はダヴィンチの予想またセヴィタスの肺の血液循環解明に支えられて研究を進め、心臓を経由して血液が循環することを証明した。そしてエディンバラ医学校は、ヨーロッパでも大変有名な医学専門校となったが、ハーヴェイと一緒に同校設立に尽力したピトカーン（A. Pitcairne, 1652-1713）がいた。彼はエディンバラ商人の息子に生まれ、同大学で法学を学んだ後に、医学に転向し、医者として名声を得た。一六九二年にはライデン大学に招かれ薬学教授につき、そこで一八世紀の化学史に大きな貢献を残すブールハーフェ（H. Boerhaave, 1668-1738）を教えたことは有名であり、帰国してエディンバラ大学の化学教授となった。彼は、王立医学者学院（Royal College of Physicians）の創立にも尽力した。彼の同僚には、アバディーン出身でエディンバラの弁護士の息子でスコットランドのチャールズⅡ世やアン女王の侍医にもなったバーネット（T. Burnet）卿がいた。彼がまた一六七三年に発表した『宝の医学』（*Tresurus Medicine*）は、ヨーロッパ中で医事教科書として用いられた。[56]

植物学では、数多くのハーブ・薬草園が作られたり、また植物の識別・分類の萌芽が見られたが、ルネッサンス期には顕著な発達は見られなかった。アバディーン出身で同大学に学んだモリソン（R.Morison, 1620-83）はフランスのパリ・アンディユー地方の大学で学問を積み、一六六九年に『植物図鑑』（*Praeludia Botanica*）、一六八〇年に『イギリス植物史』（*Historia Plantarum Oxoniensis*）を出版し、植物の系統・分類・種の分析を公表した。彼は、一六六〇年にイギリスで最初の植物学教授に任命された。彼と同時代に植物学で活躍したイングランド人には、結花植物の中での単子葉植物と双子葉植物の区別や植物の識別法を発見したレイ（J. Ray, 1627-1705）がいた。

他に植物学では二人の重要なスコットランド人がおり、エディンバラのシバルド（R. Sibbald, 1641-1722）卿とバルフォア（A. Balfour）卿で、二人の尽力でエディンバラに王立植物園が作られ、のちのエディンバラ大学や市の医療・薬学ビジネスの興隆の端緒となった。シバルドは、一六八五年にエディンバラ大学の初代医学教授となり、また王立エディンバラ医学者カレッジ（Royal College of Physicians of Edinburgh）設立にも貢献したが、一六六二―一六八年間、王立スコットランド地理学者協会の中枢メンバーでもあった。[57] 応用科学の分野では、一七世紀末に至るまでは、ボウスウィック（R. Borthwick）がおり、彼は天才と讃えられ、ジェイムズⅣ世の冶金師をつとめ一五一一年にエディンバラ城内に設立した鉄砲鋳造所を管轄した。ついでファイフ（Fife）出身のウィーミズ（J. Wymyss）が同職を継承し、さらにイングランドに下りチャールズⅠ世の銃製造長をつとめた。特に彼の叔父スコット大尉（Colonel R. Scott）が発明した革製銃の採用を初め、武器の改良で大きく貢献した。

さらに反射望遠鏡発明者の兄にあたるアバディーン出身の農夫グレゴリー（D. Gregory, 1627-1720）が、大砲の改良で大きな貢献をした。スコットランド科学史を研究・精査したクレメント、ロバートスン両博士によれば、上述したようにスコットランドは数学、物理学次いで植物学の分野では一八世紀以前でも近代ヨーロッパにつながる若干の貢献は見られたが、やはり科学全般の発展は未だヨーロッパ大陸にあったと指摘する。[58]

六　科学・数学の発展――一八世紀前半

一八世紀のはじめ、スコットランドでは二度にわたるジャコバイト（Jacobite, 廃位されたジェイムズⅡ世を支持する王党義者）の反乱勃発にもかかわらず、全般的には平和な時代を迎え、中流階級の生活水準や社会全体の教育水準は、着実に向上した。合併前の一六九六年にスコットランド議会が最後に可決した教育法は、自治都市学校に対抗しての教区学校重視にあったが、それが社会全体の科学・芸術の発展に重要な役割を果たした。(59)

スコットランド人の多くは長老会派（Presbyterian）であり、前世紀を通じて特に教会行政では監督教会派（Episcopaliqan）制度の信仰を強いられ、違反者には数々の罰則が適用されたが、オレンジ公ウィリアムの即位により公認宗教としての法的容認を受け、そのエネルギーが創造的な目標に向けられるに至った。(60)この方向はグラスゴウやエディンバラのある低地地方（Lowlands）では顕著であったが、北部の封建制度を強く残し族閥主義の高地地方（Highlands）では未だ難しかった。

一八世紀初頭に、ウェイド（G. Wade）将軍がスコットランド高地地方を開ける近代道路を建造したが、一七四五年の第二次ジャコバイトの反乱時に、政府軍に使われたに過ぎなかった。そしてスコットランドの新しい哲学・科学の発展も、低地地方に限定されたかたちで発展した。一八世紀前半の代表的なスコットランド人科学者は、高・低地両地方の境のアーガイル（Argyll）地方カウエル（Cowal）のキルモウダン（Kilmodan）教区牧師の三男に生れたマクロウリン（C. MacLaurin, 1698-1746）で、「一八世紀を代表する英国人数学者」と讃えられた。彼は幼少にして両親を亡くしたが、一一歳でグラスゴウ大学に入り、一九歳でアバディーン大学マーシャル・カレッジの数学教授となり、のちエディンバラに移った。彼は二冊の本、一七二〇年に『有機幾何学、普遍的線形記述』(*Geometrica Organica, sive Descriptio Linearum Curvarum Universalis*)、一七四二年に『微積分流率論』(*Treatise on Fluxions*)を著作し、ニュートンからも強い支持の手紙を得たことでも有名である。彼の学説は、現在の学校教育でも彼の名前を冠して教えられている。[61]

マクロウリンの同世代には、オイラー(Euler, 1707-83)とベルヌーイ(Bernoulli)家のジャック(Jacques, 1654-1705)とジャン(Jean, 1667-1748)兄弟が活躍した。ベルヌーイ家は、先述のグレゴリー家に次ぐスコットランドを代表する科学者一家で、三世代で七人の大学講座教授を輩出した。彼らはニュートンの科学革命を支持し、スコットランド社会全体の数学・科学教育の向上に貢献した。マクロウリンは、一七四五年のジャコバイトの反乱に際して、数学知識を生かしてチャールズ皇太子軍のエディンバラ城攻撃を受け止めたがチャールズの策略に敗北、しかし翌年のクローデン(Culloden)城の戦いでは見事に勝利した。また体制的にはマクロウリンの敵となったが、優れた数学者としてスターリングシァのガーデン(Garden)の農夫の息子スターリング(J. Stirling, 1692-1770)が挙げられる。

スターリングは、一七一五年の第一次ジャコバイトの反乱に同調した結果、オクスフォードを追われて、イタリアのヴェネツィアへ行き一〇年滞在し、彼の地で有名なガラス製法の秘密を習得した。彼は一七三〇年にイギリスに戻り『微分法』(*Methodus Differentials*)を発表した他、一七三五年にはリィドヒルズ(Leadhills)のスコットランド鉱山会社の経営、またグラスゴウから外海へ通ずるクライド(Clyde)河の拡大を計り、測量を実施した。[62] 化学分野では、一八世紀には、際立った発展は示さなかった。エディンバラ大学には化学講座が設置されたが、ボイル以降の顕著な発見は見られなかった。ヨーロッパ大陸では、ベッヒャー（Becher, 1635-82）やシュタール（Stahl, 1660-1734）がフロジストン（燃素 phlogiston）理論を展開し、物体の燃焼の因果関係の解明に関心が向けられた。スコットランドでは、一七三二年に当時の化学研究を包括・結晶化したブールハーフェの論文が諸大学で教科書として使われ、特にスコットランド人の非国教徒の学生に大きな影響を与えた。[63]

彼の教え子の中に、牧師であったヘイルズ（S. Hales, 1677-1761）がおり、彼はボイルと同じく硝石から酸素を取り出すことに成功したが、それを大気と区別することに失敗したため、酸素の第一発見者にはなれなかった。しかしヘイルズは、最初に血圧測定法を実施したことで有名である。さらに二人のスコットランド人、ダグラス（J. Douglas, 1675-1742）とスメリー（W. Smellie, 1697-1763）が挙げられる。ダグラスは当時の解剖学の最も洗練された詳細な観察の出来る学者と讃えられた。スメリーは出産についての実験研究を進め、産婆術の権威となった。[64]

植物学では、この時代では唯一リンネ（Linnaeus, 1707-78）が注目に値する。リンネは、植物の性別を識別し植物分類と命名を体系的に行い、その後の植物学研究の基礎を築いた。

天文学では、一六、一七世紀の連続・革命的な発見後は若干落ち着いた時期となったが、一七二五年に自らの死後に『イギリスの夜空の歴史』（*History of the British Sky*）が出版されたフラムスティッド（Flamsteed）が挙げられる。彼には「国王勅許の天文学者」の称号が与えられた。彼はイギリスで見られる三〇〇〇の星を分類化した。さらに天才的な技法で天文観察器具を製作したバンフシァのロージメイ（Rothiemay）の農夫の息子ファーガスン（J. Ferguson, 1710-76）が挙げられるが、彼は一七四二年に自ら太陽系儀を考案し、一七五四年には潮の干満・日月食の変化図を発表した。

一七六三年には、翌年に起こる日食の投影図を完成させ、王立学士院へ贈呈した。また前項でグレゴリー式望遠鏡に関連して紹介したショート（J. Short, 1710-68）が、一八世紀前半での最も著名で成功した光学器械製作者となった。彼はエディンバラの建具屋の息子に生まれ、自ら精巧な望遠鏡鏡を制作した他、イギリスのグリニッチ天文台とパリ間の正確な距離測定にも成功した[65]。

また医者デイヴィッド・グレゴリーの同名の息子（David Gregory, 1661-1710）は、バンフシァのキナルディ（Kinnairdie）出身で、一六八三年に二二歳でエディンバラ大学数学教授となった。一六九一年にオクスフォード大学天文学教授についた。さらに彼は改良型大砲を発明したが、彼自身は反射望遠鏡の発明者ジェイムズ・グレゴリーの甥にあたる。彼はニュートンの弟子として、一七〇二年に重力の法則に基づく最初の物理学教科書を出版した他、気圧計を発明・実用化して最初の天気予報をしたことでも有名である[66]。

一八世紀には、スコットランドは「合併」を通じて新しい時代を迎え、海外ではイギリス航海条例でイングランドと同じ庇護を受けることができ、大きく市場を拡大した。またスコットランド地域内でも、優勢なイングランド経済力の影響下に、土着の亜麻や羊毛工業の著しい発展が見られた[67]。

そして農業面でも、一七〇一年にドリル式種まき器械を発明したイングランドの郷士農業家（gentleman farmer）のタル（J. Tull, 1676-1741）に学んだスコットランド人鍛冶工マンジー（M. Menzie, ?-1766）が一七三二年頃に最初の脱穀機を発明したが、実用化には至らなかった。

次いでレッキー（Leckie）と呼ばれるスコットランド人技師が改良器械を制作、さらに、同世紀の後半にもうひとりの無名のスコットランド人が出て、近代的収穫機に近い型を作りあげた。

ステロ（鉛版）印刷はオランダ人のバン・デル・メイ（van der Mey）に始まったが、その実用化は一七二五年にエディンバラのゲッド（W. Ged, 1690-1749）によって果たされた。彼は中世的なギルドや組合からの反発に遭遇し、ロンドンへ向かった。しかし彼の考案は、さらに発明好きのスコットランド人ツロック（A. Tilloch, 1759-1825）に継承され、さらなる改良を経て一七八四年には最終的に社会的容認を受けた。これがエディンバラが近代ヨーロッパをリードする製紙業を栄えさせる淵因となり、また印刷文化を誇る文芸都市へと成長させた。[68]

一八世紀前半のスコットランドは、以上の考察から、将来が期待できる時代（period of promise）と言えよう。つまり諸科学は次第に発達し、人々は次第に教育を受けて啓蒙的となり、学識を求めることが中流階級の流行となり、農業改良と発展が生活水準の向上に貢献し、数多くの工学的機械の発明が来たるべき時代を予期させたのである。[69]

またスコットランド独自の教区学校制度は、その成果をあげようとしていた。未来への期待と楽観主義、また社会発展を期待させる時代的雰囲気が醸成されていた。[70]

七　結び——産業革命の開始

先ずイタリアからスコットランドへのルネッサンスの影響は、直接的な形ではなく、数多くのスコットランド人のヨーロッパ遊学を通じて、各地でイタリア・ルネッサンスの影響を受けて伝わったことに注目される。

次いで一五世紀のヨーロッパ世界には、宗教毎の地域分布は存在し、また諸都市の社会・経済・文化圏は形成されつつあったが、未だ国家概念は充分に発展しておらず、むしろ当時の共通語であったラテン語で各地を往来できたという特徴が存在した。

その結果、数多くのスコットランド人有識者が「グランド・ツアー」(grand tour) でオランダのアムステルダムやフランスのパリに留学したり、さらにイタリア諸都市に学び、そこでイタリア・ルネッサンスの所産を母国に持ち帰る人も頻繁化した。(71) その際、本章で述べたベイリーのように異国に定住し、その地で教壇に立つスコットランド人学者が数多く輩出されたことが特筆される。(72)

またスコットランド地域内においても、イングランドやヨーロッパ社会の変化に影響を受けて、一七世紀以降スコットランドは急速にイングランドに接近してゆく。一六〇三年の「王冠の結合」と一七〇七年の「合併」を経て、連合王国としての英国が形成された。

このような経済的発展を背景に、スコットランド固有文化の宗教・慣習が対応し、一六世紀のノックスの宗教改革の成果にもとづく効率的な教育制度が役立ち、一八世紀には、ヨーロッパ全体から注目を集めるスコットランド・ルネッサンスを開花させるに至る。ヨーロッパ各地が、イタリア・ルネッサンスの所産・影響を受けながらも、その次の近代ルネッサンスを実現したのがスコットランドであり、その中心は特に科学技術文化の創造にあったと言えよう。(73)

第6章 スコットランド・ルネッサンス II

【科学技術文化の開花――一八・一九世紀】

一 はじめに

一五世紀のイタリア・ルネッサンスが中世ヨーロッパの封建的な価値観を打破し、近世科学への道を開いたように、一八世紀以降のスコットランド・ルネッサンスは近代科学探究への道を開き、ヨーロッパ近代市民社会の誕生を導いた。さらにヨーロッパ北域に位置したスコットランドでは、一方では純粋な信仰観、また他方では規制を脱した自由な学問探究の意欲が存在したことも事実であった。[1]

また伝統的な教育重視の風土に加え、一六世紀中葉のJ・ノックスの宗教改革がスコットランド教区教会制度の確立と、それに密接に連動する国民義務教育の成功をもたらし、それを基盤として近代世界を主

導する科学技術文化、つまりスコットランド・ルネッサンスと呼ばれる時代をもたらした。(2)

前章では既にスコットランド・ルネッサンスの背景と萌芽の一八世紀前半に至る時代を述べたが、本章では一八世紀中葉から一九世紀の文字通り科学の時代をリードしたスコットランド・ルネッサンス中期を述べたい。(3)

二　医学・化学の発展——一八世紀後半

一八世紀後半のスコットランドには特に医学と化学分野で傑出した人物が登場し、著しい科学探究の風潮が漂った時代である。エディンバラは、一八世紀の初め頃にはヨーロッパを代表する文化都市となり、バーンズ（R. Burns）やスコット（W. Scott）卿、またラムゼイ（W. Ramsay）やレイバーン（T. Raeburn）、さらにブラック（J. Black）やカレン（W. Cullen）、シカンダス（M. Secundus）とベイリー（M. Baillie）が活躍した時代であった。二度のジャコバイトの反乱鎮圧を通じてスコットランド伝統の民族歌謡や舞踊やタータン正装を禁じられたが、スコットランド人には親イングランドの近代化に向かう道が開けた時代である。(4)

一七〇七年の合併後、従来ゲール語を用いてきたエディンバラでも、合併したイングランドの言葉を公用語として学ぶブームが起こり、特にアダム・スミスが活躍した一七六〇年代には多くの諸文芸団体が発起され活動した。(5)その一方、スコットランドの高地・僻地地方から文芸都市エディンバラや工業都市グラスゴウへの大規模な人口流入が生じ、「高地清掃」（Highland Clearance）と呼ばれる社会現象が生じた。(6)

スコットランドが合併後の恩恵を受けて富裕化した事実をデータでみると、一七〇〇年と一八〇〇年との一世紀間で、スコットランド総人口は約一一〇万人から一六一万八〇〇〇人に増加し、国民所得は五一倍に増加した。[7] またエディンバラはスコットランド国の首都から一都市になったが、同市の人口は三万人から八万人に増加した。その間、エディンバラは一七六〇年の「ジョージ・スクウェア」(George Square) や一七七二年の「北橋」(North Bridge) の完成により、一七八〇年代には「新都市街」(New Town) と呼ばれる地域を包含した。特にスコットランドにおける科学発展史からみれば、一七八三年のエディンバラ王立学院 (Royal Society of Edinburgh) の創立が大きな画期となった。[8]

エディンバラは学識の府として有名となり、事実、印刷技術も発達し、一七六八—八一年の間にベル＆ファルクァ (Bell & Falquhar) 社から編集長スメリー (W. Smellie, 1740-95) を中心に、初版『エンサイクロペディア』(*Encyclopaedia Britannica*) が発刊された。またアメリカ人生物学者オーダボン (E. Audubon, 1785-1851) が生物分類本を出版した際に、エディンバラで別刷挿絵を印刷した。[9]

グラスゴウの経済発展の背景には、さらに注目されるべきビジネスがあった。合併からの恩恵として対イングランド植民地への直接貿易の道が開け、特にアメリカとのタバコ貿易は巨額の富を生み、その貿易に携わる成功した同市の富裕な商人は「タバコ貴族」(Tobacco Lords) と呼ばれた。[10] しかし一七七五年のアメリカ独立戦争の勃発がその貿易に休止を与え、僅か三〇年にしてタバコ貿易は衰退した。しかし貿易の蓄富は、西インド貿易やスコットランド西部のクライド渓谷流域の工業投資に向かう。まず一七七二年頃からクライド河の深化・流水の加速を図る防波堤工事が、チェスター出身のゴルボーン (J. Golborn) によって着手され、レニー (J. Rennie) が引き継いで河川に平行した溝を建設した。その結果、水深も深まりクライド河流域で造船業が発展する起因となった。[11] そしてグラスゴウの人口は、一八世紀初めの一万二五〇〇人から一九世紀初頭までの一世紀間に、七万七〇〇〇人の六倍増を示した。[12]

ロバートスンは、「スコットランド・ルネッサンスとは純粋・応用両面における科学活動」を総称して呼ぶと定義する。[13] 医学教授のカレンは、ロンドンやヨーロッパ大陸においても三世紀前のパラケルスス（Paracelsus）が行った素朴な病気治療法から進歩していないことを認識して、先ず薬草標本を行い、一七七六年に『医学物質便覧』（*Materia Medica Catalogue*）を出版した。彼は、混沌としていた医学論を整理し医学における三原則を確立、次いで主要な病気の分類を決めた。また一七五八年の彼の講演では、土壌の温床と肥料の実施法を述べ注目を浴びた。つまり近代農法の普及において、カレンの研究は農業化学を体系的な学問として確立し、また彼の熱研究がその後のブラック博士の潜熱研究に繋がり、さらに蒸気力の利用法の発見を導き、産業発展となったのも事実である。

カレンの教え子でダンズ（Duns）出身、また感情の起伏が激しいことでも有名であったブラウン（J. Brown, 1735-88）は、パラケルススやギリシアのヒポクラテスの主張する病気の原因は体力の衰弱から生じるとの説を支持し、中世で流行した放血療法は間違いとの説（Brunonian system）を提起したが、一八世紀社会では受け入れられずエディンバラを去り、ロンドンに下った。

ブラウンは自説を『医学原則』（*Elementa Medicinae*）にまとめ、翌年セント・アンドリューズ大学から医学博士号を受けた。ブラウンと医学論争を展開した人物にマンロー（A. Monro, 1733-1817）がいるが、三代に渡り同名を持ち、実に一世紀の間、三人でエディンバラ大学の外科・解剖学（Surgery and Anatomy）講座を占めた有名家系であった。二代目マンローは一七五五年に医学部を卒業しロンドン、パリ、ライデンまたベルリンで学び一七五九年にエディンバラに戻り、その後も四九年間教壇にあった。彼は一七八三年に「マンローの小孔」(foramen of Monro) 発見し、頭脳の側室間のコミュケーションを公表し、一七八八年に「滑液嚢と粘膜」が正確に論述された。親子三代にわたり、エディンバラ医学校の発展に大きな役割を果たした。[14]

さらに同医学校の有名人には、交感神経組織を究明し動物の行動は非理性知覚原理によることを発見したワイト (R. Whytt, 1714-66) がおり、一七六四年に『神経、沈欝、ヒステリー症、交感神経に関する序言』(*On Nervous, Nypochondriac or Hysteric Diseases, to whom are prefaced some Remarks on the Sympathy of the Nerves*) を発刊して好評を博した。[15] また有名なグレゴリー家では、先代ジョンを後継したジェイムズ (J. Gregory, 1753-1821) がエディンバラ大学医学部教授となった。一八世紀には、他に化学・医学分野での有名人には、エディンバラの関税役人の息子に生まれたクルックシャンク (W. Cumberland Cruikshank, 1745-1800) がいたが、彼は一七六七年にグラスゴウで医学を修めロンドンに下り有名な医師ハンター (J. Hunter) の助手となり、一七八六年には『人体の吸収管の解剖学』(*The Anatomy of the Absorbing Vessels of the Human Body*) を発刊した。彼は哺乳類動物の卵子の存在を発見し、一七九七年に王立学士院会員に選出された。一七九九年に、イタリア人のボルタ (A. Volta, 1745-1827) が「ボルタのパイル (pile, 電堆)」を発見し、初めて恒常的な電流を得ることに成功した。それをクルックシャンクが塩分分析の電磁実験に用い、成功した。[16]

ファイフ出身のスミス (J. C. Smyth, 1741-1821) は、亜硝酸ガスを用いて熱病の接触感染を阻止する方法を発見し五〇〇〇ポンドの賞金を得たが、この時代までは中世以来、天然痘、チフス、コレラ、ジフテリア、流行性感冒のような伝染病が多くの人類に死の恐怖を与え、深刻な社会問題を作り出していた。そして中世以来、伝染病の流行を阻止する手段として、一七九九年に隔離法 (Quarantine Act) を考案したのはスコットランド人でブレンフィールド (Blanefield) 生まれのブレイン (G. Blane, 1749-1834) であった。彼はロドニー提督（Admiral Rodney）の侍医として、海軍の衛生状況の改善に尽力したことで知られる。また一七世紀初頭から果実レモンが壊血病（scurvy）の治療に役立つと言われてきたことから、エディンバラの医者リンド（J. Lind, 1716-94）がその病気の原因と治療法を調べ、一七五六年に処方上もレモンが最適と科学的に証明した。リンドは、また熱帯諸病の調査研究のパイオニアとして、一七六八年には『熱帯気候の地でヨーロッパ人が罹る病気についての諸論』（*Essays on Diseases incidental to Europeans in Hot Climates*）を発表した。また彼は、航海中の船舶で塩水を蒸発させて蒸留水を得る方法を着想した最初の人とされる。しかし海軍長官がブレインの主張を認めたのは四〇年後であった。

また海軍のブレインと同じような役割を、陸軍ではプリングル（J. Pringle, 1707-82）卿が果たした。プリングルは病気伝染における腐敗プロセスに関心を持ち、リスターの一世紀も前に、防腐方法を研究したことで有名である。また戦争時における病院は中立的であるべきとの彼の主張は、赤十字の設立と医療活動のなかに結実した。[17]

既に述べたが、一八世紀の医学界に特筆される人物にイースト・キルブライド（East Kilbride）の農夫の息子のジョン（1728-93）とウィリアム（1718-83）のハンター（Hunter）兄弟と甥のベイリー（M. Beillie, 1761-1823）が挙げられる。長男ウィリアムはグラスゴウとエディンバラで医学を学びロンドンに下り、聖ジョージ病院で著名な医師ジェイムズ・ダグラス（J. Douglas）の解剖助手をつとめた。そして一七四八年には弟ジョンが合流した。ウィリアムは解剖学と婦人科学の権威となり、一七六八年には王立アカデミーの解剖学教授となった。一七七四年には『人体構造の解剖学記述』（*Annatomical Description of the Human Gravid Uteru*）を発刊した。弟ジョンは、一六世紀のヴェサリウス（Vesalius）以来の傑出した解剖学者と讃えられ、「外科手術の創始者」と呼ばれた。兄弟共に一七六七年に王立学士院に選出され、さらにウィリアムはグラスゴウ大学に、ジョンは外科専門学院（College of Surgeons）に講座を持つに至った。そしてショッツ（Shotts）の教区牧師の息子ベイリーはオクスフォード大学ベリオル・カレッジ留学後、叔父ウィリアムに付いてロンドンに出た。彼は病理解剖学を専門とし、一七九五年に『人体の重要部分における病理解剖学』（*Morbid Anatomy of some of the most important parts of the Human Body*）を発表して病理学（pathology）を扱い、同年に王立学士院にも選出された。[18]

このようにスコットランド医学界が多くの天才的学者を輩出し、イギリスからヨーロッパへ医学全域に影響を与えつつあったが、スイスに生理学（physiology）研究にハラー（A. von Haller, 1708-77）が出て、一七六四年に『生理学原理』（*Elementa Physiologiae*）を発刊した。彼の医学界に果たした役割は、ウィリアム・ハンターと似ており、医学での新しい発見よりも、医学知識の体系的な編集者として有名となった。

次いでカレンの後継者は、ボルドーでワイン・ビジネスを営むスコットランド商人の息子に生まれ、一七五八年の「潜熱の発見」で有名となったブラック（J. Black, 1728-99）であった。彼は帰国子女としてグラスゴウへ戻されて教育を受け、一七五四年にはエディンバラ大学から「炭の燃焼による二酸化炭素発生」を証明して医学博士号を受け、一七五六年にグラスゴウ大学の、次いで一七六六年にエディンバラ大学の化学講座教授となった。またブラックは、当時グラスゴウ大学の数学器具製作者であったワットに、蒸気機関の実用化を目指して一〇〇〇ポンドを前貸ししたエピソードを残す。[19]

ブラックの後継者はホープ（Thomas C. Hope, 1766-1844）で、一七七六年にエディンバラの新しい植物園を完成させた同大学の植物学初代教授（J. Hope, 1725-86）の息子であった。ホープ親子への高い評価は、スウェーデンの植物学者リンネ（Linnaeus）により、親子の優れた業績を讃えてホープ類（Hopea）と分類させた程である。事実、ホープはリンネ学説をイギリスへ紹介した他、野菜生理学のパイオニアとして活躍した。さらに彼は、一七九二年にヨーク建築会社がストロンシアン（Strontian）の鉛鉱山から新鉱物ストロンチウム（strontium 地名になぞらえて命名）を発見したり、一八〇五年には水が摂氏四度で密度が最大となる原理を発見するなど、科学研究の多くの分野での進歩に貢献した。[20]

ブラックの研究より一八年後の一七七二年、ラザフォード（D. Rutherford, 1749-1819）が木炭炭素と窒素の分離の理論化に成功して、医学博士号を受けた。ラザフォードはエディンバラ大学の医学部教授の息子で、また自分自身も、後年同大学の植物学の教授となった。

この頃、スコットランドでの気体（ガス）研究の影響を受けて各地で研究が進み、イングランドでキャベンディッシュ（H. Cavendish, 1731-1810）が未だフロジストン（燃える要素）と思いながらも、結果として一七六六年に水素の製造に成功した。そしてラザフォードの発見二年後の一七七四年には、スウェーデン人のシェーレ（K. W. Scheele, 1741-86）が塩素（chlorine）を、プリーストリー（J. Priestley, 1733-1804）が酸素を発見した。

プリーストリーは、彼の発見したものを大気中の活発な気体で非フロジストン素としたが、同年フランス人科学者ラボアジェ（A. L. Lavoisier, 1743-94）は酸素を独立した気体と発見し、さらに一七七七年に酸素をフロジストンから切り離し、物体の結合に必須の気体と公表した。キャベンディッシュは一七八四年に、大気構成の主要素、また水構成の二要素のうちの一つと公表した。またワットも、同時期に水構成における酸素を発見したと言われる。これらはブラックの研究を後継した成果であった。[21]

一八世紀後半のスコットランドでは、単に純学術分野での化学研究のみならず、実際の現実的な適用に成功した化学諸工業の誕生した時代であった。そこで最も大きな役割を果たした人物には、イングランドのシェフィールドの裁断師の息子でエディンバラへ医学を学びに来たロウバック（J. Roebuck, 1718-94）が挙げられる。

彼はブラックやカレンと知己となり、一七四六年にはバーミンガムで硫酸製造に従事する中で有名な鉛室工法を発展させた。三年後に彼とパートナーのガーベット（S. Garbett）はスコットランドに移り、プレストンパンズ（Prestonpans）に硫酸製造工場を設立し、それが後年、一八世紀末の世界最大の工場となった。一七六〇年には、二人は他の五人とパートナーを組み、スコットランド最初の近代的製鉄工場ともいえるキャロン（Carron）工場を設立した。二年後にロウバックは、従来の木炭ではなく泥炭を用いて錬鉄を製造する革新的な特許を獲得した。[22] 彼はワットの蒸気機関特許の三分の二を所有したが、自らが経営したボウネス（Bo'ness）の石炭鉱山と製塩工場の経営に失敗し、その権利をボウルトン（M. Boulton）に委譲した。

エディンバラ大学の身体医学（materia medica）初代教授のホームズ（F. Holmes, 1719-1813）は、従来の酸化ミルクではなく硫酸を用いて漂白する方法を確立した。ホームズの『農業と菜食の原則』（*Principles of Agriculture and Vegetation*）は、農業への科学方法導入の教科書となり、特に植物栄養への関心を深めた。また飲料のために水を煮沸する効用も科学的に証明した。[23]

さらにカレンやブラックの研究は、一七八〇年代以降の「気体化学」（pneumatic chemistry）研究への関心を深め、大気航行への実験を可能とした。スコットランドで、硫酸が金属に反応して水素を生じることから、多量に商業的に得ることに初めて成功した。一七八三年に熱空気風船を実験したフランスのモンゴルフィエ（J. & J. E. Montgolfier）兄弟は、ブラックの理論に学んで試作したことを書き残している。またホジスン（T. E. Hodgson）は『航空学の歴史』（*History of Aeronautics*）を著した。同年一七八三年にブラックの学説を証明するかたちで、フランスのシャルル（J. A. C. Charles）が水素を詰めた飛行船実験に成功した。[24]

ロウバックがスコットランドへ来た頃に、有名な地理学者ハットン（J. Hutton）がデイヴィ（J. Davie）とパートナーを組み、エディンバラで煤の純化工程から塩化アンモニアを製造するのに成功した。また揮発法による製塩業のパイオニアでもあった。彼らは一七八三年頃に原料の粗塩化アンモニアをカルロス（Culross）在のダンドナルド（Dundonald）タール製造所から購入する手段をみつけた。

第九代ダンドナルド領主のコクラン（A. Cochrane, 1749-1831）は、パイオニア精神に溢れる偉大な企業家であった。彼は海軍提督にもなった人物で、タールが船舶体の保持に役立つと確信し、一七八一年に製造特許を得て、一七八五年にカルロスにタール蒸留製造所を発起した。また同年に特許も更新され二一年間の特許使用が容認された。

またコクランは、数多くの海事ビジネスの斬新な改良や発明をしながらも、海軍や社会では採択されずに終わったが、彼の発案した煙スクリーン（smoke-screen）等は第一次世界大戦時にチャーチル（W. Churchill）卿やウールウィッチ工廠（Wooleich Arsenal）の爆弾研究のロバートスン（R. Robertson）によって見出され実用化された。[25]苛性ソーダの入手は、スコットランドでは、海草灰からの抽出方法が確立された。一六世紀中頃からケスウィック（Keswick）銅山でスペインから海草を輸入し、一八世紀にはかなりの地域で使用された。しかしアメリカ独立戦争の勃発によるタバコ貴族の没落を引き起こし、またスペインからの海草輸入も止まると、スコットランド土着の海草利用に目が向けられた。

ブラックが特に関心を持ち、友人のブヒャン伯爵（Earl of Buchan）に進言して土着海草の燃焼試験に成功した。苛性ソーダ生産は、急速に増大し一八〇七年には一万二二五〇〇トンとなった。記録では二年後の一八〇九年には、約四〇〇〇人の家族労働で一五万トンの乾燥海草を集めた。価格は一七五〇年頃のトン当たり二ポンド五シリングから一八〇八年の二〇ポンドに上昇した。

しかし対ナポレオンのフランス戦争、イベリア戦争が終わるとブームは去り、またスペインからの海草輸入も再開された結果、スコットランドの固有海草からの苛性ソーダ製造ビジネスは急速に衰退した。[26]

化学工業のもうひとつの重要なビジネスは、一七九八年にエアシァのオチルツリー（Ochiltree）出身のテナント（C. Tennant, 1768-1838）の次亜塩素酸塩を用いての漂白法の発見である。そして一八〇〇年にグラスゴウのセント・ロレックス（St. Rollex）に、当時の世界最大の近代化学工場を設立した。[27]

一八世紀スコットランドでの産業上の最大の変化は、農業で生じた。それ以前の数世紀はヨーロッパ全域がいわゆる中世ヨーロッパ農業であったが、スコットランドは一早く抜け出ることになる。スコットランドでは中世伝統のラン・リグ（run rig）制度は一七二〇年代には破棄され、イングランド農法を受け入れて集約的な近代農業に移行した。蕪栽培は一七一六年に導入されて一七四〇年頃に、芋栽培は一七二〇年頃に導入されて一七六〇年頃に、スコットランド社会全域に定着し一般化した。一七五〇年頃にフランダース苔（Flanders Moss）地域一帯の農地化に成功したケイムズ卿（Lord Kames）を先頭に、多くの農業改良家がイングランドから近代農法を導入して活躍した。

スコットランド国王の獣医でもあったクラーク（J. Clark, 1734-1806）は獣医学研究で多くの貢献をした人物で、一七七〇年頃に現代も使われる近代的な蹄鉄（horseshoe）を発明した。一七八八年に彼が発表した『馬の病気防止の理論』（*A Treatise on the Prevention of Diseases incidental to Horses*）は、厩の環境から馬の病気、また水や餌にいたる総合的な研究書として珍重された。[28]

また一八世紀初めに、斬新な穀物脱穀機をマンジー一族（Menzies）が発明したが、限定的な成功に過ぎなかった。そしてもうひとりのスコットランド人でダンバー（Dunbar）近くのユースン丘（Houston Hill）出身の水車大工のミークル（A. Meikle, 1719-1811）も、一七五五年頃に彼独自の考案による脱穀機を完成させた。彼の父ジェイムズはオランダへ行き、ソウルタン（Saltoun）のフレッチャー（A. Fletcher）のために、大麦殻取りの秘密を持ち帰り、一七一〇年頃に穀物の殻を簸る送風機を導入した。未だ偏見も強く一般的には使用されなかった。彼の息子アンドリューは、郷紳農業家キンロックス（F. Kinloch）の構想にヒントを得て、父を後継して何度か実験を繰り返し、一七八八年に新型脱穀機を制作し、同世紀末にはスコットランド全域で使用された。(29)

さらに一七八〇年に、ベルウィックシァのブラックカダー丘（Blackadder Mount）出身の大工のスモール（J. Small, -1793）が近代的な鋤を発明した。彼の鋤はキャロン製鉄所で鋳造された最新式で、従来の鋤は最低二頭の馬と二頭の牛を必要としたのに、スモールの鋤では二頭の馬で充分となり、作業能力も数倍に向上した。彼は自らの発明について、一七八三年にエディンバラで『鋤と輸送車に関しての試論』（*A Treatise on Ploughs and Wheeled Carriages*）を公表した。(30)

植物学では、スコットランドでは特筆すべき人物は出なかったが、アメリカ・バージニアのチャールストン（Charleston）生まれのガーデン（A. Garden, 1730-91）は、スコットランド人牧師の息子に生まれ多くの植物を発見した。山梔子《くちなし》の花（Gardenia）は彼になぞらえて命名された。この一八世紀後半の時代は植物学的に多くの発見がなされた時代で、一七六八年に探険家クック（T. Cook）と一緒に公認生物学者として航海したバンクス（J. Banks, 1743-1820）をはじめ多くのスコットランド人学者が活躍した。また対照的に、同時代を生きたホワイト（G. White, 1720-93）は自分自身の管轄教区の自然を観察し、全生物学者の模範例を残した。
また地理学では、偉大な天才を生む。一七八五年に地球誕生の理論を発表し、一七九五年に出版したハットン（J. Hutton, 1726-97）が出た。彼は既に塩化アンモニア製造で知られていたが、エディンバラ商人の息子に生まれパリとライデンで教育を受けた。彼は農業への関心から地理学に関心を深め、さらにドイツのフライブルグ（Freiburg）の鉱山学校でウェルナー（A. G. Werner, 1750-1817）の指導下で地球の地質研究を学んだ。ウェルナーは地殻激変（catasrophic）理論を述べたが、ハットンは斉一論（uniformitarian）を発表し、火山活動や岩石の融解、地層の断絶や気候の変化を受け入れて次第に連続的に変化してゆく理論を展開した。そしてハットンは地球の誕生と歴史について、時系列に従い変化・変容してゆく近代地理学の基礎理論を作った。
しかし近代地理学に最も近い理論は、フォルファシァのベンビー（Benvie）の牧師の息子に生まれたプレイフェア（J. Playfair, 1748-1819）とされる。彼はエディンバラ大学の数学教授となり、ハットン理論を踏襲して一八〇二年に『ハットン理論の例証』（*Illustrations of the Hutton Theory*）を公表した。[31]
天文学と流星学（meteorology）の分野では、セント・アンドリューズ市の市職員の息子に生まれたウィルスン（A. Wilson, 1714-86）は、グラスゴウ大学神学部生のメルヴィル（T. Melvil, 1726-53）と一緒に、大気温度・湿度を飛行凧を用いて計測することを発明し、カレンやブラックの研究結果を例証した。
ウィルスンはグラスゴウ大学最初の天文実地学（practical astronomy）教授となり、太陽研究で黒点を発見した他、彼はエディンバラ王立学士院の創立メンバーとなった。またエディンバラ大学の天文実地学講座は一七八五年に創設され、流体レンズを使う新型望遠鏡を発明したブレア（R. Blair, 1786-1828）が就任した。[32]
機械工学分野でのニュートン理論は深められ応用され、フランスではラプラス（P. S. Laplace, 1749-1827）、イングランドではキャベンディッシュが活躍した。数学では、フランスのラグランジェ（J. L. Lagrange, 1736-1813）が時代を代表する中心的な数学者であった。

スコットランドでは、未だ誰もマクロウリン（C. MacLaurin）の業績域には達していなかった。彼を後継する偉大な業績が、グラスゴウ機械工の息子でエディンバラ王立学士院の秘書長にもなったエディンバラ大学自然物理学講座教授のロビンスン（J. Robinson, 1739-1805）によってなされたが、彼はハリスン（Harrison, 1693-1776）発明の経線儀（chronometer）を用いて一七六二年にジャマイカまでの航海に成功した。またロビンスンはワットの発明を支えた友人の一人として有名である。[33]

しかし一八世紀をスコットランドを代表する最も有名な人物は、ブラックでもハットン、ハンターでもなく、ジェイムズ・ワット（James Watt, 1736-1819）であった。水が沸騰して蒸気となり力となることは古代ギリシア人が着想し、エジプト人が寺院の扉開閉に利用したことは知られていた。

一七世紀にパピン（D. Papin, 1650-1715）がピストンを発明し、近世ヨーロッパで広く動力源に使えることが認識された。事実、パピンは完全な成功には至らなかったが、蒸気機関車や蒸気船の試作をした。イギリス最初の蒸気機関を制作したのはセイバリー（T. Savery, 1650-1715）で、一六九八年に特許を取り、鉱山から水を汲み出すエンジンを作った。さらに彼がニューコメン（T. Newcomen, 1663-1720）とパートナーを組み、商業化に成功して機械効率も上がることを証明すると、イギリス各地で広範に用いられた。

ワットはグリーノックの家具・船大工の息子に生まれ、科学器具製作に従事した。そして一七五六年に彼の二〇歳の時にグラスゴウでの開業を試みるが、自治都市生まれでもなく正規の徒弟修業経験なしとの理由で鍛冶工ギルドから拒否され、唯一グラスゴウ大学の器具製作の仕事を得ることが出来た。そこで幸運にも、同年に潜熱を発見し公表したブラックと知り合いになる。ワットは、次第に蒸気力に関心をもちブラックの発見から八年後の一七六四年にニューコメン機械の修理を経験した。そして有名なエピソード、大学校内の芝生上を歩きながら着想した蒸気機関のコンデンサーを冷却、シリンダーを温熱する方法から真空力を制御する手段を工夫した。

ワットは一七六九年に、費用全額を負担し株を三分の二を持つロウバックとパートナーを組んだ。しかしロウバックがボーネスの石炭鉱山の経営に行き詰まった結果、ワットも測量の仕事で生計を立てることになった。一七七三年にはロウバックは破産し、彼所有の株式はバーミンガムの企業者ボウルトン（M. Boulton, 1728-1809）に移り、ワットも招請され、一七七四年にバーミンガムのソーホー鍛造所（Soho Foundry）に移った。一七七五年に、彼らが二一年間有効の特許を取った翌年、ワットは革新的な最初の蒸気機関を完成させた。ワットは蒸気機関の関連・付属の諸考案を実用化させ、一七八〇年にはクランクを発明して回転運動に利用、さらに一七八一年には助手マードック（W. Murdoch）が有名な車輪「太陽と惑星」（sun and planet）型を発明し、蒸気機関車の時代を開いた。

またワットは、偉大な功績が評価され、一七八五年に王立学士院の会員に選ばれた。彼は蒸気機関にとどまらず数多くの発明を行い、一七八〇年にコピー用インクを発明し文書や図画の圧縮プリントを実用化した。一七八四年に、彼は実用化される六〇年も前に、水上航行のプロペラを着想した。さらには計算尺を用いて仕事をした最初の技師と言われた。(34) 蒸気機関の鉄道への導入成功は、次いで海上を走る蒸気船の問題へと波及した。前述したように一七〇七年のパピンがカッセル（Cassel）で模型蒸気船を試走実験したことから始まり数多くの実験が行われ、一七三七年にはハルズ（J. Hulls）がエイボン（Avon）河のエバシャム（Evesham）でニューコメン機関を用いたパドル式（外輪）蒸気船航行に成功した。

一七七〇、八〇年代は、ワットの蒸気機関発明を用いて、蒸気船航行に向けての多くの試みが見られた。フランスでは、一七八三年にジュフロワ（Jouffroy）侯爵がローヌ（Rhone）河でボートを建造し、アメリカでは一七八六年にラムゼイ（A. Ramsey）がパワー・ポンプのプロペラ推力で動く小型船を、また一七九〇年にフィッチ（J. Fitch）がオール運転の船舶を建造した。

スコットランドでは、一七八八年にダルスウィントン（Dalswinton）湖でエディンバラの銅鋳造業者ウォール（Wall）の設計した試作に続き、一七八九年にミラーの指揮のもとにキャロン製鉄所で直径一八インチの鉄シリンダーを備えた船舶を試作、一七九一年にはフォース&クライド運河会社（Forth & Clyde Canal）総裁のダンダス公（Lord Dundas）が新たな試作を試み、その経験から一八〇二年の「シャーロット・ダンダス号」（Charlotte Dundas）を建造した。その背景には三人の傑出した人物、ダンフリーズシァ（Dumfriesshire）の地主ミラー（P. Miller, 1731-1815）と、レッドヒルズ（Leadhills）採鉱場の監督官の息子でミラー家の家庭教師をつとめたテイラー（J. Taylor, 1753-1825）、同郷出身で同鉱山の技師であったサイミントン（W. Symington, 1762-1825）が挙げられる。

「運河王」と呼ばれたブリッジウォーター公（Duke of Bridgewater）が、同社に八隻の蒸気船を英仏海峡用に注文したが、彼の急死によりキャンセルとなった。フルトン（R. Fulton, 1765-1815）とベル（H. Bell, 1767-1830）は、「シャーロット・ダンダス号」を実地調査した。フルトンはアメリカへ戻り、一八〇七年にエンジンをボウルトン・ワット商会から購入し「クレモント号」（Clemont）を作り、ニューヨーク - アルバニー（Albany）間の定期航行に成功した。トーフィカン（Torphichen）の水車大工の息子に生まれたベルが設計した「コメット号」(Commet) は、一八一二年に「クレモント号」の三倍の大型船として建造され、ヨーロッパ最初の蒸気船となった。[35]

ワット発明の蒸気機関は、繊維産業の力源として、イギリス産業革命のリーディング・セクターとなった多くのイングランド紡績・紡織工場にも広範に導入された。一七三三年に飛梭を発明したケイ (J. Kay, 1704-64)、一七六四年にジェニー紡績機を発明したハーグリーブス (J. Hargreaves, 1720-78)、一七六四年に新型織機を発明したアークライト (R. Arkwright, 1732-92)、一七七九年にミュール織機を発明したクロンプトン (S. Crompton, 1753-1827) 等の貢献により、綿紡績・紡織工業は革新的に発展し、その中心地ランカシァ (Lancashire) は綿糸・綿製品取り引きの世界センターとなった。[36] 紡織過程から奈染プリントへの連続作業工程は、一七八三年にスコットランド人技師ベル (T. Bell) が考案し、一七八五年にプレストン (Preston) 近くのモンゼイ (Monsey) で圧延式のキャラコ奈染に導入され成功した。

一八世紀での科学発展への貢献には、他にロッホウィノック (Lochwinnoch) 出身のオー (H. Orr, 1717-98) が挙げられる。彼は二〇歳でアメリカへ移民し、そこで亜麻種剥きをはじめ数多くの器械を考案した他、一七五三年の『スコットランド雑誌』(*Scots Magazine*) に「アルファベット文字を記号化して長距離先に電気通信で伝達する方法」を提案した。その後、彼の影響を受けて一八一六年にロナルド (F. Ronalds) 卿が同様の構想を試作したが、最終的に一八三七年にフィートストン (Wheatstone) とクック (Cooke) が電信による伝達実験を成功させた。[37]

また一八世紀後半のスコットランドでは、ジェイムズⅣ世に仕える二人の融解師 (master meltar) が活躍した。ファイフのモニメイル (Monimail) の牧師の息子に生まれたメルヴィル (R. Melville, 1723-1809) 将軍は、一七五九年に英海軍でその後一世紀以上にわたり使われた最も有名な海軍砲を発明し、翌年にはロウバックに依頼してキャロン製鉄所で製造した。同銃は、同工場にちなみキャロネイド（carronade）砲と呼ばれ、その銃装備をした最初の軍船は「スピットファイア号」（Spitfire）で、一八ポンド砲一六台を装備した。[38] メルヴィルの本来の構想は八インチ曲射砲であったが、その後各種各様の銃砲が製造された。さらにアバディーンシァのピットフォールズ（Pitfours）生まれでエディンバラの司法学院理事の息子であったファーガスン（P. Ferguson, 1744-80）陸軍大佐が、長年の陸軍生活から元込め式のライフル（breech-loading rifle）を発明した。彼は、それをアメリカ植民地での戦闘で用いて有名となった。[39]

また一七九八年に、グラスゴウ大学のアンダースン（J. Anderson）教授の遺志に基づき、同市最初のカレッジ（当初は彼の名前を冠してアンダースン・カレッジと呼ばれ、次いで科学・技術カレッジ Royal College of Science and Technology）が設立され、近代ヨーロッパ世界の応用科学・技術の発展をリードした。[40]

三　応用科学の発展——一九世紀初頭

一九世紀に入ると、スコットランド産業革命は本格的な展開をみせる。工業化社会に必須とされるインフラ構造の運河・道路・鉄道等の交通ネットワーク、また波止場や防波堤さらに上下水道やガス燈などの近代都市に不可欠な社会的資本の整備・拡大が進展した。即ち純粋科学の研究領域を越え、近代市民社会生活の需要を満たす応用科学の進歩の全盛期を迎える。

先ず道路建設に、二人の偉大なスコットランド人技師が活躍した。テルフォード（T. Telford, 1757-1834）とマカダム（J. L. Macadam, 1756-1836）である。テルフォードはダンフリーズシァ（Dumfriesshire）の羊使いの息子に生まれて海事技師となり、当時の一九世紀では世界最大と言われたスウェーデンのゴウタ運河（Gota Caanal, 1808-10）や地元のカレドニアン運河（Caledonian Canal, 1804-22）建設に従事した他、多くの橋梁建設にも尽力した。特に彼が指揮した一八一九年のサスペンション型のメナイ海峡（Menai Straits）橋の完成は有名である。テルフォードは、固有の地盤を利用するマカダムとは異なり、道路基底に固い石の基礎を作る方法での道路建設を主張した。他方エアシァ出身のマカダムは、土木技師として活躍しスコットランド固有の石山から切り出した石板を用いての道路建設を進めた。そして彼が六〇歳の時、一八一六年にブリストル市の道路測量士（Surveyor of Roads）に任命され、マカダムの道路建設工法が広範囲に普及する。マカダム式の建設道路は大きな反響を呼び、イギリスからヨーロッパさらに世界中で彼の工法が採用された。

さらに、もうひとりのイースト・ロージアン（East Lothian）出身の農夫の息子に生まれたレニー（J. Rennie, 1761-1821）もロンドンのウォーターループ（Waterloo）橋をはじめ多くの鉄橋・道路を建設した他、プリマスのドックヤードも建造した。このスコットランド三人組（triumvirate）が一九世紀初頭のブリテン島全域の道路建設を主導し、イギリス交通革命の起点を作ったと言えよう。[41]

道路に次ぐ交通整備として、鉄道に向った。一七世紀初頭から、イギリスの炭坑では馬力牽引による鉄道が使われてきた。蒸気機関車は一八〇四年にトレヴィシック（R. Trevithick, 1771-1833）考案の歯板（rack）とエンジンの発明で初めて用いられ、その成功は一八二五年のイングランドでのジョージ・スティーブンソン（G. Stephenson, 1781-1848）と息子ロバート（R. Stephenson, 1803-59）が実現させたストックトン（Stockton）‐ダーリントン（Darlington）鉄道に始まる。

一八二九年にスティーブンスン父が、翌年のリバプール - マンチェスター鉄道開通に先立ち蒸気機関車競争にロケット（Rocket）号で優勝し、イギリス最初の旅客鉄道線を開始した。スコットランド最初の蒸気機関車鉄道は、一八二六年のガアンカーク（Garnkirk） ＆グラスゴウ鉄道をはじめグラスゴウ・エディンバラ近郊にいくつかの地方鉄道が敷設されたが、一八四四年のノース・ブリティッシュ（North British）鉄道が発起され、スコットランド地域内の鉄道連結が行われ、全地域内鉄道ネットワークが出来あがった。[42]

スコットランド人の海上での蒸気機関応用の成功例を追うと、やはり「コメット号」のクライド河航行にはじまるスコットランドの蒸気船に始まる。ダンバートン（Dumbarton）でデイヴィッド・ネイピア（D. Napier, 1790-1869）が、タービン・エンジンを導入するまでの間、世界で最も広く用いられた往復運動エンジンの先駆とされる尖塔型（steeple）エンジンを発明した。彼は一八一八年にグリーノック（Greenock）からアイルランドのベルファースト（Belfast）間に、蒸気船を用いての大洋定期航路を開いた。彼の従兄弟ロバート・ネイピア（R. Napier, 1791-1876）は、スコットランド海事工学のパイオニアとなり、キュナール航海社（Cunard Line）の創業者となった。[43]

ついでエアシァのガルストン（Galston）教区の牧師であったスターリング（R. Stirling, 1790-1876）が熱膨張空気を力源とする新型エンジンを発明した。かなりの数の同型エンジンが制作され、最大規模の四五馬力エンジンがダンディに設置され三年間稼働したが、実際の適応に欠け、一般化には至らなかった。しかし彼が発明した熔鉱炉熱を再生利用する形の技術革新は、のちの平炉製鋼（open-hearth stell）法への道を開いた。[44]

さらに一八一九年にリース（Leith）出身のモートン（T. Morton, 1781-1832）がスリップ（slipway ズレ）工法を発明して特許を取り、水中翼を利用して船舶の革新的な安定航行を可能とした。またダンフリーズシァ出身の技師のジャーディン（J. Jardine, 1776-1858）がリースで海事工学の発展に貢献しユニオン運河（Union Canal）建設に従事した他、グラスゴウ近隣の海と連結する諸堤防建設に尽力した。(45)

農業では、ディーンストン（Deanstone）のスミス（J. Smith, 1789-1850）が、この時代のスコットランドの農業発展を代表した。彼はグラスゴウ商人の息子に生まれ、同大学を卒業後、紡績工場を経営する叔父を通じてエンジニアに関心をもち、一八一一年に機械工学を農業に導入して、最初の実用的な収穫機械を発明した。スミスは自らの農地で同機械を試験した他、灌漑実験を進めて一八二六年には底土鋤（subsoil plough）を発明した。次いでグレンデボン（Glendevon）のハーレイ（W. Harley, 1789-?）が登場し、一八〇九年頃にイギリスの模範としてヨーロッパ中で名声を博したグラスゴウ酪農場を経営し、世界最初のミルク・バー（milk bar）を開業した。一八一二年頃には、酪農業務に初めて蒸気機関を導入して大規模経営に成功した。彼の酪農場は、一八二九年に出版された『ハーレイアン酪農制度』（*Harleian Dairy System*）で紹介されたが、同時代の多くの人には受け入れられなかった。農業機械の発展は、いくつかの農場で見られた。スミスの実験の翌年にデンウィック（Denwick）のコモン（J. Common）も自作の収穫機を作ったが成功に至らず、アーブロウス（Arbroath）近くのカルミリー（Carmylie）のダンディ近郊で農業改革を志す、農夫の息子ベル（P. Bell, 1799-1867）に継承されて成功した。

また牧師の聖フォルサイス（Rev. A. J. Forsyth, 1768-1843）が撃発装置（percussion lock）を発明し、ロンドン塔（Tower of London）で秘密裏に実験例証した。イギリス政府がなんらの行動を起こさなかった時に、噂を聞いたフランスのナポレオンがフォルサイスの発明に二万ポンドの提供を申し出たが、彼はそれを拒否した。そして英国政府は、三六年後、彼の死の直前に功績を認め、年金支給をきめた。(46)

粘着糊つきの切手の発明者の探索は、一ペニー郵便箱制度を発明したヒル（R. Hill）と一八三四年にサンプルを印刷したダンディの製本屋のチャルマーズ（J. Chalmers, 1782-1853）との間で意見が分かれるが、最初の粘着切手は一八四〇年から一般に使われ、後者の方に分があるとされる。また防水性の紙は一八二三年に、防水レインコートの発明者でもあるマッキントッシュ（C. Macintosh, 1766-1843）によって発明された。マッキントッシュは、グラスゴウの化学工場主の息子に生まれ、彼はコラナ（Corunna）の英雄でキャンベルの有名な詩に謡われたムーア（J. Moore）卿の従兄弟であり、グラスゴウ大学の学生時代にはブラックの化学の授業を受けた。彼は、いくつかの化学発明をした他スコットランド化学工業のパイオニアとして活躍、グラスゴウ市内のセント・ロレックス（St. Rollex）にテナント（C. Tennant）とパートナーを組み、ツオデル液体比重計（Twaddel hydrometer）を製造した。彼は、著名な外科医サイム（J. Syme）のゴムがナフタ油の中で溶解する発見を応用して、布地の重ね合体の試法に成功した。[47]

海外での最も注目される技術発展は、一八一二年にイタリアでアミチ（Amici, 1784-1860）によって作られた顕微鏡である。彼は一八四〇年に、最初の潜入式レンズ（immersion lens）を制作した。リスター（C. Lister, 1785-1869）は、著名な外科医の父であるが一八三〇年に非染色レンズの製造に成功した。これらが自然科学やバクテリア研究の分野に大きく貢献したことは間違いない。

化学研究で見ると、一九世紀初期はヨーロッパ諸国では理論・純粋化学研究が盛んな時代に、スコットランドでは応用化学の著しい発展を見る。イングランドではダルトン（J. Dalton, 1766-1844）やデイヴィ（H. Davy, 1778-1829）が活躍する。ダルトンは一八〇三年に彼の原子論をまとめて講義を行い、一八〇八年に出版した。彼はギリシア時代からあった原子の考え方を、その気体の重量や化学結合の比率を明証した。またダルトン理論で例外とされた二元素を含む気体等についても、アボガドロ（A. Avogadro, 1776-1836）や一八一一年に微分子発見のハイポセス（A. Hypothesis）の尽力で補完されたが、これらの考え方が一般的に受け入れられたのは一八六〇年代のこととなる。デイヴィは電気化学（electrochemistry）の創始者と讃えられ、一七九九年に電堆（voltaic pile）が発見されると、直にそれを取り入れ翌年から電気化学を本格的に展開した。一八〇七年には、水酸化物（hydroxides）の電気分解からポタジウム（potassium, カリウム）とソジウム（sodium, ナトリウム）を生成し、一八一二年には起電力（electromotive force）理論を公表した。

またデイヴィは、炭坑用の安全ランプの発明や亜酸化窒素の麻酔効果の発見でも有名である。彼の電気化学研究はファラデー（M. Farady, 1791-1867）に引き継がれる。ついでスウェーデンの化学者ベルセリウス（J. J. Berzelius, 1779-1848）は起電力に関心を持ち、一八一三年グラスゴウ大学の化学教授トムスン（T. Thomson, 1773-1852）の公表していた『化学組織』（*System of Chemistry*, 一八〇二年）を利用して諸元素を記号化した。トムスンは、ダルトン理論の信奉者を自認し、またクリーフ（Crieff）出身でイギリス最初の教育用の化学実験室をグラスゴウに設置した。一八二八年にドイツ人科学者のウェーラー（F. Wöhler, 1800-82）がアンモニア・シアン酸塩を尿素に変換する有機化学の道を開いた。[48]

このような応用化学の発展期を迎え、多くのスコットランド人化学者が活躍する。カムノック（Cumnock）の機械据付工の息子に生まれたマードック（W. Murdoch, 1754-1839）は、一七九二年に石炭・泥炭燃焼から照明ガスを作るのに成功したが、その頃彼はバーミンガムのボウルトン&ワット商会ソーホー鍛造所に雇われ、コーンウォール（Cornwall）の石炭鉱山でエンジン・ポンプ作業に従事していたことから、直に同工場に導入された。彼は先述した「太陽・惑星」蒸気機関車車輪やベル型クランク・エンジンの他、鉱山用の三車輪蒸気車を実用化した。照明ガス利用は急速に拡大し、マードックは一八一二年にはガス燈・コークス（Gas Light & Coke）会社を設立、一八一五年にはロンドン、一八二〇年にはパリの街燈に導入された。

ガス工学のパイオニアには、グラスゴウ郊外のシェトルストン（Shettleston）生まれの機械据付工の息子ニールスン（J. B. Neilson, 1792-1865）がいた。彼は一八一七年にグラスゴウ・ガス工場の職工長となり、ガスから硫黄を除去する方法として硫酸鉄を利用する方法を発見し火炎噴射バーナーを発明したが、彼の名前を歴史に刻んだのは、一八二八年の熱風（hot-blast）熔鉱法の発明である。それが一八〇一年にマシット（D. Mushet, 1772-1847）がスコットランド固有の黒帯鉄鉱石（blackband ironstone）を発見して精錬可能性を検討し、初めて銑鉄生産に成功、スコットランドは全イギリス一の銑鉄生産・輸出市場を形成する。またウィルスンタウン（Wilsontown）製鉄所のコンディ（J. Condie）が一八三〇年に考案した水冷式の鉄製送風管が、大規模工場化を可能にしたのも事実である[49]。

また一九世紀前半には、物理学が飛躍的に発展するが、この時代に物理学は現在の大綱とも言える光・熱・電気の三部門が確立される。特に光については、一世紀前のニュートンの実験以来、関心が深められてきた。光源の偏光（polarisation）がホイヘンス（Hughens）によって発見され、フランス人科学者マリュス（Malus, 1775-1812）が透明な表面の反射から生ずることを見出した。ついでイングランド人科学者ヤング（T. Young, 1773-1829）が研究を進め、光は波形で前進することを理論化した。この考え方は、のちにフランス人フレネル（A. J. Fresnel）によって展開される。

ジェドバラ（Jedburgh）文法学校の校長の息子に生まれたブルウスター（D. Brewster, 1781-1868）卿が一八一四年に光の屈折率は偏光角度の正接（tangent）に一致することを発見し、さらに一八一六年には万華鏡（kaleidoscope）を発明して動画の着想を生んだ。彼はこの時代のスコットランド科学者を代表する人物であり、一八三一年の英国科学促進会議の発起者のひとりとなった。さらにエディンバラの弁護士の息子に生まれ同市職員であったドラモンド（T. Drummond, 1797-1840）も、光についての多くの発見をなし特に一八二一年に石灰を高温で熱すると白色光が増すことを発見した。一八一四年にはフラウンホーファー（J. Fraunhofer, 1787-1826）が各スペクトラムが金属の特徴を示すことを発見し、さらに一八二三年にはハーシェル（J.Herschel, 1792-1826）がスペクトル分析から金属を識別する方法を確立した。[50]

熱研究では一九世紀初めに、フランス人のカルノー（N.L.S.Carnot, 1796-1832）が活躍し、熱力学（thermodynamics）科学の創始者と呼ばれ、自ら「カルノー循環」と呼ばれる熱循環の蒸気機関を発明した。スコットランドではラルゴ（Largo）出身でエディンバラ大学の数学教授のレズリー（J. Leslie, 1766-1832）卿が熱学研究を続け、一七七七年にスウェーデンのシェーレ（K. W. Scheele）によって発見されていた熱放射を体系づけて一八〇四年に『放射熱の成分と構成探究への試論』（*An Experimental Enquiry into the Nature and Properties of Radiant Heat*）を出版した。またレズリーは一八一〇年に真空ポンプで水蒸気で重量一ポンドの氷を人工的に製造するのに成功した他、さらに数多くの数学論文を残し、一七八八年の『不確定原理の解決』（*The Resolution of Indeterminate Problems*）は不朽の名作と称賛された。[51]

電気は新しい研究課題であった。一八二〇年にフランス人アンペア（A. M. Ampere, 1775-1836）が磁石と電流間また電流自体の法則を発見した。同年にデイヴィとアンペアの友人のアラゴー（D. F. J. Arago）が、個別に電磁石を発見した。一八二七年には、電流と抵抗器の関係を研究したオーム（Ohm, 1787-1854）が彼の名前を冠した起電力と電流と抵抗の関係を法則を発表した。そして次のファラデーの時代への助走となった。[52]

数学は近代社会が形成されていく中での基礎学問であり、ヨーロッパ大陸で著しく発展する。ドイツ人ガウス（C. F. Gauss, 1777-1855）やフランス人フーリエ（J. B. Fourier, 1768-1830）が活躍し、微分法・積分法が確立され、新しい代数学分野を拡大した。スコットランド人ではアイボリ（J. Ivory, 1765-1842）卿が純粋数学で活躍し、一八〇九年に楕円面同次形に導く彼の名前を冠した定理を公表した。アイボリは天文学にも関心を持ち、一八三九年に天文学的屈折（Astronomical Refractions）理論で英国学士院から王国勲章を受けた。応用数学では、先ずイースト・ロシアンのプレストンカーク（Prestonkirk）出身のニコルスン（P. Nicholson, 1765-1844）とダイソット（Dysart）出身のウォレス（W. Wallace, 1768-1843）の二人が活躍した。ニコルスンは角柱・円柱・曲線柱研究分野での定義を確立し、ウォレスは地勢計量法や写図器を発明した。さらに経済学者でロンドン大学の教授で、ウィゾーン（Whithorn）の地主の息子に生まれたマカラック（J. R. MacCulloch, 1789-1864）が数学を基礎とした数理統計学を確立した。

天体調査のパイオニアとして、ラルグス出身のブリスベン（T. M. Brisbane, 1773-1860）が南半球のオーストラリアのニュー・サウス・ウェールズ総督となっていたが、彼が一八二一年にシドニーにパラマッタ（Parramatta）天文台を設立した。そしてエア出身の友人のダンロップ（J. Dunlop, 1795-1848）を同天文台長に任命され、一八二六年には有名なブリスベン版の七三八五星を収録した天体図を公表した。ブリスベンは母国スコットランドに帰国すると、一八四一年にはケルソ（Kelso）に近いメイカストン（Makerstoun）に最初の磁気天文台を設立し、地磁気の研究を展開した。続いてモレイ州（Morayshire）出身の郷士科学者グラント（J. W. Grant, 1788-1865）は、一八四四年に蠍座の主星アンタレス（Antares）群を発見した。[53]

しかし文字通りスコットランド最初の王立学士院メンバーとなった天文学者は、ダンディ出身のヘンダースン（T. Henderson, 1798-1844）であり、彼は南アフリカの喜望峰で天文学研究を進め、輝くケンタウルス星を中心に視差と距離を測定した。彼は同時代人で他の星座距離を測定したベッセル（F. W. Bessel, 1784-1846）の測定から、自らの調査結果を確信した。ダンファームリン（Dunfermline）の時計工の息子に生まれた同姓のエヴィニィザ・ヘンダースン（E. Henderson, 1809-79）は手先の器用さを利用して数々の天文器具を作り、一八二七年には太陽系儀（orrey）を、一八五〇年には恒星時を示す回転輪付きの太陽系儀を制作した。

またアバディーンシァのコウル（Coull）出身のファーガスン（A. Farquharson, 1781-1843）は、サザランド（Sutherland）出身の兵士マッケンジー（G. Mackenzie, 1777-1856）が、一八一九年にパース（Perth）で得た気候観測から得たデータ報告や、スコットランド系アメリカ人でスコットランドで教育を受けたウェルズ（W. C. Wells, 1757-1814）の一八一四年に結露現象を解明した両成果を受け、一八三〇年に地磁気論から初めて北極のオーロラ現象を理論的に説明した。

また一八、一九世紀にはスコットランドでは地震が頻繁に起こっておいたことから、数多くの地方の牧師・教師等が関心を持っていたことを背景に、一八三九年に英国科学促進会議でスコットランド、アイルランドの地震調査の委員会を設置した。一八四二年に、世界最初の地震調査計がフォーブス（J. D. Forbes）によって考案された。[54] スコットランドが、この時代に最も大きな貢献をした分野として地質学（geology）が挙げられる。前述のハットン信奉者（Huttonian）の考え方は、地質実験室の成功によって証明されたが、地質学での実験応用については「実験地質学の父」と讃えられたイースト・ロシアンのダングラス（Dunglass）出身のホール（J. Hall, 1761-1832）卿によって確立された。彼は準男爵（baronet）の大地主の三男に生まれ地質学に興味を持ち、エディンバラで岩石を溶かす実験を通じて、ハットン理論の正当性を確信した。彼はエディンバラの王立学士院の第二代院長についた。

さらにフォルファシァのキンノルディ（Kinniordy）の地主の息子に生まれ、植物学にも少し関心を持っていたライアル（C.Lyell, 1797-1875）卿が当時の地質学全般の状況を把握し、一八三三年に『地質学原理』(*Principles of Geology*）を公表した。彼は三〇年後にダーウィン主義者によって展開される進化論の先駆けの形で地球の歴史を進化論的に論じた。一八二六年には王立学士院メンバーに選ばれ、また男爵にも任じられた。

またアバディーンシァのコウルの第七代男爵のマッケンジー（G. S. Mackenzie, 1780-1848）も地質学に関心を持って探究し、一八〇〇年頃にダイヤモンドと炭素が同一の化学構成であることを発見した。これはデイヴィのダイアモンドを酸素で焼く実験に一四年ほど先行した。次いでイングランド生まれの土木技師スミス（W. Smith, 1769-1839）がスコットランド地層を研究し、イギリス最初の地勢図を作った。(55)

植物学では、一九世紀初頭のスコットランドでの最も著名な学者はブラウン（R. Brown, 1773-1858）である。モントローズ（Montrose）の牧師の息子に生まれ、彼はフリンダース探険隊でオーストラリアへ行き、多くの植物を採集したが、核細胞の存在を発見し、ブラウン手法と言われ、現在でも使われる水滴の中に小部分を入れて顕微鏡を見る研究方法を確立した。そして植物を体系的に研究し、裸子植物（Gymnosperms）と被子植物（Angiosperms）の区別に成功した。彼の手法は、二人の優れたスコットランド人学者、つまり三〇年後のコロイド（colloid）を発見するグレアムや、さらに二〇年後に動作をおこすエネルギー源を発見したラムゼイ（W. Ramsay）に継承された。(56)

麦の異種混合と選択に関心を持っていたハディングトン（Haddington）生まれのシャレッフ（P. Shirreff, 1791-1876）は、一八一九年頃から本格的な研究を行い、数多くの新混種を作り出して植物栽培知識の向上に貢献した。また海岸植物については、教会牧師のランズボロウ（D. Landsborough, 1779-1854）がクライド河の海岸で調査を続け、七〇種の新種を発見した。彼はエゾマツの一種にダグラス松（Douglas Spruce）と名づけたが、それは有名な燭台石工の息子ダグラス（D. Douglas, 1798-1834）から命名した。またランズボロウは王立植物協会（Royal Botanical Society）のコレクターとしてアメリカ合衆国を訪問し、五〇種の木・灌木や一〇〇種の草木をスコットランドへ持ち帰った。彼はサンドイッチ諸島で収集中に客死した。また国内に限定されるが、ドン（G. Don, 1764-1814）は主として花の採集を進め、当時では最大の花コレクションを作ったことで知られ、彼の功績はドニアンナ薔薇（Rosa Doniana）等の数種の花名に残された。この時代ヨーロッパ大陸では、一八〇四年にド・ソシュール（N. T. de Saussure）が植物の重量の増加は植物が吸収した二酸化炭素によることを発見した[57]。

医学面では一八世紀初頭には、大陸の影響下に設立され発展したエディンバラ医学学校から二人の優れた外科医が登場する。ベル（C. Bell, 1774-1842）卿とサイム（J. Syme, 1799-1870）卿である。ベルはエディンバラの牧師の息子に生まれ人間の神経細胞機能について研究し、一八一一年に『頭脳解剖についての新思考』（*New Idea of the Anatomy of the Brain*）、一八三〇年には『人体神経組織』（*Nervous System of the Human Body*）を発刊し、その功績で爵位を受け一八三六年にはエディンバラ大学の外科教授に任命された。彼は神経科学（neurloogy）の創始者と讃えられる。サイム卿は、チャーリー・マッキントッシュとの関係で前述したが、エディンバラ生まれで傷口を血流が止まるまで放っておく方法を考案した他、整形外科手術でパイオニアと讃えられ、一八三三年にはエディンバラ大学の外科教授に任命された。またエディンバラ大学の法医学（Medical Juris-prudence）教授のアリソン（W. P. Alison, 1790-1859）が物理的力とは別の「生命治癒力」に関心を持ち、一八三一年に『生理学概要』(*Outlines of Physiology*)を発表した。また同講座の彼の前任者のダンカン(A. Duncan, 1773-1832)は、精神病研究で有名な同名の父(1744-1828)の講座を後継し、キナ中毒(cinchonine)研究で知られる。

ダンカン父が提唱し一七九二年に、エディンバラに設立された精神病院は、世界最初の公の精神病治療施設であった。[58] キルサイス(Kilsyth)出身のマーシャル(H. Marshall, 1775-1851)は陸軍医学関係で、前述した海軍関係のリンドやブレインの役割を果たし、衛生長官として陸軍病院の衛生管理の向上を制度化した。彼は初めて衛生統計を用いた。また人間の身体の諸器官への知識も増大した。消化器官研究は、レオミュール(R. A. F. Reaumur, 1683-1757)から、消化器官内の塩酸液の存在を論じたプルウト(J. L. Prout, 1795-1850)まで多くの科学者が研究を進めた。

シュワン(T. Schwanm, 1810-82)が胃液内の蛋白消化酵素(pepsin)の作用を発見、ベルナール(Bernard, 1813-78)が胃と膵臓の消化関係について解明した。視覚研究は、前述したヤングによって行われ、一八〇一年には網膜(reitina)が三色要素からなり、各感覚神経は中心的な一色のみに反応することを発見した。[59]

四　結び——産業革命の展開

一九世紀前半は、同じブリテン島に存在しながらも、北のスコットランドが、一七〇七年の合併以来またそれ以前も同様に、南のイングランドの劣位に置かれてきた立場を転換した時代である。それは前世紀後半のタバコ貿易が急速な経済発展を誘引し、スコットランド土着の亜麻工業に加えて、イングランドから導入した綿工業と製鉄業が発展し、特に後者はニールスンの熔鉱法発明により飛躍的に伸び、イングランドやサウス・ウェールズを凌ぐ全イギリス随一の製鉄工業地帯を形成した。

さらに、それはスコットランドからイギリス植民地を中心とする世界市場への銑鉄輸出を可能とした。つまりスコットランドは、連合王国（United Kingdom）の北方に位置する重工業中枢地域となった。

この背景には、本章で掲げた一九世紀前半の数多くのスコットランド人科学者の活躍があったわけであり、さらに淵源を辿れば固有のケルト文化に加えて一七世紀のスコットランド宗教改革以降の倫理・価値観の変革、一方における国民的義務教育と他方における実業高等教育の拡充が、このようなスコットランドの科学・技術文化の時代を創出した。つまり一五世紀のイタリアで始まったルネッサンス思考がヨーロッパの北の辺境に位置するスコットランドに伝播したが、ギリシア古典精神・文化を新しい時代に再興する考え方がスコットランド人知識人の心をとらえ、スコットランド・ルネッサンスを生んだ結果ではないだろうか。事実、エディンバラが「北方のアテネ」（Athene of the North）と呼ばれたのも、スコットランド人知識人自らの文化を表現したものであったに違いない。

そして一七世紀末、一八世紀初頭のスコットランド人は、才能を時代精神の中で開花させていくが、近代市民・産業社会の形成期にあって、まさにイタリア・ルネッサンス期にダヴィンチ等が想像・期待した機械・器具が発明され、人間生活の新時代が到来した。その意味ではスコットランドは、豊かな歴史・精神・哲学・文化・教育土壌を背景に、四大学を中心に近代諸科学の先駆となる科学研究・発明・実験の成功を見た。

それをスコットランド人知識階層は、憧れのイタリア・ルネッサンスを継承し自らの文化風土に定着させた科学・技術を謳歌する新文化を創造し、それをスコットランド・ルネッサンスと呼んだのである。そしてエディンバラ、グラスゴウの両都市は、相互にヴィクトリア期の学術と技術の都を形成し、ヨーロッパまた世界の人々から羨望の眼で眺められる「近代市民の理想郷」となったのである。(60)

第7章　スコットランド・ルネッサンス Ⅲ

【科学技術文化の爛熟――一九世紀後半】

一　はじめに

ここまでは一二世紀ラテン語世界に始まったルネッサンスがヨーロッパの北西に位置するスコットランドに与えた影響、またスコットランドが固有の歴史・文化・宗教を基盤にそれを受け止め、スコットランド・ルネッサンスを創造し、逆に近代ヨーロッパ世界に影響を与えてゆく歴史過程を辿った[1]。

スコットランドは、ブリテン島北部に存在しながらも歴史的に優勢な南のイングランドの従属的立場に置かれてきた。それが一七〇七年の合併を通じて、スコットランドは経済機会の増大を得て著しい経済発展を示し、一九世紀中葉には石炭・鉄工業の興隆をみてイギリス産業革命の中枢を形成し、逆にイングランド工業を牽引するに至る。そこにはスコットランドから輩出した多くの科学者・技師・実業家のイギリス国内、さらにイギリス資本主義世界体制の海外各地での活躍が見られた。[2] つまりスコットランドは、固有の文化と思想を背景に、近代世界に貢献する科学技術文化を開花させたのである。

そこで本章では、スコットランド科学技術文化が最も大きく開花した一九世紀中頃から二〇世紀初頭の時代の、スコットランド科学技術史を追究してみたい。

二　エンジニアリングの時代――一九世紀中頃

一九世紀中葉のスコットランドの科学は、文字通り産業革命の基幹技術となったエンジニアリング（工学）の世界的な技術発展を主導した。このスコットランド工業技術発展の成果が、ロンドン万国博覧会を象徴した水晶宮殿（Crystal Palace）、メナイ海峡（Menai Strait）を跨ぐ鉄橋から、最初の鉄製蒸気船による大西洋横断と定期航路、最初の電気通信ネットワーク、さらに時刻表にもとづく定期的な蒸気鉄道交通の実現等に結実した。また一八四〇年に、ワットを生んだグラスゴウ大学に、ヴィクトリア女王の欽定講座として世界最初の土木工学（civil engineering）講座が設置された。[3]

スコットランド技術発展は、厳密に見ると、やはりワット（J. Watt）の蒸気機関の発明とニールスン（J. B. Neilson）の熱風熔鉱法の発明がその中心であり、さらにもうひとつを加えるとエディンバラの肖像画家の息子に生まれたネイスミス（J. Nasmyth, 1808-90）発明の鉄槌動力ハンマー（power hammer）であり、それが一八三九年に彼自身の発明した蒸気力ハンマーにつながった。ネイスミスは才能に恵まれ、変速可能な回転ドリルや水力利用の鋲打機械を発明した。ネイスミスは一八二九年に二一歳の時にロンドンへ下り、スコットランド出身で成功した機械製造業者のモウズレイ（H. Maudslay）の下で働き経験を積み、一八三四年にはマンチェスターで自店を開いた。彼は一九歳の時に六インチの反射望遠鏡を作るなど天文学にも興味があり、四八歳でエンジニアリング実務を引退すると天文学を極め、その分野でも若干の発明をなしたが、蒸気力ハンマー程の社会的影響を与えることはなかった。[4]

造船業の一大変革となった最初の鉄製蒸気船建造は、誰が最初であったかの論争もあるが、一八三〇年のフェアバーン（W. Fairbairn, 1789-1974）卿とされるのが定説である。彼はスコットランド北端のケルソ（Kelso）の農園の息子に生まれ徒弟奉公を経て技師となり、苦労しながらもマンチェスターで開業した。フェアバーンは、運河使用目的の平底荷物船（barge）として最初の鉄製蒸気船「ダンダス公号」（Lord Dundas）を建造し、フォース（Forth）‐クライド（Clyde）運河に運行させた。フェアバーンは鉄製船舶から鉄製橋梁に関心を向け、ロバート・スティーブンスン（R. Stevenson, 1803-59）と競って、鍛鉄製橋工事に着手する。父親のジョージ（G. Stephenson, 1781-1848）は、英国最初のリバプール‐マンチェスター鉄道を完成させ、エディンバラのスティーブンスン一族は、文字通りイギリス鉄道業のパイオニアとなった。[5] 特にチェスター（Chester）‐ホリヘッド（Holyhead）間鉄道の工事において、二か所の橋梁架橋の必要が生じた時に、スティーブンスンは多管式（tubular）もしくは箱桁式（box girder）での架橋を構想したが、当時の科学では物質強度については知識が貧しくどこまで重量に耐えられるかが問題であった。

スティーブンスンはフェアバーンに、一八三二年にトムスン（A. Thomson）がグラスゴウで実験した鉄製桁式橋を参考に同方式を進言し、一八四五―四七年にコーンウェイ（Cornway）とメナイ海峡（Menai Straits）

間の二大鉄橋の建設に成功した。特に後者は当時存在した最大鉄橋の二倍の大きさであり、文字通り画期的な橋と讃えられた(6)。

フェアバーンは、タンク機関車（tank engine）を着想し、ランカシァ・ボイラー（Lancashire boiler）の発明者となった。また一八五〇年にはフェアバーン型クレーンの特許を獲得した。そして彼の死に際して『エンジニア』誌は「フェアバーン卿は大工仕事（millwright）を廃絶させ、機械技師（mechanical engineer）を導入した」と賛辞を送った。彼は一八五〇年には王立学士院のメンバーに選出され、一八六九年には男爵に叙せられた。彼の弟ピーター（P. Fairbairn, 1799-1861）も、紡織機械で多くの発明をして著名な技師となり、爵位を授けられた(7)。

科学的な造船業は、ジョン・ラッセル（J. S. Russell, 1808-82）に始まる。それ以前では船舶の設計と建造は、海事技師の勘と経験により行われてきた。ラッセルはグラスゴウのパークヘッド（Parkhead）の牧師の息子に生まれ、グラスゴウ大学を卒業した。彼は、当初、運河用の平底荷物船の設計業務から船舶運航に対する水の抵抗に関心を持ち、一八三七年にエディンバラの王立学士院で調査報告を行った。さらに船舶の並進に伴う波形を分析し、船舶建造の波線を考案した。そして一八五四年に、当時としては画期的な巨大鉄船「グレート・イースタン号」（Great Eastern）を建造した。同船は、著名なスコットランド人鉄道技師ブラネル（I. Brunel, 1806-59）がフェアバーンの架橋方法で考案した多核様式による建造を採用した(8)。さらにダンバートン（Dumbarton）のデニー（W. Denny, 1847-87）が研究し、初めて模型船を作っての実験・試験を繰り返し、これらの偉大なスコットランド人技師の合作として、「グレート・イースタン号」は世に出された(9)。

さらに同時期のスコットランドのクライド渓谷の造船業地域には、ゴバン（Govan）出身の、もうひとりの著名な造船技師エルダー（J. Elder, 1824-69）が活躍した。エルダーはスコットランド造船業の揺籠となった海事機関の発明・改良で有名なネイピア造船所で徒弟修業をし、古くはイタリアのダヴィンチが着想し、ワットが提案した鉄製スクリュー・プロペラ制作を実現した。エルダーは「ワット以来の天才技師」と称えられたが若くして事故死し、彼の遺族からの寄付により、その功績を讃えてグラスゴウ大学の造船学講座に彼の名前が冠されるに至った(10)。

このプロペラ実用化に至る歴史を若干触れておくと、一八二二―二五年の間にダンバー（Dunbar）の漁師の息子に生まれたウィルスン（R. Wilson, 1803-82）が試作を繰り返し、水中スクリューのほうが外輪航行よりも効率的なことを証明し、一八二八年には高地協会（Highland Society）から表彰された。しかし海軍や権威筋からの認知は得られなかった。次いでヘンドン（Hendon）の農夫スミス（F. P. Smith, 1808-74）が噂を聞いて一八三六年に特許を得たが、アルキメデス原理（Archimedean）のスクリューがパディングトン（Paddington）運河で壊れたのを機に再研究し、一八四五年にウィルスンと同型のプロペラ制作に至った。またスウェーデン人エリックソン（J. Ericsson）がスミスの一月後にスクリュー・プロペラの特許を取り、アメリカに渡り、そこで採用された。

ウィルスンの二重式スクリュー・プロペラは、一八八〇年になって認知を受けホワイトヘッド魚雷（Whitehead fish-torpedo）に採用され、彼は五〇〇ポンドの賞金を受けた。その後ウィルスンは、マンチェスターのネイスミスとパートナーを組み、ネイスミスによる一八四三年特許の自動蒸気ハンマーの発明に貢献した。

燈台建設と関連ビジネスは、造船・海運業発展の基礎・必須分野であった。そこではエディンバラ在の著名な海事技師のロバート・スティーブンスン（R. Stevenson, 1772-1850）と彼の三人の息子、アラン（Allan, 1807-65）、デイヴィッド（1815-86）、トーマス（1818-87）が挙げられるが、末っ子トーマスが文豪スティーブンスン（Rober Louis Stenvenson）の父である。[11] 彼らは北方燈台委員会（Board of Northern Lighthouses）の技師として、スコットランド遠隔地の僻地・諸島周辺の燈台建設・維持に活躍した。ロバートはグラスゴウで西インド貿易商人の息子に生まれ、アンダースン・カレッジ（Anderson College）に学び、燈台委員会での仕事以外にエディンバラで土木工事に従事した。当時は固定灯が一般的であったが、彼は定期的点滅を可能として信号化するのに成功した。エディンバラ郊外にベアリング球で動くクレーンを持つ世界最新式ベル・ロック燈台（Bell Rock Light）を建設した。息子アランは、著名な一八四三年のスケリーボー（Skerryvire）燈台を含めて一〇燈台を建設した。またプリズム・リング（prismatic rings）を導入した他、一八五〇年には『燈台論』（*Treatise on Lighthouses*）を出版したことでも知られる。二番目の息子デイヴィッドも多数の燈台を作ったが、かなりの数が日本へ送られた記録がある。[12] また彼は地震の多い日本用に対震構造を考案した。さらに一八七〇年に、パラフィン・オイル（parafin oil）の発明者ヤング（J. Young）よりも一四年も前に、同オイルを燃焼させて燈台光として導入した。ちなみにガス燈は、一八一七年にアメリカのビーバー・テイル（Beaver Tail）燈台で始められ、スコットランドでは一八三七年にエアシァのツルーン（Troon）燈台で開始された。

アランは、また気象学にも関心があり、有名な温度計のスティーブンスン・スクリーン（Stevenson screen）を発明した。このようにしてスティーブンスン一家を中心にイギリス燈台技術は発展し、彼らの功績に対して、全員がエディンバラ王立学士院メンバーに選ばれ、トーマスは会長に、デイヴィッドは副会長に選出された。[13]

またもうひとつの同時代を代表するスコットランド科学者一族はトムスン家であった。先ずベルファースト（Belfast）大学とグラスゴウ大学で数学教授をつとめたジェイムズ・トムスン（J. Thomson, 1786-1849）に始まり、彼の息子ジェイムズ（James, 1822-92）とウィリアム（William, のちのケルヴィン卿 Lord Kelvin, 1824-1907）が出た。兄ジェイムズは、一八五七―七三年の間にベルファースト大学、一八七三―八九年の間にグラスゴウ大学で土木工学教授をつとめた。ジェイムズは一八五〇年には渦巻輪（vortex water wheel）を初め多くの発明を行い、また気圧が水の氷結温度を下げる原理を発見し、それを後継して弟ケルヴィン卿が絶対温度を証明したことでも有名である。

ケルヴィン卿は、一八七三―一八七八年の間に海事用の正確なコンパスを発明して、大洋航海を試みる海事技師への大きな指針となった。ケルヴィン卿は文字通り物理学の帝王（King of Physics）と賞賛される偉大な発明をなした。彼は一二歳でグラスゴウ大学に入学し、卒業後ケンブリッジ大学に学び、二三歳で帰国してグラスゴウ大学自然物理学教授となり、五三年間同職にあって世界からグラスゴウ大学に集まる英才たちに近代科学を教えた。ケルヴィンは、地球の年齢測定法、ナイアガラの滝を見ての水力発電構想、大西洋ケーブルの敷設、分子動学の理論形成と光波伝達理論と、近代物理学の発展に大きな貢献を示した。彼は王立学士院の院長に選出され、また一八八二年には爵位を授与された。(14)

またケルヴィンと並ぶ科学者として「近代土木工学の父」と讃えられるランキン（W. J. M. Rankine, 1820-1870）がいた。エディンバラの技師の息子に生まれ、鉄道技師としての経験を積み、熱力学でケルヴィン卿と共同研究をして華氏温度の測定法を発見し、分子物理学、船舶航行の水抵抗の分析やランキン循環と言われる蒸気機関のエネルギー変化を論証したことでも有名である。彼は初代教授L・D・B・ゴードンを後継して、グラスゴウ大学第二代の土木工学教授となった(15)。

この頃、一八三三―五九年、エディンバラ大学の自然物理学教授には前任者レズリーを後継したフォーブス(J. D. Forbes, 1809-68)がいた。彼はピッツリゴ(Pitsligo)のウィリアム・フォーブス卿(Sir Willioam Forbes)の息子として生まれ、エディンバラ大学で熱力学を学び、熱にも分極現象があることを発見した。二四歳の時に、英国科学促進会議(British Association of Advanced Science)の創立に参画し、翌年には王立学士院のメンバーに選ばれ、太陽光線と大気の関係を究明して王立メダルを受けた。また彼は最初の地震計の設計者として有名となった。

彼の後継者は、ダルケイス(Dalkeith)出身でバックルー公(Duke of Buccleuch)の秘書の息子であり、またケルヴィン卿の友人のエディンバラ大学教授のテイト(P. G. Tait, 1831-1901)で、気体運動論で第一人者であった。さらにテイトの後継者は、エディンバラ茶商人の息子に生まれテイトの助手であったスチュアート(B. Stewart, 1828-87)で、熱物体からの熱線放射や分光分析で著名となった。彼の研究を元にドイツ人科学者フラウンホーファー(J. Fraunhofer, 1787-1826)は分光放射の論証を行った。さらにセント・アンドリューズ大学の自然物理学(natural philosophy)教授スワン(W. Swan, 1818-94)はスペクトラムの緋色はナトリウムの特徴であることを発見した他、太陽光の分析、また太陽黒点と大気の関係を究明した。

スワンは一八六二年には王立学士院メンバーに選ばれた。またスチュアートが気象学(meteorological studies)に関心を持った頃、二人のスコットランド人が磁気妨害(magnetic disturbance)の研究を進めた。ブレマー(Braemar)の関税職員の息子に生まれ、ドイツのミュンヘン近くの観測所に勤務経験のあるラモント(J. von Lamont, 1805-799)とダンフリーズシァ出身で教師の息子に生まれマーカースタウン(Markerstoun)のブリスベン（T. M. Brisbane）卿の磁気観測所の所長をつとめたブラウン（J. A. Broun, 1817-79）がいた。前者はヨーロッパ各地の磁気調査を行い、太陽黒点と磁気嵐の関係を究明した。彼は一八三七年に天王星（Uranus）の衛星を発見した。後者は地球上の地磁気を調査しラモントよりも正確な数値を出した他、太陽黒点が現れると約二六日間の磁気嵐が生じる法則性を公表した。[16]

またエディンバラの眼科医ニコル（W. Nicol, 1768-1851）が分極光を特別の平板に映し出すニコル・プリズム（Nicol prism）を発明した。カーカルディ（Kircaldy）出身で「時代を代表する科学者」と称賛されたサング（E. Sang, 1805-90）が彼の理論的裏づけを一八三四年に王立学士院で研究報告を行ったが、ニコルの死後に印刷され、多くの注目を浴びた。また彼は一八三六年頃から地球の自転に関心を持ち、回転儀（gyroscope）構想を発表した他、対数研究でも著名であった。[17] その他、この時代の無視できない科学者にウォーターストン（J. Waterston, 1811-84）がおり、一八四六年に王立学士院で「気体分子間の運動エネルギー同量の法則」や今日の化学記号表記案を発表したが、何年後かにマクスウェル（J. C. Maxwell, 1831-79）が再発見するまで評価されることはなかった。

マクスウェルは、ダンフリーズシァの資産家地主で弁護士の息子に生まれエディンバラ大学に学んだが、一五歳の時に王立学士院で最初の報告をした程の秀才であった。マクスウェルはアバディーン大学、ロンドン大学で教鞭をとり、一八五一年からはケンブリッジ大学の自然物理学、さらに一八七一年には同大学実験物理学教授となった。彼を最も有名にしたのは一八五六―七三年の間のファラデー研究をさらに進めた電気力線・磁石線研究であり、その成果が「マクスウェルの方程式」である。また気体分子運動の研究も進め、気体の色変化の法則を公表して、一八六〇年に王立学士院のラムフォルド（Rumford）メダルを受けた。[18]

時代を象徴する新科学分野に、写真術が挙げられる。近代写真術は一八三九年に発明され、フランス人ダゲール（L. J. M. Daguerre, 1787-1851）とタルボット（F. Talbot, 1800-77）の二人で、彼らは先駆者フランス人ニエプス（Niépce, 1765-1833）の銀板印画法を発展させて、完成した。スコットランドではタルボットのネガ熱写方法を、エディンバラのカルトン（Calton）丘の画家ヒル（D. O. Hill, 1802-70）が、一八四三―四八年の間に助手アダムスン（R. Adamson）と一緒に実験した。

一九世紀中頃には、まさに科学の時代の繁栄を象徴して、内外に多くの自然科学者が登場した。ファラデーは、先述のように自らをデイヴィ（Davy）の弟子と任じ、一八三一年の彼のダイナモの原理つまり電磁気誘導の発見は、ワットの蒸気機関の発明と並び評され、近代市民生活の根幹をなす発見とされた。一八三二年に、ファラデーは電気化学の基礎をなす電気化学同価の法則を提起した。電気エネルギーを熱エネルギーに転換する方法と同価の法則は、一八四〇年にダルトン（Dalton）の弟子でマンチェスター出身のジュール（J. P. Joule, 1818-89）によって実証された。ジュールは、生涯を通じてエネルギー転換の課題に取り組み、一八四九年に機械動力エネルギーを熱エネルギーに変換する方途とその測量法を提起した。

ヨーロッパ大陸では、一八五七年に気体分子論を構成したクラウジウス（R. J. Clausius, 1822-88）や、マクスウェル以前においてスペクトル分析機械の発達に貢献したスチュアート（B. Stewart, 1828-87）と同時代のドイツ人ヘルムホルツ（H. C. Helmholtz, 1821-94）とキルヒホフ（G. R. Kirchhoff, 1824-87）が挙げられる。[19]

また一九世紀中葉のスコットランド社会の近代化・都市化に連動して、グラスゴウやエディンバラの人口は急増したが、同時に新しいエンジニアリング分野として衛生工学（sanitary engineering）が生まれ、上下水道の敷設や水源の確保と関連して発達した。特にペイズリー（Paisley）生まれのシャンクス（J. Shanks, 1825-95）が「衛生工学の父」と讃えられた。水洗トイレの発想は一八六〇年頃にイングランドで始まりヨーロッパ大陸に伝播したが、衛生工学の大半の発明・改良はシャンクス一族で行われ、彼は一八六三年以降に六〇以上の特許を獲得して多くの器具を発明し、現代都市の衛生事業の大半を形成したと言っても過言ではなかった。[20]

また世界最初のクランクで推進する自転車が、ダンフリーズシァのソーンヒル（Thornhill）の親子二代の鍛冶工であるマクミラン（K. MacMillan, 1813-78）によって発明された。一八三七年頃から試作を試み、一八四二年六月に彼はグラスゴウまでの七〇マイルを自転車でほぼ一日で走行した。その自転車走行を見たレスマヘイゴウ（Lesmahagow）の酒屋のダルゼル（G. Dalzell, 1811-63）は、近隣の鍛冶工レズリー（J. Leslie）に依頼して模造品を試作したが、それから数年を経て全イギリス中に自転車が普及した。なお前輪にクランクがついた自転車は一八六五年にパリのラルマン（P. Lallement）が、また現代に近い安全自転車は一八八五年頃に発明された。

次いで自転車に関連したタイヤについて述べると、ストンヘイブン（Stonehaven）の商人の息子でアメリカ渡航でエンジニアリングに興味を持ち西インド諸島での事業経験を持つトムスン（R. W. Thomson, 1822-73）が一八四五年に弾力ゴム製タイヤを発明した。また彼はファラデーやロバート・スティーブンスンとは知己であり、多くの発明を手がけ、一八五二年にジャバで製糖機械、一八六〇年に港湾用の移動蒸気クレーンを発明した他、一八四九年に万年筆を発明したことでも知られる。なお一八八七年に、ダンロップ（R. Dunlop）がゴム製空気タイヤを発明した。[21]

電信技術はイングランドで、一八三七年にウィーストン（Wheatstone, 1802-75）とクック（Cooke, 1806-79）の共同成果として登場し、モールス（S. F. B. Morse, 1791-1872）が改良して充分に満足な送信を可能とした。無線電信術の発展に貢献したスコットランド人技師として、一八五四年にフォルファシァ（Forfarshire）カーマイリ（Carmyllie）出身のリンゼイ（J. B. Lindsay, 1799-1862）が挙げられるが、彼がダンディを流れる二マイル幅のテイ（Tay）河で実験成功して、水中送電する特許を獲得した。彼は一八三四年に自分の家を電気装飾して有名となった。もうひとりの電信で有名なスコットランド人はケイスネス（Caithness）出身のベイン（A. Bain, 1810-77）で、一八三四年に自動電信器を発明した。

モールスは、一八三六年にベインの方法やケルヴィン卿のサイフォン式記録計をも導入して高度な電信計とした。なおベインは電気火災報知器の発明でも有名である。またミドロージアン（Midlothian）のセント・カスバーツ（St. Cuthbert's）出身のフリーバーン（J. Freeburn, 1808-76）は砲手で一八四六、四七年に木製・金属製ヒューズを発明して、陸軍に採用された。またケイスネスの第一四代伯爵のシンクレア（J. Sinclair, 1821-82）が巻尺や重力測定コンパスを発明した。

また一九世紀初めには、近代都市生活に不可欠な気象情報研究がウィルスンやメルヴィルの先駆的業績に基づき展開された。グレイシァ（Glaisher, 1809-1903）は気球実験と気象学文献の収集に従事した。また一八六七年に『寒冷期間』（*Cold Spells*）を発表したブキャン（A. Buchan, 1827-1907）がいたが、彼はキンロス（Kinross）の牧師の息子で学校教師をしながら、スコットランド気象協会書記になった。またアイラ（Islay）島の地主の息子に生まれたキャンベル（J. F. Campbell, 1822-85）は、ストークス（Stokes）と協力して、太陽光記録計を発明した。[22]

数学ではエディンバラ大学の医学教授の息子に生まれ著名なグレゴリー一族の最後となったファーガスン・グレゴリー（D. F. Gregory, 1813-44）が、数学に強いスコットランドの伝統を継承し、特に近代数学の発展に貢献した。彼の仲の良い友人に一八四三年に四元数（quaternions）を発見したアイルランド人ハミルトン（Hamilton, 1805-65）がいた。[23]

応用化学では、グラスゴウ家具業者の息子に生まれグラスゴウ大学で化学を学び、石油精製工業の創始者となったヤング（J. Young, 1811-83）が出た。ヤングは、ロンドンのユニバーシティ・カレッジ（University College）のスコットランド人化学教授のグレアム（T. Graham）の助手をつとめ、マンチェスターに移りテナント化学工場の経営者となった。彼は一八四七年頃にダービシァ（Derbyshire）アルフレトン（Alfreton）の炭坑で見た油貯蔵を見てヒントを得て、一八五〇年に蜀炭（cannel coal）蒸留の特許を獲得した。彼は次いでブロックスバーン（Broxburn）とウェスト・カルダー（Calder）地域の油を含む頁岩（shale）に注目し、潤滑油（lubricant）とナフタ油（naphtha）製造を企画した。一八五六年には、彼はグラスゴウのミラー（G. Miller）社を訪問し、ヤング社が石油を再精製して無臭白色の油を作っているのを見て、即座に自社のナフタ油工場を転換してパラフィン油製造工場とした。三年後にアメリカ・ペンシルバニアでドレイク（E. Drake）大尉が地中の原油を発見する。ヤングは一八七三年に王立学士院メンバーに選ばれた。興味深いのは、彼がアンダースン・カレッジとグラスゴウ大学で同級生であったリヴィングストン（D. Livingstone）のアフリカ探険隊派遣に資金援助をしたことである。[24]

テナント社に関連してもうひとり、エアの海軍大尉の息子に生まれた優れたスコットランド人化学者であるクラーク（T. Clark, 1801-67）の貢献が挙げられる。彼は一八四一年に石灰水を加えて水を軟化する方法を発明した他、水の強度に合わせた石鹸を発明した。そして彼は一八三三―六〇年の間、アバディーン大学の化学教授をつとめた。また一八六〇年には、グラスゴウ市内バアヘッド（Barrhead）のキャラコ奈染業者の息子に生まれたステンハウス（J. Stenhouse, 1809-80）は、グラスゴウ大学に学び父親の工場を手伝う間に、木炭にガス・煙の消臭・消毒作用があることを発見し、防毒マスク（respirator）を製作した。彼は一八四八年には王立学士院メンバーに選ばれ、一八六五年には王立造幣局の検査主任に任命された。

ステンハウスは、スミス（R. A. Smith, 1817-84）と一緒にドイツのギーサン（Giessen）で生活化学の第一人者リービッヒ（J. von Liebig, 1803-1873）の下で動植物と大気の関係を研究した。スミスは帰国後、イギリスにおける大気汚染研究のパイオニアとなり、一八七二年には衛生学の観点から『大気と雨』（*Air and Rain*）を公表した。先述の数学のファーガスン・グレゴリーの兄ウィリアム（W. Gregory, 1803-58）は一六番目のグレゴリーとしてグラスゴウ大学の化学教授からアバディーン大学、さらに一八四四年にエディンバラ大学化学教授に就いた。彼は一八三一年に塩酸モルヒネを作り、純粋モルヒネ製造法を発表した。しかし彼の最も著名な業績は、シンプスン（J. Y. Simpson, 1808-59）が麻酔法としての価値を示した二年後の一八四九年にマクファラン（J. F. Macfarlan, 1790-1861）と共同して、純粋クロロホルム（chloroform）を創出したことである。シンプスンは、バースゲイトの銀行員の息子に生まれ一八三二年にエディンバラ大学を卒業し、一八三九年には、同大学産婦人科教授となった。

グレゴリーの後継者は、インド行政府官吏の息子に生まれたライオン・プレイフェア（L. Playfair, 1818-98）卿である。彼は一八四八年に王立学士員メンバーに選ばれ、一八九二年には爵位を授与された。プレイフェアは、先述のヤングと同じようにグラスゴウとロンドンでグレアムに師事し、さらにドイツのギーサンではステンハウスやスミスのようにリービッヒに師事した。

また鉄工業では、スコットランド固有の黒帯鉄鉱石（blacband ironstone）の利用法を発見したマシット（D. Mushet）の息子ロバート（R. F. Mushet, 1811-91）が鋳鋼（cast iron）を、マンガンを含む鏡鉄（spiegeleisen）へとベッセマー工法で転換製造できることを発見した。マシットが特許申請をしなかったので、多くの業者が同発明を利用するに至るが、彼がベッセマー工法の普及に貢献したことからベッセマー（H. Bessemer, 1813-98）卿から年賦金を得た。

一八五六年のイギリス科学促進会議でロバート・マシットは、自らの考案したベッセマー工法の利用法を報告したが、それはジーメンス工法が代替する直前のことであった。ジーメンス自身は、スコットランドのロバート・スターリング（R. Stirling）から熱再生法を学んだ。またフランスのマーティン兄弟が一八六四年にベッセマー工法の改良平炉を発明したが、世界で二番目とされる平炉はスコットランドのラナークシァ（Lanarkshire）のホールサイド（Hallside）で実験された。また他にも注目される冶金業での発展として、一八七五年にトーマス（S. G. Thomas, 1850-85）がベッセマー工法での燐成分の除去法を発見した。

化学研究ではヨーロッパ大陸のドイツが最も顕著な発展を見たが、スコットランドでも世界的評価に価する二人の化学者が登場した。先ずグラスゴウ商人の息子に生まれ一八三〇年にアンダースン・カレッジの化学教授となったグレアム（T. Graham, 1805-69）であり、一八三七年にはロンドンのユニバーシティ・カレッジに化学教授として招かれ、続いて一八五五年に造幣局（Royal Mint）長官に任命された。彼の業績は、一八三三年にエディンバラ王立学士院報告集に掲載された「グレアムの法則」と呼ばれる気体拡散研究とコロイド科学の確立にあった。グレアムは一八三四年に王立学院メンバーに選ばれ、一八四〇年の王立化学協会設立に際しては会長に選ばれた。[25] そして同協会から、多くの世界的な物性化学の研究成果が発表されてゆく。

物性化学ではフランスのポアズイユ（Poiseuille, 1799-1840）は物体の粘性を研究し、一八四〇年に液体流動論を演繹的に証明し、レイノルズ（Reynolds, 1842-1912）は一八八三年に物性の流動の速度と距離に関しての正確な実験結果を発表した。

さらに有機・無機化学の双方で、著しい発展の時期を迎えた。ダルトンの原子運動論以来、多くの科学者が同研究に参入した。ドイツ人ケクレ（Kekule, 1829-96）が、一八五八年に炭素は四価（quadrivalent）で他の炭素原子と連環を形成するという理論を提起したが、この公表の二カ月前に、スコットランドのカーキンテラ（Kirkintilloch）出身のクーパー（A. S. Couper, 1831-92）が同問題に一層詳細な報告をなしながら、結局、ケクレ理論を後押しする結果となり、クーパー自身の名前は忘失される不幸な結果となった。この分野では、一八六九年にロシアにメンデレーエフ（D. I. Mendeleev, 1834-1907）が登場し、原子の周期表を公表した。

また物性化学では、一八六七年にノルウェー人ガルドベルグ（Guldberg）とボウガ（Waage）が分子運動における化学反応の同量の定理を発表した。一八七七年にギッブス（J. W. Gibbs）が『状相理論』（*Phase Rule*）を発表した他、一八五〇―七〇年間、現代的な原子・分子論、原子価や化学反応速度について多くの研究をなした。化学研究では、光学分野での水晶体の分極化と回転についてアラゴー（Arago）やフレスネル（Fresnel）がいた。

一八三〇年にベルセリウス（Berzelius）は化学異性（isomerism）の存在を立証した。彼の生徒のドイツ人ミッチェルリヒ（Mitscherlich, 1794-1863）は一八四〇年に、光学上にも異性関係が存在することを発見した。

フランス人科学者パスツール（L. Pasteur, 1822-95）も光学異性体の分析をしたことでも有名である。

応用化学の一大革新は、ロンドンでパーキン（W. H. Perkin, 1838-1907）が最初のアニリン総合染料を発明したことである。彼はスコットランドのパース（Perth）のプラーズ（Pullars）社に試供品を送り、高く評価された。同じ頃、一八三八年に提起されていた苛性ソーダ灰の製造を試みるソルベイ（Salvay）工法がベルギーで実現され、より廉価で大量のアルカリ供給が可能となった。[26]

地理学ではハットン理論が受け入れられて広汎に普及し、多くの地層研究を含めての地図制作が進み、また地層の年代鑑定研究も進んだ。スコットランド人でインド行政府の医療ドクターの息子としてロスシァ（Ross-shire）に生まれたマーティスン（R. I. Murchison, 1792-1871）が、オールド・レッド・サンドストン（旧赤砂岩 Old Red Sandstone）の地層を調査し、一八三八年に『シリアル期地層』（*The Silurian System*）を公表した。

マーティスンは一八二六年に王立学士院メンバーに選ばれ、一八五五年には王立地理測量協会会長に選出された。旧赤砂層の研究では、クロマルティ（Cromarty）出身のミラー（H. Miller, 1802-56）が権威となり、彼の著作は幅広く読まれた。トラクェア（Traquair）の教区牧師の息子に生まれたニコル（J. Nicol, 1810-79）は、北西ハイランド地方の非常に混み入った岩層を初めて調査し、地層年代を究明した。

フォレス（Forres）出身でインドで外科医経験をもつファルコナー（H. Falconer, 1808-65）は、同地での哺乳類化石（mammals fossil）研究を進め、後年にはイングランドに下り、さらに多くの化石を発掘したことで有名である。ファルコナーは、一八三二年にはサハランプア（Saharanpur）植物園の監督に、二年後にはアッサムでのインド紅茶製造の監督官に任命された。なおイギリスへのインド紅茶の船輸送が開始されるのは一八三六年のことである。次いでリース（Leith）出身のジェイムスン（W. Jameson, 1815-82）が、茶の植樹と加工に精進した。さらにファイフシァ（Fifeshire）のミリティア（Militia）で兵士の息子に生まれたエドワード（T. Edward, 1814-86）は靴屋を営んでいたが、野生植物への関心を深めて研究調査に乗り出し二〇種もの新種を発見、のちにバンフ（Banff）博物館主事になった。

また異なる麻酔方法がパースの牧師の息子エズディル（J. Esdaile, 1808-59）によって試みられたが、先述のシンプスンの二年前の一八四五年に、当時勤務していたインドの病院でカルカッタ固有の草木を用いる催眠法（hypnotism）で患者手術に成功した。しかし同年にエチル・アルコールまた翌年のクロロホルムの安定的な供給確保により、エズディル法は休止した。

エディンバラ大学は特にナポレオン戦争の頃から、ヨーロッパ大陸のライデン大学から近代医学を導入してイギリスの外科手術の中枢となったが、この時代のエディンバラ外科医手術の優秀性を象徴したのがリストン（R. Liston, 1794-1847）である。彼はセントラル・ロシアンのエクレスマチャン（Ecclesmachan）の教区牧師の息子に生まれエディンバラ大学に学び、一八三四年にロンドンへ下り翌年にユニバーシティ・カレッジの教授に就いた。リストンは、肩甲骨を最初に取り外した手術でも知られ、手足や脚に副木をあてがうリストン副木（splint）を考案した。彼は一八四一年には王立学士院メンバーに選ばれた二冊の医療本を出版した他、麻酔法の普及・宣伝のために一八四六年に公開手術を行った。

リー（R. Lee, 1798-1877）が、ジョン・ハンターの産婆法の踏襲者であった。彼は海外生活から戻り、一八三五—六六年の間、ロンドンのセント・ジョージ病院の産婆学の講師をつとめた。彼は女性の子宮構造について多くの発見をなし、一八三〇年には王立学士院メンバーに選出された。同じ頃にヨーロッパ大陸においても、一八二七年に偉大な生物学者フォン・ベア（von Baer, 1792-1876）が、卵子の受胎と成育過程を公表した。
この時代に医学の多くの分岐が見られ、特に眼科学（ophthalmology）が注目されるが、スコットランドにも同分野での科学者が登場した。エディンバラの医者の息子に生まれたロバートスン（D. M. C. L. A. Robertson, 1837-1909）が、一八五七年にセント・アンドリューズ大学を卒業、アフリカ・カラバ原産の毒草の薬用化を研究、一八六二年には眼病に効果のあることを公表した。その後一八六七―九七年の間、ロバートスンはエディンバラ王立病院の眼科医師をつとめた。さらに彼に先行する眼科医としてグラスゴウ出身で一八三〇年に『眼病の具体的な治療方法』（*Practical Treatise on Diseases of the Eye*）を発刊したマッケンジー（W. Mackenzie, 1791-1868）がいた。

心理学も発達の端緒にあったが、スコットランドでのパイオニアとしてハミルトン（W. Hamilton, 1788-1856）卿が挙げられる。彼はグラスゴウ大学外科教授の息子に生まれ、一八三六年にはエディンバラ大学の論理学・形而上学教授となった。彼の著作については、死後多くの批判を受けたが、人間の思考と無認識の行動、知覚と認識の関係性についての理論究明の創始者であることには違いなかった。また犯罪心理学の分野では、フェンウィック（Fenwick）のトムスン（J. B. Thomson, 1801-73）が一八五八年にパース刑務所勤務の外科医になったことから犯罪者の研究に取り組み、犯罪と遺伝要因、環境、物理的特徴の関連を調べた。トムスンは医学的観点から、犯罪に関連する主な病気として結核や精神病を挙げた。[27]

また社会人類学については、マクレナン（J. F. Maclennan, 1827-81）が挙げられる。彼はインバネス（Inverness）の保険代理店の息子に生まれ弁護士となったが、人間の習性や行動に関心をもち研究を進め、世界の結婚形態を調べて一八六五年に『原始的な結婚』（*Primitive Marriage*）を公表して、大きな社会的反響を受けた。さらに言語学上の調査（philological enquiry）の面では、アバディーン生まれのレイ（J. Rae, 1796-1871）が活躍した。彼は一八六二年にハワイに住み、そこでの新聞に人間の演説の起源における身振り論をシリーズで発表し、翌年にミューラー（Muller）によって王立学士院で紹介された。予防接種（inoculation）や検疫（quarantine）について既に経験的に効果ある対応策が見出されたが、病気伝染の過程については、フランスのパスツールの出現によって明らかとなった。パスツール以前では、物体の腐敗は空中を極微生物として移動し伝染すると考えられた。

しかし「消毒法の創始者」と讃えられ、一八六〇年にグラスゴウ大学教授になったリスター（J. Lister, 1827-1912）がバクテリアを含む炭酸物の伝染を発見したことが、病院の有り様にも公衆衛生上でも、大きな変革をもたらすことになった。[28]

リービッヒの弟子の一人でグラスゴウ大学化学教授の甥にあたるスミス（R. A. Smith）が大気汚染研究で活躍した。またトムスン（R. D. Thomson, 1810-64）が公衆衛生のパイオニアとして食料衛生問題で貢献し、一八五四年には王立学士院メンバーに選ばれた。またエディンバラでも、一八四八年に保険衛生委員会下の調査官となったサザランド（J. Sutherland, 1808-81）が活躍したが、彼はクリミア戦争に従軍し軍隊衛生の向上に尽力したことで有名となった。当時の公衆衛生問題では、発疹チフス（typhus）と腸チフス（typhoid）が二大社会問題であったが、一八四〇年にイースト・ロシアンの牧師の息子に生まれたスチュアート（A. P. Stewart, 1813-83）が初めて両病気の区別を識別し、双方の適切な治療法を公表した。[29]

医学の細胞研究も多くの生物学研究者間で進められたが、その中にラルゴ（Largo）の医者の息子に生まれ、生きている物体の顕微鏡観察法を確立したことでも知られるエディンバラ大学解剖学教授グッドサー

(J. Goodsir, 1814-67) がいた。つまり細胞核はブラウン (R. Brown) が発見したが、細胞の構造と機能はグッドサーが研究し、一八五九年に彼の弟子ドイツ人フィルヒョー (R. Virchow, 1812-95) が一連の成果を出版し、さらに四年後にシュルツァ (Schulze) が一層詳細な完璧な細胞研究書を出版した。一八七〇年にはスターリング (A. B. Stirling, 1811-81) が、顕微鏡を使って微小物を裁断する器具を発明した。

またグッドサーの友人で、エディンバラ大学外科教授で英国科学促進会議や王立学士院メンバーでもあるジョン・トムスンの息子に生まれたグラスゴウ大学のアレン・トムスン (A. Thomson, 1809-84) が生物研究で活躍し、一九世紀を代表する生物学者と讃えられた。

また海事生物学 (marine biology) では、東インド会社外科医の息子に生まれたリンリスゴウ (Linlithgow) のチャーリー・トムスン (C. W. Thomson, 1830-82) の功績が挙げられる。つまり大地関連の科学研究が一九世紀中頃までにほぼ達成された結果、自然科学者の関心は大洋研究、さらに深海研究に向けられた。トムスンは一八六八年以来、数回の大洋調査隊を派遣し、一八七二―六年の間に「チャレンジャー」(Challenger) 探険隊に参加して大西洋の深海調査を行った。彼は一八六九年には王立学士院メンバーに選ばれ、翌年にはエディンバラ大学自然物理学教授に任命された。(30)

この時代のイギリスでは進化論をめぐり多くの論争が行われたが、スコットランドでは論議は少なかった。一八三八年にエディンバラ・ケンブリッジ両大学に学んだダーウィン (C. R. Darwin, 1809-82) が、また一八五〇年代末にラッセル・ウォレス (A. R. Wallace, 1832-1913) が個別に自然淘汰の考え方に到達し、両者の思想がマルサスの『人口論』(*Population*) に影響を与えた。ダーウィンは、ウォレスの研究を知るまでは自説の公表を控えていたが、一八五八年に両者が合同して自然進化・淘汰論を発表した。翌年にダーウィンは、二〇年間の研究蓄積を『種の起源』(*The Origin of Species*)と題して公表した。これは七〇年間ほどの地理学における研究進展が生物学にも影響を与えた結果からの推論であり、遠くはイタリア・ルネッサンスの巨匠ガリレイの推測した理論でもあった。[31]

同じ頃にオーストリアのモラヴィア地方に生まれたメンデル(G. J. Mendel, 1822-84)は、遺伝に関する実験資料を集めて自らの進化論を公表した。しかし一九〇〇年頃までヨーロッパ科学界でも無視されたが、彼の学説再発見が生物学理論に大きな進展をもたらした。また先述の実験生物学のシレフ(Shirreff)やアバディーン大学卒で家畜飼育業者として国際的にも活躍したマッコンビー(W. McCombie, 1805-80)も、同分野で活躍した。特に統計収集を越えて一九世紀中頃からは数学的手法を用いての処理が一般的となり、一八三五年頃にはフランス人ケトレ(L. J. A. Quetelet, 1796-1874)が人体の数学調査を入れて測定し、新しい科学としての人体測定学(anthropometry)を確立した。

三　化学の発展——一九世紀後半

この時代のスコットランド科学界を象徴した人物が、ケルヴィン卿である。ケルヴィン卿のもとで、グラスゴウ大学は一九〇一年に創立四五〇年祝祭を開催した。と同時にグラスゴウ国際博覧会が開催され、世界に向けて「機械の都」グラスゴウの繁栄を誇示したのである。[32]

この一九世紀後半のスコットランドでは、レントゲン線(X-ray)、放射線、エレクトロン、α線・β線の発見と続いた。一九世紀中葉には、真空チューブに電極を入れて放電すると光線が生じることは分っていた。

そして一八七九年にクルックス（W. Crookes, 1832-1919）が放射線を磁石で偏向させ、光線が陰電気であることを証明した。その数年前にファント・ホフ（J. H. van't Holf, 1852-1911）がイオンを発見していたが、これらをまとめて一八九七年にトムスン（J. J. Thomson, 1856-1940）が一八九七年に正確に規範化した。そこでは分割できない単位として原子より小さい電子（エレクトン electron）が提示された。

一八七七年にレントゲン（W. K. Rontgen, 1845-1923）がX線を陰極管で実験し写真判に写すことに成功したが、この実験器具制作には、ミドロージアン（Midlothian）の農夫の息子に生まれた技師ウィルスン（C. T. R. Wilson, 1869-1959）が貢献した。ウィルスンは、故郷ネビス山（Ben Nevis）の現象から、一八九五年にケンブリッジで湿気を含んだ空気が雲を作り雨を降らせることを発見した。彼はトムスン用のX線管制作に従事した時に、レントゲンの発見を聞いてX光線でイオンを作り雲をつくる方法を考え、その過程を一九一一年には写真に取ることに成功した。その後、ウィルスン研究を土台に多くの原子物理学研究が進められた。ウィルスンは、マンチェスターとケンブリッジ両大学で学び、一九〇〇年には王立学士院メンバーに選ばれ、一九二五年にはケンブリッジ大学自然物理学教授となり、一九二七年にはノーベル物理学賞を授与された。[33]

一八九六年に、ベクレル（A. H. Becquerel, 1852-1908）がウラニウム混合物にX線と同様の写真版に影響を与える効果があることを見出した。三年後にニュージーランド人のラザフォード（E. Rutherford, 1871-1937）卿が放射線の中にはα線とβ線があり、しかもα線はβ線よりも陽性で大量に存在し、β線は電子に従って存在することを発見し、さらに後に発見された滞電できないが貫通力をもつ放射線にγ線と命名した。

またもうひとつの微粒子研究がフォルカーク（Falkirk）出身のエイトキン（J. Aitken, 1839-1919）によって行われたが、彼は大気諸現象を研究して粉塵・霧・雲を調べ、さらに日没時の夕陽の色彩研究を進め、ポーランドのクラカトア（Krakatoa）山爆発が如何に夕陽の色を変えるかを論証した。

また工業目的に役立つ研究として特に気体液化や不活性気体についての研究が、ディウォール（J. Dewar, 1842-1923）卿やラムゼイ（W. Ramsay, 1852-1916）卿によって行われた。ディウォールはキンカーデン・オン・フォース（Kincardine-on-Forth）の葡萄酒商の息子に生まれドラー・アカデミー（Dollar Academy）とエディンバラ大学に学び、いくつかの教職を経験した後に、一八七五年にケンブリッジ大学の実験物理学のジャクソン（Jackson）講座教授となり液化ガス問題と取り組み、酸素や窒素の液化や一八九八年には水素液化、翌年には水素固形化にも成功し、今日の大半のガス製造の基本問題を解決した。彼は真空を作る際にも、木炭が気体を吸収することを立証した。そして彼が出来なかったヘリウムの液化も、一九〇二年にオーネス（K. Onnes）が成功させた。ディウォールの気体研究以外での功績は、エイベル（F. Abel）卿と共同してのコルダイト（cordite）爆薬の発明が指摘される。

またラムゼイは、グラスゴウの土木技師の息子で有名な化学企業者の孫に生まれ、グラスゴウ大学とドイツのチュービンゲン大学に学び、一八八七年にはロンドンのユニバーシティ・カレッジ化学教授になり、同校の化学研究とイギリス化学工学の興隆に大きな貢献を果した。一八九四年にラムゼイとレイリー（Rayleigh）卿が、液体空気中の窒素の中に、彼らがアルゴンと命名した不活性気体が未だ一％含まれることを発見した。続いてラムゼイが発見したネオン、クリプトン、キセノン等の微小気体を究明したが、それらは照明や溶接目的に利用された。さらに一九〇四年に、ラムゼイとソディ（F. Soddy）がラジウムの放射分解の副産物としてヘリウムができることを変性の立証として提起した。またラムゼイは、一八八八年には王立学士院メンバーに選ばれ、一九〇四年に不活性気体の研究でノーベル化学賞を受賞した。[34]

同時期のスコットランドで、もうひとり気体研究で有名な人物がいた。それはヘレンスバラ（Helensburgh）出身のハンネイ（J. B. Hannay, 1855-1935）で、彼はラムゼイを助けて多くの仕事をしただけではなく、彼自身も正確な測定器械を制作して高圧下の気体計測を行い、一八七八年のドイツの「オズワルド粘度計（viscometer）」の二年前に、既に彼独自で同様の器械を作り上げていた。

この時代には工業発展を支え、また促進するかたちで有機化学研究が著しく発展した。特にドイツでは学術調査を工業目的に生かし、一八八四年にドイツ人バイエル（A. von Baeyer, 1835-1917）がインド藍（Indigo）の化学合成、フィッシャー（E. Fischer, 1852-1919）が砂糖の原子配列（configuration）の完成、一八七七年に相反同等価値（tautomerism）観に基づく化学企業を展開したヴィスリツェヌス（Wislicenus, 1835-1902）が登場した。[35]

この時代のスコットランドの有機化学研究ではブラウン（A. C. Brown, 1838-1922）が著名である。彼は化学方程式の簡略図を考案したが、一八六四年にエチレンには炭素が二重に結合していることを発見、一八九二年には自分の名前を冠した規範集を出版した。彼は生まれ故郷のエディンバラを中心に活躍し、一八六九年にはエディンバラ大学化学教授、一八七九年には王立学士院メンバーに選ばれた。

分解における電離方法は先述したが、スウェーデンのオーレイニアス（S. A. Arrhenius）とファント・ホフの貢献が大きい。従来、電気分解によってのみイオン化は出来ると思われていたが、一八八七年に両人は分離された電解質の微分子（molecule）は既に一対の滞電した存在であるとの電解質解離（electrolytis dissociation）論を発表した。[36]

工業化学分野での鉱石に青酸塩を用いて金を抽出する青化工法はスコットランドで発達した技術で、金貨鋳造需要に応じて始められた。従来の塩化工法での金抽出はドイツ系アメリカ人のカアスル（Cassel）がスコットランドで考案し、一八八四年に企業化し、グラスゴウでもテナント社が採用した。次いでグラスゴウの冶金学者マッカーサー（J. S. Macarthur, 1857-1920）が同工法を研究・改良し、一八八七年に特許を獲得した。この方法が世界中に採用され、金生産高は飛躍的に上昇した。またマッカーサーは、ラジウム化合物の製造にも、パイオニア的役割を果たした。またブランタイア（Blantyre）出身のオー（J. B. Orr, 1840-1933）は、グラスゴウの塗料会社に勤め一八六八年に白塗料を発明し、一八七二年にはバリウム酸と亜鉛亜硫酸塩と酸化物混合の石版印刷を考案した。[37]

医学分野では、ロゼセイ（Rothesay）商人の息子に生まれたマセウェン（W. Macewen, 1848-1924）卿は、一九世紀のイギリス外科医学を代表する人物であり、特に頭と骨の外科手術で著名であった。彼はグラスゴウ大学医学部に学び、一八九二年には同大学外科教授となった。マセウェンは一八七八年には頭手術を開始し、翌年には脳腫瘍の除去手術に成功した。彼は骨折手術にも新しい継ぎ方法や骨除去によるクル病治療法を確立し、従来、胸部手術を受けると肺に損傷がでると畏怖されたが、彼が安全な手術法を提示した。

またエディンバラにも二人の有名な医者が登場した。それはバーンティスランド（Burntisland）の牧師の息子に生まれたワトスン（P. H. Watson, 1832-1907）卿とエディンバラのテイト（R. R. Tait, 1845-99）である。ワトスンはエディンバラの王立外科カレッジ（Royal College of Surgeons）卒で外科医として活躍し、のち二度同カレッジの校長をつとめた。彼は卵巣切除術や関節切除手術でリスターに先行した人物である。テイトは婦人科医（gynaecologist）でエディンバラ大学に学び、大半をバーミンガムで過ごし、婦人病関係の手術を多く執行した。彼は友人のシム（Syme）教授から学び、リスター法とは異なるかたちで外科手術に麻酔法を導入したパイオニアであった。さらにマセウェンの医事研究は、アバディーン出身でアバディーンとエディンバラ両大学に学んだフェリア（D. Ferrier, 1843-1928）卿の神経学研究の成果にも助けられた。フェリア卿は、その後ロンドン大学キングス・カレッジへ移り、一八七三年には神経組織に電気ショックを与えて手足がどのように反応するかを実験、一八八一年には実地調査を報告した。また彼の友人のマッケンジー（J. Mackenzie, 1833-1923）の背骨の知覚神経研究も平行的に発展した。

フィリップ（R. W. Philip, 1857-1939）卿は結核研究のパイオニアとして活躍し、エディンバラ大学の結核学教授になり、一八八七年にはエディンバラのヴィクトリア施療所（Dispensary）に新治療法を導入した。それは世界最初の同病のクリニックであった。さらにロックスバラシァ（Roxburghshire）出身で、エディンバラ医学校卒のブラントン（T. L. Brunton, 1844-1916）卿は狭心症治療へのアミル亜硝酸塩の奏効性を発見した。彼はいくつかの医学役職を経て、ロンドンのセント・バーソロミュー（Bartholomew）病院の内科教授となった。

さらに熱帯医学については、二人のスコットランド人医師の業績が挙げられる。マンスン（P. Manson, 1844-1922）卿とロス（R. Ross, 1857-1932）卿がいたが、両人ともインドで医療に従事し、マラリア寄生虫のライフサイクルを究明した。マンスンは、アバディーンシァの地主で銀行家の息子に生まれアバディーン大学に学び、象皮病の原因を蚊との関係を調べたが、結論で失敗した。マラリア寄生虫は一八八〇年にフランス人医師ラブラン（Laveran）によって発見されたが、マンスンは一八九二年にマラリア病を観察し、象皮病寄生虫と同じように蚊から人間に伝染されると推論した。ロスはインド陸軍軍人の息子に生まれ、ロンドンで教育を受けた。彼は一八九四年にマンスンに会いマラリア研究に関心をもち、四年かけてマラリア蚊を解剖研究し、はまだら蚊（Anopheles）胃壁の中に寄生虫が存在することを発見、同病との闘いに明確な目標を与えてマラリア伝染を阻止できることを指摘した。ロスは、マラリア研究が認められ一九〇二年にスコットランド人最初のノーベル医学賞を受けた。[38]

心理学分野では、アバディーン出身のベイン（A. Bain, 1818-1903）が、同地の大学を卒業し医学生理学的調査と心理学の関係について、当時としては最も明晰な論文を発表した。彼は一八六〇年にアバディーン大学論理学教授、一八九〇年には同学長となった。また薬学では標本薬物（pharmacopoeia）を用いるかたちでの自然薬治療は一八世紀から続けられてきたが、二〇世紀の初めから総合的な薬（synthetic drug）調合方法が始まった。マラリア特効薬として、キナの木（cinchona）からキニーネ（quinine）を抽出する方法がパークヘッド（Parkhead）の書店の息子でアバディーン大学医学部卒でインドで医療と森林業務に携わった植物学者キング（G. King, 1840-1909）卿によって確立された。彼はカルカッタ植物園の監督官をつとめた後にベンガルにキナ木園を作り、さらにインド植物研究所も設立した。彼は一八八七年に王立学士院メンバーに選ばれた。

天文学では、さらに強力な望遠鏡の出現が遥かな宇宙に向けての研究を可能とし、新星の発見が続いた。アバディーン時計職人の息子に生まれドラー・アカデミーとアバディーン大学で学んだギル（D.Gill, 1843-1914）卿は、新方法として天文観察に写真を結びつけた。彼は一八七九年に喜望峰の王立天文台官に任命され、南半球の天空の写真を撮影し、また太陽との距離や木星の大きさについての正確な計測に成功した。もうひとりのアバディーン人ベアード（A. W. Baird, 1842-1908）が大洋の潮流を研究し、一八七〇年にイングランドで、一八七二年にはインド・カッシュ（Cutch）湾を調査し、王立技師協会の大尉（colonel）に任じられた。[39]詳細な地層研究も続けられた。この時代のギーキー（A. Geikie, 1835-1924）は、エディンバラの音楽家の息子に生まれ、エディンバラ高校・同大学で教育を受け、イギリスを代表する地理学者となった。イギリス地理学史における火山時代の研究を進め出版した他、氷河期や水の剥磨作用の研究を行い、一八六五年に王立学士院メンバーに選ばれイギリス地理調査監督官になった。彼の弟ジェイムズ（J. Geikie, 1839-1915）も有名な地理学者であった。

一九世紀後半には、スコットランドから工学諸発明がヨーロッパやアメリカへ伝達され、その技術が彼の地で土着・成長を開始する時代である。この時代には発動機、電気、内燃機関、蒸気タービン等の関連工業が発達した。

サザランド（Sutherland）生まれのスワン（J. W. Swan, 1828-1914）卿はアメリカに移民したが、エディソンが木炭フィラメントを発見したのと同年の一八七八年に、独自に同様の発見をした。また電気研究者間に直流・交流論議がおこり、ケルヴィンやエディソン等は直流を支持したが、最終的には工業目的から交流が選択された。その背景には発動機ビジネスのパイオニアとしてジーメンスに次ぐ電気工業の著名な技師のウェスティンハウス（G. Westinghouse, 1846-1914）の役割が挙げられる。彼はケルヴィン卿の着想を実現し、ナイアガラ滝に水力発電の設備を作った。この計画はケルヴィンが一八八一年に英国科学促進会議で発表し、一八九二年にエディンバラ大学の教授フォーブス（J. D. Forbes）の息子のジョージ（G. Forbes, 1849-1936）が実験を重ね、ウェスティンハウス社が発電・送電に便利の観点から交流方式を採用した。さらに彼の起業したウェスティンハウス社は一八六九年に鉄道用の空気ブレーキを発明した。また同社で発明した電気機関車は、一八八八年にアメリカで、一八九〇年にはイギリスで導入された。またケルヴィン卿が可能性を探ったとされるが、エディンバラ大学の民法教授の息子に生まれたスウィントン（A. A. C. Swinton, 1863-1930）が船舶への荷積用として移動式鉄製クレーンを発明した。彼はイギリスで最初のレントゲン撮影を受けたことでも有名で、一九〇八年には陰極線オシログラフで走査した。

スコットランド最初の電気設備のある建物は、グラスゴウのセント・イノック（St. Enock）駅で、一八七九年にイングランド会社の施工したアーク灯を設置した。電気発動機は、一八八四年にパースンズ（C. Parsons, 1854-1931）卿の発明した蒸気タービンによって実現された。興味深いのは、このタービンの発想は、ギリシア時代にさかのぼり、またレオナルド・ダヴィンチも認識していたが、その実現は高速エネルギーによる高効率の運動を可能とした。そして蒸気タービンを装備した最初の船は、一九〇一年にクライドで建造された行楽用の蒸気船「エドワード王」（King Edward）であった。

次いでダンディの牧師の息子に生まれたユーイング（J. A. Ewing, 1855-1935）はタービンの技術発達に貢献した主導的な科学者である。彼は日本の工部大学校で教えるかたわら、滞日中に地震に興味を持ち研究を進めた他、鉄磁石の研究でも顕著な業績を挙げた。ユーイングは、一八八三年にはダンディ大学、一八九〇年にはケンブリッジ大学教授となり、第一次世界大戦中にはドイツ軍の暗号解読に成功した。一九一八年にはエディンバラ大学学長に就任した。(40)

水管ボイラーは一八九四年頃から大量の水を大量の蒸気に変えるためにヤロウ（Yarrow）社が開発に成功した。グリーノック（Greenock）の造船業者の息子のスコット（J. Scott, 1830-1903）は、伝統的な相反（reciprocating）エンジン研究で低速貨物船に貢献した。海軍軍艦に彼が水管ボイラーを、またフォックス（Fox）が波形煙突を導入した。船舶は既に鋼鉄製の時代になっており、一八七九年にはダンバートンのデニー兄弟が一七七七トンの鋼鉄船「ロト - マハナ号」（Roto-mahana）を建造した。全鉄鋼製の最初の船は、一八七六年にビルマ（Burma）河での業務用に作られた外輪引船（tug boat）であった。

橋梁建設も鉄から鋼へと変化した。一九世紀で最も長い鉄橋で有名なフォース橋（Forth Bridge）が、二人のイングランド人技師のファウラー（J. Fowler）とベイカー（J. Baker）の企画で進められたが、そこにグラスゴウ大学留学中の邦人渡辺嘉一の考案したカンティレバー（吊桁）方式を受け入れた。架橋工事は、レンフリュー（Renfrew）州ヒューストン（Houston）のアロル（W. Arrol, 1839-1913）卿が請負い、一八九〇年に完成した。アロルの有名な工事としては、他に一八八七年のテイ（Tay）橋、一八九四年のロンドンのタワー・ブリッジ（Tower Bridge）があった。[41]

ガス燃焼エンジンは既に一八二〇年頃に発明されていたが、一八六〇年のフランスのラヌオール（J. J. E. Lenior）、一八六二年のボウ・ド・ロハス（Beau de Rohas）、一八七六年のオットー（N. A. Otto）等の発明によって初めて力動機としての意義を認められ、蒸気タービンのライバルとなった。複作動（two-stroke）エンジンは一八七八年に、アンダースン・カレッジ卒業生の著名な技師で、最終的には海軍のエンジン研究局の局長をつとめたクラーク（D. Clerk, 1854-1932）卿が発明し、一八八一年のパリ博覧会に展示した。

一八九一年には彼の考案をさらに改良したデイ（Day）のエンジンが登場した。また石油エンジンは、一八七八年に既にベンツ（K. F. Benz, 1844-1929）が三／四馬力のエンジンを制作していたが、一八八六年にダイムラー（G. Daimler, 1834-1900）が最初の実用的な類を発明した。そして一八九二年には、ディーゼル（R. Diesel, 1858-1913）が発火式エンジンの特許を取り、三年後には実用的エンジンを生産し、さらに二年後にはドイツから商業生産された。また同年にグラスゴウでもマクラガン（R. Maclagan）が同様の車を生産した。

空気タイヤは既にトムスン（R. W. Thomson）が問題提起していたが、一八八八年にドレゴウン（Dreghorn）

出身でベルファーストで獣医をしていたダンロップ（J. B. Dunlop, 1840-1921）が実用化に成功した。彼が息子の自転車に空気タイヤを初めて取りつけた話は有名である。現代的な自転車は、一八七六年にドウスン（H. D. Dawson）が発明し、一八八五年にスタンリーとサットンが共同して商業化に成功した。[42]

ベル（A. G. Bell, 1847-1922）は、近代音声学（phonetics）確立者のベル（A. M. Bell）の息子であったが、エディンバラからアメリカへ移民した六年後、一八七六年に電話を発明した。彼は一八七三年にボストン大学の音声心理学教授となったが、聾者の教育にも熱心であった。彼は電信にも関心を持ち、器具製作助手ワトソン（G. Watson）の協力を得て同一電線で、いくつかのメッセージを伝達するのに成功した。これらの経験が一八七五年に電話の可能性を確信させ、翌年には実用化された。音の録音と再生は、一八七七年にエディソン（T. A. Edison, 1847-1931）が蓄音機を発明した。[43]

また最初の電力配電所が、一八七八年にアメリカのコネティカット州ニュー・ヘイブン（New Haven）に開設され、翌年にはロンドンに設立された。

武器や爆発物でも大きな進歩をみせた。一八六七年にノーベル（A. B. Nobel）がニトログリセリンの安全火薬を発明し、一八八九年にコルダイト火薬がアーバル（Abel）とディウォール（J. Dewar）卿によって発明された。スコットランドでも一八八三年に、コートブリッジ（Coatbridge）のシンクレア（D. Sinclair）がダイアル式盤を発明した。また一八八三年に、一八四七年にクルップ（Krupp）が設立した武器庫で、マキシム（Maxim）がベッセマー鉄鋼工法を利用して最も有名となる銃を発明した。グリーノック出身のノーブル（A. Noble, 1831-1915）卿は、弾道学と精密科学を学び英国陸軍武器庫につとめ、イギリスの銃砲と爆発物の発展に大きな貢献をなした。[44]

四　結び――世界市場への進出

大英帝国の繁栄を象徴したヴィクトリア時代の前半には、科学研究は多くの多様性をみせ、さらに多くの新科学研究部門確立へと向かった。前時代のような化学、物理学、医学のような分類では不充分となり、また科学知識も多様・細分化した。さらに都市での協同生活を可能とする諸科学も進展した。

スコットランドでは「高地清掃」（Highland Clearance）も進展し、高地や僻地の社会経済もグラスゴウを中心とした低地（Lowland）経済に吸収・包摂された。そして一八五一年のロンドンでの万国博覧会の開催は大英帝国の経済的繁栄の象徴として開催された。国内的には一八四七年のアイルランドの大飢饉、また国際的には一八五三年のクリミア戦争勃発や一八五七年のインド・セポイの暴動に遭遇しながらも、イギリスは、第一次・第二次選挙法改正や一八三三年の奴隷禁止、さらにアメリカの独立戦争を経て、一方ではインドの植民地化、他方では世界市場に向けての自由化（liberalism）の道を歩んだ。イギリスは一九世紀末の三〇年に繁栄のピークを迎える。

イギリスは世界通商の中心となり工業、また教育・文化の中枢となった。イギリスは七つの海を制覇し、文字通り「世界の工場」となり、次の世紀にアメリカ、ドイツが急追してくるまで、全イギリス社会の構成員が大英帝国の繁栄を享受した時代である。政治にはグラッドストーン（W. E. Gladstone）卿、チェンバレン（J. Chamberlain）卿、社会にはリプトン（T. Lipton）卿のような新興の富裕な産業主が出現した。また人道主義的な思想も誕生した。そして新教育法がイングランドでは一八七〇年、スコットランドでは一八七二年に施行され、労働者階級にも能力に応じての教育機会が確立した。
スコットランドは、スコットランド・ルネッサンスを完成させ、旧首都のエディンバラは国際的な「文芸の都」として、別名「北方のアテネ」(Athens of the North) と呼ばれる栄光に浴した。[45]
グラスゴウは「造船の都」、「鉄道の都」とも呼ばれた。[46] そしてエディンバラにはスティーブンスンやヘンレイ (Henley)、グラスゴウにはマッキントッシュ (C. R. Macintosh) をはじめとするグラスゴウ・ボーイズと呼ばれた芸術家たちが活躍する。

第8章 大英帝国の繁栄とスコットランド・ルネッサンス

一 はじめに

一八世紀後半からイギリスが古典的産業革命を完成させ、資本主義の世界体制を確立し、七つの海に広がる海外市場を自国の原材料供給地また工業製品輸出先として、自らの掌中に納めた。文字通りイギリスは「世界の工場」となり、ヴィクトリア期の繁栄を享受した。そのイギリスの経済発展を支え、文字通り「イギリスの工場」としての中枢となったのは西部スコットランド、特にグラスゴウを中心とするクライド地域の興隆にあった。その世界体制の創出に側面的に貢献したのが、一八世紀から作り出されたスコットランド出身の外交官・技師・商人のネットワークの働きであった。(1)

スコットランドの発展は、一八三〇年代に始まる銑鉄工業の成長が炭坑・鉄工・鉄道・機械・造船業の発達を導き、世界の科学技術をリードするハイテク・センター、同時に世界市場の動向を左右する一大重工業地帯を形成した(2)。

その繁栄を象徴したグラスゴウは、ロンドンに次ぐ「第二の都」と呼ばれ、別名「機械の都」、「鉄道の都」、「造船の都」と讃えられた(3)。つまり中世のルネッサンス期にガリレイやダヴィンチが想像した人類の輝く生活文化は、一八世紀後半からのスコットランド・ルネッサンスで萌芽期を迎え、その技術文化の発展を基礎に、一九世紀末には近代世界市民文化の開花を迎えるに至る。

すなわちスコットランドは、古代ルネッサンスの原形の上に作られた中世ルネッサンスの青写真の実現を果たしたのであり、固有の文化と技術文化を生かして「変電所」の役割を遂行し、現代の私たちの市民生活に繋いだことになるのではなかろうか。

事実、一九世紀末のグラスゴウを中心とするクライド地方は、ヴィクトリア後期に、陸を走る蒸気機関車の世界生産の六割、海を走る蒸気鉄船の四割を製造する西欧近代世界での最大・最新の技術センターとなったのである(4)。

そこで本章では、大英帝国の繁栄に大きな役割を果たしたスコットランドを、その近代技術と経済発展を中心に論じてみたい。

二　スコットランド産業革命の展開

スコットランドは、同じブリテン（Britain）島に位置しながらも南にあるイングランドとは民族・宗教・文化の異なる抗争の歴史を展開したが、一六〇三年の両国の「王冠の結合」を経て交流を深め、一七〇七年の両国の「合併」により連合王国の北方地域を形成した。[5]

しかしスコットランドの政治・経済的劣位による難課題、つまり西インド会社（West India Co.）の挫折やスコットランド銀行（Bank of Sctoland, 一六九五年創立）の莫大な負債等の深刻な問題があり、その解決策を合併に求めた結果、イングランドへの「経済的合併」と呼ばれた。[6]

事実、二五条の合併条項のうちで一六項目が経済関連事項であった。この合併の歴史的評価については種々あるが、スコットランドでもキャンベルは「スコットランド遺制の残続」を挙げて消極的評価、ジョンストンは中立的評価を下した。[7]

そして合併と同時にスコットランド議会は廃絶され、貴族議員は特権喪失への経済的補償を受けた。一七一五年の第一次ジャコバイト反乱鎮圧の翌年に、彼らの財産運用のために合併遺失土地委員会（Annexed Forfeited Estates Commission）が設置され、スコットランドの工業振興と教育奨励が図られた。さらに工業化推進のため、一七二七年に製造工業者評議会（Board of Trustees of Manufactures）、農・漁業開発委員会（Board of Trustees for the Improvement of Agriculture and Fisheres）が設置された。[8]

同年に、親イングランドの人たちが二番目の銀行として王立スコットランド銀行（Royal Bank of Scotland）を発起した。[9] その推進者はレアード（laird）と呼ばれた開明的な地主層で、積極的にイングランドの先進農耕法を導入し、一七二三年の農業知識改良者協会や一七四五年の高地農業者協会を設立し、また一七四七年の遺産裁判権廃止補償や嫡嗣相続法修正を通して、スコットランド固有の農土地制度の近代化も図った。

さらに彼らは近代化運動の一環として、一七九〇年代にはエディンバラで農業改良講座を開き、レアードを中心にスコットランド農業革命の全地域的展開が進められた。合併後に、最初にスコットランドの経済発展を牽引したのは、タバコ貿易の興隆であった。先ず合併による恩恵として、スコットランド船舶は英国航海条例の適用を享受し、イングランド船と同等の立場でイギリス植民地市場と交易できる権利を得た。従来アメリカとのタバコ貿易は、ロンドンやリバプール港経由で行われたが、地理的にもグラスゴウはボストンと最短距離にあり、またタバコ加工後のヨーロッパ諸国への再輸出にも適した位置にあり、グラスゴウは急速にタバコ貿易の新中心地となった。

事実、スコットランドのタバコ貿易量も一七一〇年の五〇万ブッシェルから一七七五年には四五〇〇万ブッシェルへと増大した。これは全イギリスのタバコ輸入の五〇パーセント、またスコットランドのアメリカからの総輸入の八〇パーセントを占めた。またタバコ貿易は、グラスゴウに設立された約四〇社の中でも、カニンガム（Cunningham）家、コクラン（Cochran）家、ダンロップ（Dunlop）家等のタバコ貴族（Tobacco Lords）と呼ばれた六大家族の掌中に集中した。[10] またグラスゴウでは、スコットランド貿易と関係の深かった西インド諸島から原糖を輸入して精製する製糖業も発展した。

三　教育組織の発展

この経済的発展を支えた二つの要因を指摘しておきたい。それは固有の優れた教育制度と銀行業であり、それらはスコットランドから生まれ、イングランド社会に逆に影響を与えてヴィクトリア期には全イギリス的制度となり、さらに海外植民地にも波及した。

つまり一八世紀以前にはイングランドに比べて経済発展が一二世紀は遅れていたと言われるスコットランドが、産業革命期に多数の科学者・発明家・実業家を輩出して自立的な経済圏形成に成功し、アイルランドやウェールズがイングランド経済の国内植民地化したのに対して、順応しながら「連合王国」の北方地域としての独自的存在を保つことができた。[11] その要因に、固有の宗教、教育と銀行制度が挙げられる。

先ずスコットランド教育の端緒は、五六三年に使徒コロンバ（Columba）がアイオナ（Iona）にケルト教会を設立し付属神学校・修道院で教育を開始したことに始まる。[12]

七世紀には一般信徒の奨学生も認められ、国内の他、広くイングランド、アイルランドさらにスカンジナビア諸国からも青少年が派遣された。次いで八世紀には教師陣にも指導師（ferleyn）、教師（master）、補助教師（scoloc）の機能分化をみせ、また教科も宗教・古典的教養に加えて、農業・商業・技芸等が入り、スコットランド固有の実用学科目が追加された。

さらに一一世紀末に、ケルト教会のマルコム（Malcolm）王がイングランド人マーガレット（Margaret）と結婚したが、彼の死後マーガレットがローマ教会を宣揚し、次のデイヴィッドⅠ世（David）の即位によりアングロ・サクソン時代を迎えた。一三世紀には聖ドミニコ教会が地域の神学校・修道女院を設立した。そして大教区には大会堂学校、共住聖職者団学校、教区には教区学校、聖歌学校が設立された。一五世紀には、人口増加の中で諸都市が誕生し、そこには文法学校（grammer school）が付加された。さらに高等教育機関として、一四一一年にセント・アンドリューズ（St. Andrews）大学、一四五一年にグラスゴウ（Glasgow）大学、一四九四年にアバディーン（Aberdeen）大学、一五八二年にエディンバラ（Edinburgh）大学が設立され、イングランドではオクスフォード大学とケンブリッジ大学の二大学しかない時代に四大学をもち、しかもイタリアのボローニア（Bologna）大学やフランスのパリ大学等とも交流した。[13]

この独自の教育制度確立の背景には、スコットランドでは一四九六年にヨーロッパ最初の義務教育法と言われる「貴族・自由民の八、九歳の長男を対象に正義を行使できる法律運用と公用語のラテン語習得を必須とする」教育法の役割が挙げられる。

その後一六世紀の宗教改革とエリザベス一世の宗教干渉により、プロテスタント教会体制が確立した。一五六〇年にノックスと五人の同僚が二冊の『訓育書』（*Books of Discipline*）を執筆し「全教区に学校を設立する」国民教育制度の確立を主張した。フィンドレイはスコットランド教育の六つの特徴として、（一）スコットランドの教育制度の目的は、個人の健全な道徳観と共同体への奉仕にある。（二）宗教改革者は経済的な貧富を「差別」として考える思考をもたなかった。（三）社会的昇進は能力に委ねられたが、スコットランド伝統の民主的な価値統御（democratic meritocracy）の起源となった。（四）当初は財源としてローマ教会の没収地が充てられる筈であったが、実際には貴族が占有化した。（五）専門課程以前に幅広い教養を習得する目的のプログラムであり、優れた学生は教区学校や文法学校を中途終了で一〇代半ばでの大学入学が許された。(六) スコットランド議会はノックス案を急進的と拒否しながらも、実際にはそれを原案として構想し極めて進歩的な教育構想となった点を指摘する。[14]

そして一七―一九世紀には、人口増加に呼応して教区学校・文法学校の拡充が行われた。一六一六年に王政復古後の高地地方の教区学校設立推進の法律、一六三三年に英国国教会監督（bishop）の権限強化の法律、一六四六年の教師義務や長老会派の権限内容を明記した法律等を経て、別名「学校設立法」と呼ばれる一六九六年法が制定された。その間スコットランド国教会は、地主への学校設立への協力要請の他、学校設立の財政的援助、議会に働きかけての自治都市への文法学校設立支援を展開した。

またスコットランド教育を特徴づけるのは、キリスト教知識普及協会（Society in Scotland for Propagating Christian Knowledge）と各種専門学校（Academies）の活動である。[15] 興味深いのは、スコットランドの諸学校の設立が大衆からの寄付金で支えられ、教育体系の中で孤立化せずに文法学校のカリキュラムにも自由・実業主義の影響を与え、産業革命期の発明家・科学者輩出の土壌を形成したことである。事実、イギリス産業革命の主体的な担い手となった発明家・技術者・資本家の多くがスコットランド出身で、特に交通・道路建設、土木・港湾事業、工作機械・化学工業の優れた技師がほとんどがスコットランド人であった。イギリス産業革命は別名「スコットランド人の革命」と呼ばれる所以である。[16]

この固有の教育制度の現実的適応の背景に、スコットランドにはヨーロッパの僻地の北西端に位置しながらも、イタリア・ルネッサンスを受け入れ固有の土壌の中に吸収し、それを成育させ次の時代に、つまり科学技術の開花する時代へと導くエネルギーがあったことである。それが中世の偉大な科学者ダヴィンチやガリレイが想像・期待した人類の夢を、近代科学技術の中で現実・時代的に実現することを可能とし

たスコットランドの「文化の変電所」機能であった。(17)

四　銀行業の発展

イングランドでは貴族・大商人が資金力を擁して運河・鉄道等の事業がパートナーシップで実施できたのに対して、零細資本のスコットランドでは事業遂行には多くの人から少額でも多数の応募を集めて企業化する株式会社原理の適用が求められた。イングランドでは一七二〇年の泡沫禁止法により六人パートナーシップが厳しく適用されたのに対し、スコットランドでは有限制を社会的に容認したジョイント・ストック・カンパニー（joint-stock company）制度が普及した。それを背景に固有の銀行制度が発展した。(18)

スコットランドの近代銀行業の成立背景には、三つの段階が見られる。先ず第一の草創期における一六九五年のスコットランド銀行、合併後の一七二七年の王立スコットランド銀行、一七四六年のイギリス亜麻銀行（British Linen Bank）の三行が勅許状を得て、地域基幹銀行としてエディンバラを本拠にスコットランド工業化を推進した時代である。そして南のイングランドが一六九四年設立のイングランド銀行（Bank of England）の独占銀行体制を確立したのに対し、スコットランドでは地域協業体制を確立した。(19)

次いで第二段階の一八世紀の中葉以降のスコットランド諸地域での銀行設立ブームを迎える。グラスゴウ地域に船舶銀行（Ship Bank, 1749）、アザミ銀行（Thistle Bank, 1761）、グラスゴウ銀行（Glasgow Banking Co, 1809）、アバディーンにアバディーン銀行（Aberdeen Banking Co, 1767）や商業銀行（Commercial Banking Co, 1778）、ダンディにダンディ銀行（Dundee Banking Co, 1777）、ダンディ新銀行（Dundee New Bank, 1802）、ダンディ合同銀行（Dundee

Union Bank, 1809）の他、ファイフ銀行（Fife Banking Co, 1802）、グリーノック銀行（Greenock Banking Co, 1785）、レンフリューシァ銀行（Renfrewshire Banking Co, 1802）、エア銀行（Bank of Ayr, 1773）、リース銀行（Leith Banking Co, 1792）、さらにペイズリーにペイズリー銀行（Paisley Banking Co, 1783）とペイズリー合同銀行（Paisley Union Bank, 1788）、パースにパース銀行（Perth Banking Co, 1810）とパース合同銀行（Perth Union Bank, 1810）、スターリング銀行（Stirling Banking Co, 1777）等が設立された。

　この第二次銀行設立ブームは、ナポレオン戦争前後にスコットランド各地で活発化した商業活動を背景に作られ、諸銀行は地域経済振興の機関銀行となった。この時代の後半には、グラスゴウ経済の発展に誘発され、エディンバラにスコットランド商業銀行（Commercial Banking Co. of Scotland, 1810）、スコットランド国民銀行（National Bank of Scotland, 1825）、アバディーンにアバディーン市・郡銀行（Aberdeen Town and County Bank, 1825）、アーブロウス銀行（Arbroath Banking Co. 1825）、ダンディ商業銀行（Dundee Commercial Bank, 1825）、モントローズ銀行（Montrose Bank, 1814）等が設立された。

　そして第三段階は、スコットランド産業革命の主役である鉄工業ブームを背景としての銀行業発展である。一八三〇年代にグラスゴウ基盤の銀行業の拡充に加え、多数の新銀行が設立された。スコットランド合同銀行（Union Bank of Scotland, 1830）、スコットランド西部銀行（Western Bank of Sctoland, 1831）、クライズデイル銀行（Clydesdale Bank, 1838）、グラスゴウ市銀行（City of Glasgow Bank, 1839）が設立された。さらに近隣地域に波及し、パース（Perth）にスコットランド中部銀行（Central Bank of Sctoland, 1834）、アバディーンにスコットランド北部銀行（North of Sctoland Bank, 1836）、ダンディにスコットランド東部銀行（Eastern Bank of Scotland, 1838）、インバネス（Inverness）にカレドニアン銀行（Caledonian Bank, 1839）、さらにエディンバラにエディンバラ&グラスゴウ銀行（Edinburgh and Glasgow bank, 1838）が発起された。
この銀行業の推移を、会社形態から観れば、第一期は勅許（Royal Charter）による公共的な銀行（Public Bank）、第二期はそれら公銀行に依存した小規模な私銀行（Private Bank）、第三期は文字通りの株式会社設立ブームと分類出来よう。[20]

スコットランド銀行業の発展は、一七〇七年の「合併」からイギリス銀行法成立（一八四四年のイングランド法、一八四五年のスコットランド法）に至る独自の歴史に特徴づけられる。一七六五年に英国議会法でスコットランド銀行の特徴とも言える一ポンド以下の銀行券の発行や紙幣兌換の際の「任意選択権」（optional clause）の禁止を成文化したイングランドでは厳しく施行されたものの、スコットランドでは慣習的に容認・継続され、一八二五年まで議会でも問題視されることはなかった。[21]

一八二五年恐慌の中で、多くのイングランド民間諸銀行が「無限責任制」から倒産したのに対して、スコットランド諸銀行は「合本資本」・「有限資本」制であり持ちこたえることができた。その結果、恐慌終了後の政府の特別委員会での銀行調査を経て、一八二六年銀行法が制定された。さらに一八二八年法、一八三三年法とイングランド銀行の独占的地位維持の銀行法改正が図られたが、それはスコットランドにおける諸銀行の協業体制の成果を受けての法改正であったことも事実であった。

最終的にはイングランドは一八四四年法で、そしてスコットランドは一八四五年法で規制され、地域独自の銀行券維持と発券量の規定、銀行合併の際の条件等が規定され、両法の施行によりイギリス国内での銀行制度の完成をみた。[22]

スコットランド銀行業をイングランド銀行業制度と比較すると、その特徴としては株式制度（Joint-stock

system)、銀行券発行制度（note issue system）、銀行支店制度（branch system）、当座信用制度（cash credit system）、任意選択制度（optional clause system）等が挙げられる[23]。

その後スコットランド諸銀行は、一八四五年法での新規発券銀行の設立禁止等の制約を受け、葛藤を繰り返しながら自然淘汰の歴史を歩み、銀行数も一八四六年に一八行、一八五五年に一七行、一八六五年に一二行、一八九六年に一〇行と減少した。しかしスコットランド銀行業を特徴づける諸銀行の支店数を見ると、一八六五年には六九四支店から一八七二年には八〇七支店、一八八三年には九〇八支店、そして一八九五年には一〇二二店と逆に増大した[24]。

五　鉄道業の発展

イギリス資本主義のヴィクトリア期の絶頂期に、グラスゴウは文字通り「大英帝国の工場」と讃えられた。この発展は、一八二八年に地域固有の黒帯鉄鉱石をニールスン（J. B. Neilson）発明の熱風熔鉱法により実用化に成功した結果、スコットランド銑鉄工業が英国ミッドランド地域や南ウェールズ鉄工業の錬鉄・鍛鉄製造を凌駕して、イギリス最大の銑鉄輸出市場を形成した[25]。

また一八世紀末から、植民地への精糖機械製造と輸出を手がけていたグラスゴウでは、鉄工業の興隆を受けて機械工業の発展に道を開き、さらに黄銅鋳造・汽缶製造・工作機械・水利機械・海事工学に連動・多様化し「機械の都」を作りあげた。

一九世紀後半には、鉄工業と機械工業が結合した最新ビジネスとして、陸上での蒸気鉄道ビジネス、海上での蒸気船ビジネスが誕生した。
グラスゴウの蒸気機関車製造ビジネスは、一八三六年に先述のニールスンの息子ウォルター（Walter Neilson）が従兄弟と一緒に蒸気機関車製造ビジネスに着手し、数度の挫折を経験しながら、一八五五年にはニールスン社として再独立した。イングランドの競争業者に勝る技術開発と新しい販売市場を確保する必要があった。[26]
そのため一八五七年にドイツ人技師ダッブス（H. Dubbs）や新鋭の若手技師を雇用し、またグラスゴウ北方のスプリングバーン（Springburn）に蒸気機関車製造工場を設立した。[27]数年後ダッブスはニールスンの経営方針には納得できずに退社し、グラスゴウ南に自社工場を設立した。
かくて一九世紀中葉には、ニールスン、ダッブスの他、リード（N. Reid）、シャープ&スチュアート社（Sharp & Stewart）社のような蒸気機関車製造ビジネス企業が誕生して絶頂期を迎え、最終的には一九〇三年に合併してノース・ブリティッシュ鉄道（North British Railway）としてヨーロッパ最大の鉄道企業となった。[28]シャープ&スチュアート社は、一八二二年にマンチェスターでシャープとロバーツ（Robert）によって起業され、シャープ兄弟社を経て一八八八年にグラスゴウに到来した。同社はマンチェスター時代からヨーロッパ諸国に蒸気機関車を輸出していた老舗であった。[29]
またニールスン社は一八六一年にロシアへ蒸気機関車を輸出したことで有名であるが、エジプトや南アフリカへも輸出した。[30]ダッブス社は一八六三年に独立して世界市場に蒸気機関車を輸出したが、同社の機関車は極めて耐久性に優れていると高評であった。[31]そしてノース・ブリティッシュ鉄道は、四〇種類以上の蒸気機関車を製造し、五〇〇〇台上の機関車をアフリカ諸国政府に輸出した他、ヨーロッパ・アメリカ・

カナダ・メキシコ・南アメリカ諸国の国際民間企業に輸出した。さらにオーストラリア・ニュージーランドの他、インド・中国・台湾・日本へも機関車を輸出した。[32]

またスコットランドで製造された蒸気機関車の種類には、技師フェアリー（R. F. Fairlie）が発明したボイラー二基装備のフェアリス（Fairlies）型、最も多く製造されたマレッツ（Mallets）型、マンチェスターのピーコック社製造の安定感が評価されたガラッツ（Garratts）型、ノース・ブリティッシュ社がガラッツ型に勝つために製造しアフリカへ輸出された改良フェアリス（Modified Fairlies）型の他、圧縮型蒸気機関車（Condensing Locomotives）等が挙げられる。[33]

かくてグラスゴウ近隣のスプリングバーンは、一八四一年にはエディンバラ&グラスゴウ鉄道のコウレアーズ（Cowlairs）工場、また一八五六年にはカレドニアン鉄道のセント・ロレックス（St. Rollex）工場が設立され、ヴィクトリア期の全イギリス蒸気機関車製造の六割を生産し、さらに鉄道関連ビジネスにも成功して、同地は世界中から「鉄道の都」として賞賛された。[34]

スコットランド鉄道業と地域内交通体系成立史を観ておきたい。先ず一七八四年四月にグラスゴウ大学の科学器材工作職人のワット（J. Watt）の蒸気機関の発明特許が近代市民社会の開幕を可能とした。そして蒸気機関が創出したスコットランド最大の工業が鉄工業であり、その鉄工業が創出した最大のビジネスが鉄道業であり、イギリス全域を覆う交通ネットワークを形成した。

先ず一八世紀末にイングランド在のジョージ・スティーブンスン（George Stephenson）は親類のエディンバラの燈台技師のロバート・スティーブンスン（Robert Stevenson）の助言を得て錬鉄レール製造に成功し、軌道上を走る蒸気機関車を試作して鉄道時代を開幕した。[35]彼はイングランドに南下して活躍した。スコットランドでは、テルフォード（T. Telford）が活躍した。蒸気機関車鉄道は、一八二四年のモンクランド‐カーキンテラ間、翌年のグラスゴウ‐ガアンカーク間を皮切りに各地に鉄道建設が展開され、一八三〇年代に鉄道ブームを生んだ。そして一八四〇年代には「鉄道王」（Railway King）と讃えられたハドスン（G. Hudson）やスティーブンスン（G. & R. Stephenson）父子を生んだ。

スティーブンスンやハドスンの関心は、グラスゴウやエディンバラからロンドンやマンチェスター等のイングランド大都市への直接交通ルートに関心があり、著名な海事技師として世界最大の蒸気船「グレート・イースタン号」（Great Eastern）設計で有名なブラネル（I. Brunel）はスコットランド内陸部を結ぶ鉄道ルートに関心があった。[36]

スコットランド鉄道建設は、二つの偉大なライバル会社、カレドニアン（Caledonian）鉄道とノース・ブリティッシュ鉄道間の熾烈な競争の中で進められた。先ずカレドニアン鉄道は一八四五年に法人化され、国境のカーライル（Carlisle）からグラスゴウを通過して北部諸都市をつなぐルートを目指した。カレドニアン鉄道が「地方諸鉄道を吸収・合併してゆく歴史過程は、スコットランド鉄道史の半分を物語る」と言われ、創業時の一五七マイルから約四〇年で約九倍の一一六五マイルまで延長化した。同鉄道は南はカーライル、カンバーランド（Cumberland）、東はモファット・スパ（Moffat Spa）やラナーク（Lanark）、西はカレンダー（Callender）やキリン（Killin）、北はスターリングやアバディーンを網羅し、東西海岸沿いやグラスゴウやエディンバラと近郊諸都市を結び、炭坑地域や商工業中心地さらに避暑・保養地への交通手段を提供する一方、家畜・農産物さらに工業製品の輸送手段として貢献した。[37]

ノース・ブリティッシュ鉄道は一八四四年に法人化され、スティーブンスン父子がリバプール‐マンチェスター間鉄道に成功して以来、関心を持ち続けたロンドン－エディンバラ－アバディーン間を結ぶ幹線を企画し、ツィード渓谷（Tweed Valley）、テイ橋（Tay Brridge）、ニューカッスル（Newcastle）のタイン河橋（Tyne River bridge）、ツィード河のヴィクトリア橋（Victoria bridge）の難工事を完成させ、一八四八年には全線を完成させた。さらにエディンバラやグラスゴウ近郊諸都市との補完連結線を完成させた他、また「ヴィクトリア期を象徴する最大の華麗な鉄建造物」と賛嘆されたフォース橋（Forth bridge）を完成させ、ダンディやアバディーンへの直通線を作り上げた[38]。

さらにグラスゴウ&南西部鉄道（Glasgow & South Western Railway）は、グラスゴウ市から南・西地域に向けて鉄道網を拡大した。まずカーライル（Carlisle）に向けてキルマーノック（Kilmarnock）－ダンフリーズ（Dumfries）－カークブリィ（Kirkcudbright）を結んだ。さらにツルーン（Troon）、エア（Ayr）へも伸び、またギルバン（Girvan）からストラナラ（Stranarer）へと伸びて、そこから船でアイルランドに連結した。さらに西部諸群島につなぐ鉄道網がひかれた。一八三六年にはグラスゴウ&キルマーノック&エア鉄道、次いでグラスゴウ&カーライル鉄道ができ、それらが一八四六年に合併してグラスゴウ&南西部鉄道に吸収された。さらにグラスゴウ近隣諸都市の連結線を吸収、郊外へも拡張した。一八五〇年のグラスゴウ&南西部鉄道の保有線路距離は一七〇マイルであったが、一八九九年には三九四マイルを持ち、同社は蒸気機関車三四五台、客車一一五一台、貨車一万五九七三台を運行させて「スコットランド中枢鉄道」（Mecca Railway of Scotland）と呼ばれた程である[39]。

イギリスの鉄道は、一九二三年一月に鉄道整理統合法案が実施され、スコットランドの前述の三大鉄道会社と、ハイランド鉄道（Highland Railway）とスコットランド大北部鉄道（Great North of Scotland Railway）の計五社は、南のイングランドのロンドン・ミッドランズ&スコットランド鉄道（London Midlands & Scottish Railway）とロンドン&北東部鉄道（London & North East railway）と合併した。鉄道はスコットランドの山間僻地や海岸沿いの漁村を連結して地域内全域の統一市場を形成した。それは同時に山岳地方からの「高地清掃」と呼ばれた西部スコットランド・グラスゴウ地域への労働力移動を促進した。[40]

この鉄道業の成功には、スコットランド独自の有限責任制を用いての大規模な株式会社制度の成立、資本調達を支えた銀行制度、また技術面での鉄工業以来の技師の活躍が挙げられる。[41]

六　造船業の発展

スコットランド造船業は、当初、ヨーロッパ諸国との商取引のあった北海に面する北東地域のアバディーンを中心に発達し、産業革命の進展とともに南下しエディンバラから、クライド河流域とグラスゴウへとそのビジネス中枢を移動した。

クライド河の北側のダンバートン（Dambarton）のレバン（Leven）川支流横に、一九世紀にパイオニア的なマクミラン家（McMillans）やデニー家（Dennys）が造船所を建設した。当時は未だ同地域には小規模な漂白・染色の繊維工業と醸造業、さらに若干のボートや船舶建造を試みる小村が散在していたにすぎなかった。

パイオニア企業はネイピア（Robert Napier）造船所で、次いで一八八〇年代にはJ&G・トムスン社とエルダー（John Elder）社が参画、一八九〇年代にはスコット造船・機械会社（Scotts Engineering & Shipbuilding Co.）、ロンドン&グラスゴウ機械・鉄会社（London & Glasgow Engineering & Shipbuilding Co.）等が、クライド河流域の造船業発展のイニシアティブを握った。[42]

ネイピア父子社（Robert Napier & Sons）は、昔からベアドモア一族やパークヘッド鍛造所とは特別な関係があった。つまり一八四八年にロバート・ネイピアが鍛造所を設立した時に、海軍用鋼板の圧延という難題解決にロンドンから招聘したのが、ウィリアム・ベアドモア（William Beardmore）であった。ロバート・ネイピアは一八七六年に逝去したが、ウィリアム・ベアドモアは次第に増加する海軍関係の仕事に関心を深め、世紀末に自ら同設備を購入して造船業ビジネスに乗り出し、ダルミュア造船所が建設されるまでの間、ゴバンのロバート・ネイピア造船所やクライド河の反対側のフィネストン（Finnieston）のランスフィールド機械会社に造船業関連機械を供給した。[43]

またリバプールから進出したスコットランド系のキュナール（Cunard）社は、一八五二―八二年の間、同社の船舶建造を当初はトムスン社のゴバン工場に、一八七二年からは同社クライドバンク工場に注文した。キュナール社は、一八七二―八六年間に同工場に一〇隻四万三四七九総トンを注文し、同工場の生産の二〇%近くを占めた。[44]

トムスン兄弟社がクライド河上流のゴバン（Govan）から到来したが、兄ジェイムズ・トムスンの三人の息子ロバート（Robert）、ジェイムズ（James）、ジョージ（George）が順次、海事ビジネスに入った。長男が一八三九年創業のグラスゴウ‐リバプール航路を開いたキュナール社用達のバーンズ社（G. & J. Burns）の技師となった。次男はマンチェスターから戻り、グラスゴウのロバート・ネイピア社に招請され同社のバルカン鍛造所（Vulcan Foundry）の製鉄技師となった。末弟ジョージはネイピア社のランスフィールド（Lancefield）工場の技師となった。

一八四七年四月に、ジェイムズとジョージのトムスン兄弟は海事機関製作所を発起しクライドバンク鍛造所（Clydebank Foundry）と命名し、新ビジネスの機関・汽滝製造を開始した。一八五一年秋には第二工場クライドバンク鉄船造船所（Clydebank Iron Shipyard）をセスノック・バンク（Cessnock Bank）に開き、機関・汽缶製造の他、船体建造にも着手した。この二工場がトムスン兄弟社として二〇年間続いた。[45]

一八六〇年代には、グラスゴウ周辺の鉄・機械関連諸工業や貿易業は最盛期を迎え、クライド河上流に埠頭が不足すると、トムスン一族はクライド河航行トラスト会（Clyde Navigation Trustees）を起業した。[46]

一八七一年五月に、河向側のコクノ（Cochno）のハミルトン嬢保有地に新工場を設立し、労働者輸送用に小型パドル式蒸気船「バルカン号」（Vulcan）を使い、一八七九年には大型船「ベスタ号」（Vesta）を用いた。それは一八八二年にグラスゴウ&ヨーカー&クライドバンク鉄道（Glasgow, Yoker and Clydebank Railway）が付設され、大規模で迅速な労働者輸送が可能となるまで使われた。[47]

トムスン家は新工場設立を企画し、一八七四年初頭にジェイムズ&ジョージ・トムスン社名で起業し、有名なトーマス・スキナー社（Thomas Skinner& Co）社用に「ブレマー城号」（Braemer Castle）、「カウダー城号」（Cawdor Castle）、さらにキュナール社用に「ボスニア号」（Bothnia）を建造した。[48] トムスン家の企画に従い、同造船所の町クライドバンク（Clydebank）は拡大・発展した。まず同社出納係のカーズウェル（R. Carswell）が一八七二年に労働者に節倹を奨励して貯蓄銀行を設立し、一八七四年には学校を設立した。さらに一八七六年にはセント・ジェイムズ教区教会（St. James Parish Church）、一八七七年には合同教会（Union Church）を誘致し、グラスゴウ建築協会（Glasgow Building Society）と提携して廉価な労働者用家屋を建造した。一八七五年には、グラスゴウの市街軌道電車駅に接続する馬力使用の乗合バスを走行させた。一八八〇年頃には、約二〇〇〇名の労働者がトムスン社に雇用された[49]。

一八七七年にはネイピア・シャンクス&ベル社(Napier, Shanks & Bell)が、クライド河のイースト・バーンズ(East Barns)に造船・機械工場を設立した。一八八二—八四年に、シンガー製作機械製造所(Singer Manufacuring Co.)がキルボウイ(Kilbowie)での製造を開始・拡大した。一八八六年には同地域は単一警察管轄区となり、また区域名がクライドバンクとなり、市長にJ・R・トムスンが、また同社経営代表のクロウフォード(S. Crawford)が市議会議長に選出された[50]。

J&G・トムスン社は、ハチスン社(David Hutcheson & Co.)の「コロンバス号」(Columbus)、マクブレイン(Macbrayne)社の西ハイランド航行社の「クレイモア号」(Claymore)、バーンズ(G. & J. Burns)社の海峡航行客船「ワルラス号」(Walrus)、ロンドン&南西部鉄道会社用の高速海峡航行船の「リディア号」(Lydia)や「ステラ号」(Stella)を建造したが、J&G・トムスン社では少数ながらも大型の遠洋航海客船も建造した。またトムスン社は信用取り引きを重視し、クライドバンク工場が四四の注文主を受け、その半分近くがスコットランド海運業六社からの三〇隻に集中した。

造船技術から見れば、一八七四年にグラスゴウのネイピア造船所の海事技師カーク(A. C. Kirk)が複合機関の効率を飛躍的に高める三連鎖エンジンを発明した。この頃、汽缶や船体建造の材質が鍛鉄(wrought iron)から鋼鉄(steel)に切り替わり、船舶の軽量化と船体強化に貢献した。そしてハウデン(David Howden)が、エンジン円筒タンクを鋼鉄製として高圧力を可能とする「スコッチ・ボイラー」(Sctoch boiler)を発明・実用化に成功し、蒸気船の遠洋航海上の燃費節減に大きな貢献を果たした[51]。

J&G・トムスン社は自らの技術発明よりも、それを用いての企業家活動に成功して一八七八年に鉄製蒸気パドラー船を建造し、一八八一年には大洋航路船舶建造に成功した。一八八一年に同社はキュナール社用に最初の鋼鉄船「セルビア号」(Servia)を建造したが、それが北大西洋横断航路の最初の急行船となった。同船は七三九二総トンで「グレート・イースタン号」に次ぐ世界最大級の客船と讃えられた[52]。

次にジョン・ブラウン造船・機械会社が登場する。一八九〇年代の大規模な多種多様な海軍船舶関連の需要は、イギリスの多数の鉄鋼・軍需産業の諸会社の垂直統合を進め、小数の大規模企業による寡占状況を作り出す。シェフィールドのブラウン社のアトラス工場(Atlas Works)も、ヴィカーズ父子会社(Vickers & Co.)、アームストロング&ジョセフ・ウィットワース工場(Sir W. G. Armstrong, Sir Joseph Whitworth & Co.)、ベアドモア社(W. Beardmore & Co.)と並ぶ大規模鉄鋼企業群が生成された[53]。

一八九〇年代には、ヴィカーズ社はバロウ造船所(Barrow Shipyard)とマキシム・ノルデンフェルド銃・火薬会社(Maxim Nordenfeldt Gun & Ammunition Co.)を支配下に収めた。同じ頃アームストロング社はウィットワース社と合併した。

クライドバンク造船所はすぐに同社の鉄鋼・武器製造の造船担当として会社の高名を高めた。親会社は本社の大砲や軍事産業用の鋼鉄板の市場としての海軍からの注文に関心があった。同社のクライドバンク工場は、特に海事機械や大型外洋船舶建造において有名であった[54]。一八九九―一九〇六年間に海軍省に戦艦一隻、巡洋艦四隻、駆逐艦四隻を建造したが、海軍の軍需注文は大きな刺激を与えた。海軍長官フィシャー(Fisher)がドレドノート型(弩級)戦艦(Dreadnought battleship)建造を提案し、一九〇五年一〇月にポーツマスで完成させたが、このクラスの船舶建造が継続的に出来たのは唯一クライドバンク造船所のみで、三連鎖機関に代えて新型蒸気タービンを設置する必要もあったからである。

一九〇五年にキュナール社用に同クラスの船舶「カルマニア号」(Carmania)、翌年の一九〇六年に「ルシタニア号」(Lusitania) が完成した。この名声もあり、クライドバンク工場は、海軍から一万七三九〇トンで四万一〇〇〇馬力の新型戦闘巡洋艦「インフレキシブル号」(Inflexible) の注文を得た。[55]

この全イギリス造船業界を主導し、同社の技術革新を進めたのは海事技師ベル (Thomas Bell) であった。[55] ベルは、一八八四年にJ&G・トムスン社がクライドバンク工場が新型エンジン製造を始めた時に、海軍カレッジ教官の経験を評価されジョン・ブラウン社に入社、一九〇二年に同社の機械部門担当経営代表部長となった。一九〇三年に彼の指揮下で同社は一八九四年発明の「パーソンズ反転タービン」(Parsons reaction turbines) の特許を獲得、また二年後にアメリカ人科学者カーティス (Charles Curtis) が「強化タービン」(impulse turbine) を発明するとすぐに同特許を獲得、一九〇九年には「ブラウン・カーティス・タービン」(Brown Curtis turbine) と呼ばれた新装置を据えつけた「ブリストル号」(Bristol) を建造した。それが時代の流行型船舶となった。[56]

しかしスコットランド造船のハイライトはベアドモア社である。一八九九年には、ウィリアム・ベアドモア (William Beardmore) は創業者の父の死後二〇年を迎え、グラスゴウ東端のパークヘッド (Parkhead) で起業した家族製鉄企業を英国を代表する最大の鉄鋼企業にと仕上げた。一八七九年にジーメンス鉄鋼開炉 (Siemens open hearth) で鉄鋼製造に着手し、一八八九年には軍用鉄鋼板を圧延する鍛造所を付加した。ベアドモア社の製品は、主として軍事関係の業務に使う地域周辺の造船・機械業者へ供給された。[57] しかし一九世紀末には競争の激化から、ライバル社のジョン・ブラウン社保有のクライドバンク造船・機械会社がベアドモア社の顧客となった。そこでパークヘッド鉄鋼所の自社製品の安定供給先として自社造船所を持ち自ら造船業に乗り出すことを考え、ブラウン社造船所の西側のダルミュア（Dalmuir）に着目し、グラスゴウ航行トラストの工場横の、シアラー父子社（James Shearer & Sons）が新造船所を企画していた地に進出した。そしてベルファースト（Belfast）で建造される大型船に対抗し、レンフリュー（Renfrew）に新しいドック建設も行った。(58) 他方、ベアドモア社は、一九〇一年にグラスゴウで重機械類を扱っていた義弟のダンカン・スチュアート（Duncan Stewart）を助けて経営に参画し、また一般機械会社ソーニークロフト社（J. I. Thornycroft & Co.）やテイムズ戦艦造船所（Thames warship builders）を購入してシンディケートを拡大した。(59)

七　海運業の発展

地理的にも山岳が迫り平野部が狭く鉄道の敷設が厳しかったスコットランド北部、また諸群島が散在するスコットランド西部には、グラスゴウ大学の最先端の海事工学を利用しての蒸気鉄船による航行ネットワークが早くから検討された。

その昔グラスゴウは大西洋を横切りアメリカのボストンへの最短距離に位置したことから、一七〇七年の合併後、タバコ貿易と棉花通商で栄えた。また東洋との紅茶取り引き用の木製高速クリッパー船が建造されたことでも有名であった。

クライド地域が世界的に有名になるのは、一八一九年秋にベル（H. Bell）の「コメット号」が、一八一二年のグラスゴウ - グリーノック間航行の成功に基づいて、クリナン運河 - ユラ（Jura）島間を航行して鉄製蒸気船時代を開幕してからである。[60] 一八二〇年代には蒸気船団がドヌーン（Dunoon）、ミルポート（Milport）、ロゼセイ（Rothesay）等の西部スコットランド諸島の群港間を結び、人と商品の往来を可能とした。一八三〇年代にはクライド河流域で約三〇の海運業社が競争した。

一八三九年には「高速蒸気船」（swift steamer）と呼ばれたネイピア社建造の「ブレンダ号」（Blenda）が就航した。さらにグラスゴウ大学の海事工学講座でエルダーがスクリュー航行実験に成功し、世界の船の歴史に大きな変革をもたらした。具体的には、試作された鉄製蒸気スクリュー船が、天候も悪く海流も厳しい航行の難しい北アイルランドとスコットランド西部諸島とスコットランド西岸・グラスゴウを結ぶ航路、また北欧やドイツ・オランダ等の北海を航行してスコットランド東部・ダンディやエディンバラを結ぶ航路に、初めて定期航路を可能とした。[61]

そして地域内の工業製品の輸送目的以外にも、ヨーロッパ諸国が産業革命を完成して豊かなレジャー社会に移行すると、ヨーロッパ諸国またイングランド各地から風光明媚なスコットランドへ蒸気鉄道・蒸気船を利用して観光に来る人々も多くなっていった。

一八五〇年代には群小の海運業社間の熾烈な競争を経て、一八六〇・七〇年代にはスコットランドでは成功した個人海運業社の全盛期を迎え、次第に大規模な商艦隊経営に統合されていった。

一八四一年にはグラスゴウ&ペイズリー&グリーノック（Greenock）鉄道が周辺を結ぶ蒸気船会社を設立した。同年にはビュート（Bute）蒸気貨物船会社が設立され、一八六五年にはグリーノック&ウィミズ（Wemyss）湾鉄道会社、一八六六年にノース・ブリティッシュ蒸気貨物会社、一八六九年にはグリーノック&エアシァ鉄道が蒸気船経営に参画し、遠隔地山地や近隣諸島を海路で結んだ。

一八七〇年には鉄道諸会社の蒸気船ネットワークが拡充される一方、諸会社の整理・統合も進み、一八八〇年代にはテイ（Tay）鉄橋やフォース（Forth）鉄橋の開通をみて、鉄道・蒸気船会社の再発展の時代を迎えた。一八八〇年代には三大スコットランド鉄道企業の支援を受けた三蒸気船企業が登場した。(62)

スコットランド産業革命の成果である石炭・鉄工・機械・鉄道・造船諸工業は、ヴィクトリア期の大英帝国繁栄の中枢を形成し、文字通りの「連合王国」（United Kingdoms）の北方の王国を生成した。そして七つの海に君臨する大英帝国の属国・植民地に向かう交通の幹線ルートとして、スコットランド海運業は活躍した。例えば人口比でみればイングランドの四分の一のスコットランドが、大英帝国各地にほぼ同数の出移民を送り出したこと、特に近代銀行ビジネスではアメリカ・カナダ・オーストラリアの諸銀行のパイオニアの九割がスコットランド出身であったことに注目される。それらの移民群を運び出したのもスコットランド海運業であった。(63)

スコットランドのように鉄道会社が蒸気船会社を保有したのは、歴史上、極めて稀な例である。その理由は西部スコットランドのクライド地域がグラスゴウを中心に蒸気鉄道と蒸気船の発明と技術革新の発祥地であり、多くの試験・試作の中から新型の蒸気鉄道と蒸気船が建造され、さらに世界市場に輸出する中で、さらなる発明と改良が付加された。一九世紀の世界の海運業は文字通りイギリス海運業によって支えられ、さらにスコットランド系海運業社が最も顕著であったことは、前述のようにイギリス産業革命に果たしたスコットランド外交官・科学者・技術者・商人の役割と、クライド河流域で世界に誇る鉄船建造・蒸気機関を皮切りとする一連のエンジン開発・スクリュー航行等の発明・実用化に成功したことから、必然的に数多くの商艦隊が起業され、スコットランドの鉄・鋼製品をはじめ数多くの移民を世界に送ったこ

とに例証される。(64)

クライド地域の蒸気船会社に限定すると、先述の三大鉄道会社保有の蒸気船艦隊の他、ブキャナン蒸気船会社、キャンベルタウン&グラスゴウ蒸気貨物会社、デイヴィッド・マクラレン蒸気船会社、タービン社、キャプテン・キャンベル艦隊、キャプテン・ウィリアムスン艦隊が競合したが、それも西部スコットランドの海岸と諸島の複雑な地形と多様な地点への海上交通の必要からであった。

このスコットランド蒸気船諸会社の競争は、世界市場の拡大の中で、世界各地を結ぶ幹線的な海運ルートを開拓する。その時に諸会社は競争と同時に共存を図り、世界各地へスコットランド・ネットワークを緊密に作り上げる。

数多くの商艦隊を持ったスコットランド海運業社の中には、アジア・極東の海で活躍した当時の最大の海運業のP&O社(Peninsular and Oriental Navigation Co.)や特に日本との関係の深かったベン航海社(Ben Line Co.)、その他にカナダ・南アメリカ航路に活躍したドナルドスン航海社(Donaldson Line Co.)、北米航路のアンカー航海社(Anchor Line Co.)、スコットランド諸地域海運から特にカナダ航路に活躍したマッカラン航海社(P. MacCallum & Sons Line Co.)が主要企業として挙げられるが、さらに東南アジア・極東の海ではジャーディン&マセスン社(Jardine & Matheson Co.)、デント社(Dent Co.)、アプカール社(Apcarl Co.)、ヘンダースン社(Henderson Co.)、ラッセル社(Russell Co.)等のスコットランド個人海運業者も活躍した。(65)

極東に位置した日本との関係を視野に入れて、スコットランド海運業社のP&O社とベン航海社を取り上げて述べておきたい。P&O社は、一八二五年からのロンドン在のスコットランド人船舶斡旋業者のウィルコックス(B. M. Willcox)と、最北の島シェトランド島出身のアンダースン(A. Anderson)のパートナーシップに、一八三七年からダブリンの船舶所有業者のボーン（R. Bourne）が入り、イギリス海軍省と初の郵便契約をして、アンダースンを船長として「ドン・ファン号」（Don Juan）でポルトガル・リスボン‐ロンドン間を航行したことに始まる。

そしてP&O社は、インド財政の重要財源となったアヘン貿易を専売体制の中でてがけ、一八五〇年代初頭にはボンベイからのアヘン貿易を独占した。つまり中国からインドへの郵便・旅客・石炭を運ぶ帰便に、インドからアヘンを中国に運んだ。ベン航海社は、一八三九年にエディンバラの建築家ウィリアム・トムスン（W. B. Thomson）と兄アレクサンダーが大理石運搬用の小型船舶「カララ号」（Carrara）の株式を保有したことに始まる。ヴィクトリア期の建築ブームの中で地中海周辺からの大理石輸送競争でイタリア商人に勝利して事業拡大をはかり、北大西洋から中国・日本までの木材取り引きに着手した。(66)

八　アジア・極東への到来

一八三三年にイギリス東インド会社特許状法が成立し、旧来の東インド会社の通商独占権を廃止し、イギリス海運業者の東インドから中国への海域参加が自由競争になると、P&O社は英国海軍省の補助金を得て船舶を集め、積極的に中国・アジア市場への進出を試みた。一八四二年には、カルカッタ‐マドラス‐セイロン‐スエズ間、一八四五年にはセイロン‐ペナン‐シンガポール‐香港間、一八五二年にはシンガポール‐シドニー間、そして一八五四年にはボンベイ‐アデン‐スエズ間の郵便輸送の独占体制を確立した。

当初ライバルとしてカルカッタ在のイギリス人、同じくスコットランド出身のマッキンノン（W.Mackinnon）が起業したブリティッシュ・インド蒸気船航海会社（BI社 British India Steam Navigation Co.）が存在した。彼は当初グラスゴウの地でポルトガルの東インド会社に働き、対インド貿易の輝く将来を確信してインドに渡り、グラスゴウ近郊のキャンベルタウン出身で親の代より親交のあったマッケンジー（R. Mackenzie）とパートナーを組み、一八四七年以降、マッキンノン＆マッケンジー商会として貿易と海運業に着手、グラスゴウ‐リバプール‐カルカッタ間とカルカッタ‐オーストラリア‐中国間の航路を握り、事業を拡大した。(67)

マッキンノンは海難事故でマッケンジーを失ったが、ボンベイの後塵を拝し、またP＆O社の月一回の寄港に不満を持つ人々を集めて、一八五六年にはカルカッタ＆ランブーン航海社を設立、同航路での郵便事業を獲得した。さらに一八六一年にはカルカッタ＆ビルマ汽船会社を設立し、翌年にはボンベイ‐カラチ、ボンベイ‐ペルシア湾航路を開設、一八六二年にはBI社として、インド洋を中心とする海域での航路を確立した。(68)

この二社の熾烈な競争と共存願望が、イギリス資本主義の世界体制における外洋航路を走るP＆O社とインド沿岸・近海航路を手がけるBI社の分業の中に形成された。イギリス海軍は、補助金交付政策を通じてP＆O社やBI社を支援した。世界市場に自由貿易主義の旗を掲げて進出したイギリス資本主義にとって、本国と植民地各地を結び人と物財を運ぶ手段の確立は必須課題であったが、蒸気船ネットワークは技術的に可能となっても未だ経済的には難しかった。また一時的に、郵政省も独自の郵便船を保有して営業を試みたが挫折した。そこで海軍省は民間海運会社の予備戦力化を視野に入れて、両社に補助金付与と特定航路の独占権付与を行う政策をとる。

事実イギリス海軍は、一八四〇―四二年のアヘン戦争、一八五二―五六年の第二次ビルマ戦争、一八五三―五六年のクリミア戦争、一八五七―五八年のセポイの反乱やアロー号事件に際して、民間海運業社の協力を得て迅速な武器・兵士輸送が可能であった。イギリスの電信ネットワークが一八六五年にイギリス‐インド間、一八七二年にさらに香港から上海まで延長されたが、それまでの時代では英帝国の海軍省・インド総督府間をはじめ軍事・政治・経済等の重要情報は全てP&O社の汽船航路網に依存した。(69)

一八六〇年代の本格的な蒸気鉄スクリュー船航行時代を前に、P&O社が外洋航路、BI社が沿岸・近海航路を担当とする大英帝国のアジア汽船航路体系が整備・確立された。

事実、ライバルのフランスまたオランダには、各自フランス帝国郵船（French Messageries Imeriales）やオランダ・インド汽船会社（Netherlandssch-Indische Stoomvaat Maat-schappij）があったが、両社の規模と活動はP&O社とBI社を持つイギリス海軍・商艦隊に匹敵できるはずもなかった。一八六六年には、P&O社は四三隻の郵便汽船（六万七一九五総トン）、BI社は二二隻（一万八六六〇総トン）を保有する大合同勢力を形成した。(70)

P&O社のアバディーン出身のサザランド（T. Sutherland）は、シェトランド島出身のアンダースンに見込まれて一八五四年にインド・中国へ派遣され、それから一二年間、同社のアジア活動の指揮をとった。彼はエルギン卿の日英通商協定の噂を聞くと、アヘン帆船で東シナ海を乗り切り、条約発効前なので「オランダ人に変装」して長崎に上陸、一週間自らが調査した上で香港に戻り、本国へ「上海‐香港間に試験航路を開く」提案を通信した。(71)

この提案を受け入れ、P&O社は一八五九年九月三日に「アゾフ号」（Azof, 七〇〇トン）を長崎に到着させた。一八六一年までに、続いて「アデン号」（Aden）、「カディズ号」（Cadiz）、「チュサン号」（Chusan）が同航路に就航、一八六三年には横浜まで航路が延長され、新規に「コリア号」(Corea)が投入された。サザランドは一八六六年にロンドンに戻るが、特にスエズ運河開通問題では会社を代表して行動し成果をあげ、一八七二年にはP&O社の専務取締役になり、さらに多くの勲功をあげて、一九〇〇年には故郷アバディーンの国会議員となった。そしてP&O社は、一九一六年にはニュージーランド海運会社(New Zealand Shipping Co.)と連合蒸気航海会社(Federal Steam navigation Co.)を吸収、翌年は貨物会社のヘイン(Hain)社、ノウルソ(Nourso)社さらに太平洋からオーストラリア・ニュージーランドに勢力のあった南海合同海運社(Union South Sea Co.)を吸収した他、さらに一九一九年にはオリエンタル航海社(Oriental linec Co.)、翌年には一般蒸気航海社(General Steam Navigation Co.)の経営にも参画して両社の制御を可能として、七つの海にまたがる大英帝国の航海幹線ネットワークを完成させた。

その昔一八四〇年にアンダースンがP&O社を法人化した時には、僅か一一隻で五一三二総トンであったが、後継者サザランドの手により一九二〇年には三六七隻で二三〇万九〇〇〇総トンの世界一の大商艦隊保有航海会社となったのである。[72]

なおP&O社の船舶を建造したスコットランド造船所を調べると四九隻で、内訳はグラスゴウのコンネル(C. Connel)社で二〇隻、スティーブンスン(Stephenson)父子社で八隻、カール(B. Curle)社で六隻、ラメイジュ・ファーガスン(Ramage & Ferguson)社で四隻、ラッセル(Russel)社、ハミルトン(W. Hamilton)社、スコット造船・機械(Scotts Shipbuilding & Engineering)会社、ヘンダースン(D. & W. Henderson)社で各二隻、デニー兄弟(W. Denny & Brothers)社、リスゴウ(Lithgow)社、トムスン(J. & W. Thomson)社が各一隻であった。[73]

ベン航海社が極東との交易に関心を深めたのは、中国との紅茶取引にあったが、次に未開の市場としての日本に関心を向けた。その背景には三つの理由が存した。先ず一八六七年にカナダ木材輸入への帝国特恵関税が廃止され、廉価なバルチック海沿岸からの木材輸出が急増した。第二に一八六九年のスエズ運河開通によりアジア・極東との通商機会が急増し、木造クリッパー船の時代から、鉄製蒸気船で複合エンジンを搭載しスクリュー推力の天候条件にかかわらず定期航行できる時代を迎えた。第三にベン航海社内で創業者ウィリアムが引退して実権を二人の息子に譲ったことが挙げられる。[74] しかしロンドンの海運業者ロイドが全英国の海運業者と船舶を登録に際して評価した時の記録によると、ベン航海社は、P&O社を最大として序列化された中でも、ブルー・ファンネル（青煙突 Blue Funnel）社やグレン（Glen）航海社、キャッスル&シャイア（Castle & Shire）社等に比しても小規模な海運会社であった。同社の保有船舶を調べると木造船二五隻、鉄製蒸気船九六隻であり、鉄製蒸気船生産の内訳はスコットランドで六〇隻、ニューカッスルやサンダーランドで三五隻、アメリカ・カナダで一〇隻建造した。

ベン航海社の最大の特徴は、戦時省への協力、また海運業を営みながら、有利な条件であれば迅速に船舶を海外諸国に販売したことである。事実、ロシア、スペイン、チリ、アルゼンチン等への船舶売却に混じって、日本へ一三隻を売却したが、この数は最も日本と親密な関係にあった最大海運会社P&O社から売却された船隻数と同数であり、小規模海運業でありながらも、日本との関係の深さを示していた。

またベン航海社の成功は、ヴィクトリア期スコットランド社会に特徴的に存在し成功した企業経営、つまりスコットランド固有の一族支配、つまり族閥主義（nepotism）を背景に登場した専門的経営者（professional manager）よる効率的経営を例証していた。[75]

九　結び——エンジニアの思想と移民活動

一般にヨーロッパ社会では、手を使って働く職業の社会的評価は低い。しかし一九世紀の中葉に、スコットランドではグラスゴウ大学、アンダースン・カレッジを中心に産業革命を遂行する多くの技師を養成・輩出した。彼らはスコットランド伝統の実業主義の上に「エンジニアの思想」を掲げた。[76]

つまり中世以来、西欧キリスト社会では、専門的職業（profession）として三つの職業「牧師・法律家・医者」は認められてきたが、彼らスコットランド人技術関係者は「エンジニアは四番目の専門職」と主張した。

そしてフェアバーン（W. Fairbairn）卿は「エンジニアというのは、言語的に厳密に定義してエンジンに関与する人物と決める必要ではなく、心の中で成功への諸手段を求めて、精神と行為を共に実践し、いかなる困難な職務をも遂行してゆく人物」と定義した。[77] 彼らは一八世紀末以来のスコットランド産業革命の中で、土木工学を中心として工業化に尽力し、自らが「エンジニアは社会経済発展の原動力であり、社会進化の旗手である」との思想を実践した。事実、彼らの次世代つまり息子世代がヨーロッパ・北アメリカの鉄工・機械・鉄道事業に従事し、さらに第三世代の孫世代がインドから極東、南アメリカ・アフリカの鉄道事業に参画したのである。そこにはヴィクトリア期のスコットランド熟練労働者の掲げた「エンジニアの思想」の実践と結実があった。

特にグラスゴウ大学土木工学教授ランキンのもとで学んだダイアー（H. Dyer, 1848-1918）が、一八七四年に来日し、工部大学校（現在の東京大学）初代都検（校長）となるが、その際に同僚のグラスゴウ大学からの

教師団と共に、この「エンジニアの思想」を導入した。(78)

当時の日本では、明治維新の立役者から観れば「いかにして封建的な『士農工商』の職業カーストを打破して、近代日本に必要な社会・経済的倫理や価値観を形成し、その実践を通じて諸外国に追いつけるか」を模索した時に、「エンジニアは経済発展の原動力」の思想こそ希求されるものであった。興味深いのは、この「エンジニアの思想」が、ヴィクトリア期のイギリスがイングランド秩序で再編される中で流産に終わるのに対して、アメリカや極東の異文化の島国・日本で見事な結実を見ることになる。(79)

このスコットランドの海外渡航・移民活動を総括しておきたい。つまりスコットランド人が、何故海外移民活動でも成功したのかに関心がある。このスコットランド人の海外渡航での成功について、ケンブリッジ大学のハンフリーは「スコットランド人は最良の民族であり、頑健な身体と冷静で明晰な頭脳、さらに強い意志と道徳観を持ち、地球上の何処でも繁栄してゆける人々である」と述べる。(80)

またトムスンは「スコットランド人の民族的特徴を多くの種族の混成的生成」と特徴づけ、彼らを「勇気があり、不利な資源環境にありながらも国境意識から生じる詩的・ロマンティックな想像力、強壮な度胸とハイランド（高地）人に象徴される熱情、ロウランド（低地）人に象徴される理論的把握・知的論理性と商業・産業的才能ある人々」と要約する。(81)

スコットランド人移民史を研究したドナルドスン（G. Donaldson）は「スコットランドの最大の輸出品は、母国全域から世界全地域に出かけていったスコットランド人である」と述べる。(82)

さらにスコットランド科学史を研究したクレメントとロバートスンは、「一二世紀にローマ法皇からのアイルランド大司教任命を断り、フリードリヒⅡ世からの天文学者任命を選んだマイケル・スコット（Michael

Scot）にはじまるスコットランド人の発明家・科学者たちが、古典ギリシア・イタリアの学問体系を背景に、自己の経験を時代の先駆者として顕現してゆく思想性の中に国際的視野が広がった」とする。[83] それに対して近代スコットランドの移民活動を調査したアメリカ人のケイジ（R. A. Cage）は、「スコットランド人の移民での成功因は一般論では説明できにくいものであり、エートス（倫理）的にも、何故、他民族に比して成功したのかを解明する必要がある」と吐露する。[84]

古来、宗教・軍隊・芸術・技術・貨幣は、国境を越えて移動した。そこに異文化の交流と移植が見られ、新たな文化・文明が創造されたことも事実である。例えばアジア・極東の孤島・日本に、一九世紀中葉にヨーロッパのスコットランドからの「エンジニアの思想」が伝来・定着し、西欧科学技術文化を吸収して、明治維新から僅か半世紀にして「東洋のイギリス」と呼ばれるほどの工業・近代化を成功させたことも注目される。

この日本の繁栄を「ジャパン・ルネッサンス」と呼ぶ学者もいる。そして現在のアジア諸国が、日本の工業化を参考に非ヨーロッパ型の工業化を進めつつあることも興味深い。つまり日本は、一九世紀後半に近代西欧技術文化を自ら吸収して、それをアジア諸国へ伝達する「変電所」の役割を果たした。

そこでスコットランドに戻ると、中世イタリア・ルネッサンスの影響を受け、それを自らの土壌に吸収し、スコットランド宗教改革から王政復古、さらにイングランドとの合併の歴史を経て、固有の文化と教育の上に「スコットランド・ルネッサンス」呼ばれる時代を創出した。それは中世の偉大なヒューマニストたちが夢見た「華麗な科学技術文化」の実現であった。その科学文化の時代の体制の中で、言わばポスト（後期）・スコットランド・ルネッサンスの時代を現在の我々は生きているのである。それを私は、スコットランド・ネオ・ルネッサンスと提起したい。

第9章 ヨーロッパ・ジャポニズムとスコットランド

【グラスゴウ・ボーイズと日本】

一　はじめに

一九世紀後半のヨーロッパ文化・芸術界では、一八六〇年代後半に二世紀以上の鎖国政策から脱し明治維新を遂行して西欧世界との接触を開始・拡大した日本が大きな関心を集めた。そして日本の伝統文化が異文化のヨーロッパに大きな影響を与え、ジャポニズムとして受け入れられ、ヨーロッパ社会にアール・ヌーボー（art nouveau, 新しい芸術）と呼ばれる時代を創出した。つまり北斎や歌麿の絵画をはじめ、日本の絵画・織物・美術工芸・建築がゴッホ（Vincent van Gogh）、エミール・ガレ（Emile Gallé）等をはじめ多くのヨーロッパ芸術家に影響を与え、また多くの美術・芸術専門家がジャポニズムを賛嘆した。(1)

それでは、このアール・ヌーボー時代を作り上げた歴史的背景はどのように形成されたのであろうか。またどのような関連から、この時代は出現したのであろうか。

スコットランドと日本の技術交流史を研究する過程で、実はヨーロッパ社会に日本の伝統美術・芸術を紹介したのはスコットランド人技師たちであり、またグラスゴウには日本にはあまり知られていないジャポニズムの画家たちがいることに気づいた。(2)そこで本章ではスコットランド人技師たちがヨーロッパのジャポニズム時代の幕を開いたとの立場から、その歴史的淵源からの論証を試みたい。

二　スコットランドと幕末・明治の日本

イギリスがヴィクトリア期の最盛期を迎え「世界の工場」と讃えられた時代、グラスゴウを中心とするクライド河流域の西部スコットランド地域は「大英帝国の工場」と呼ばれ、鉄工・鉄道・造船業で栄えた。(3)またスコットランド人は早くから海外への移住・出稼ぎに積極的であったが、(4)一八三四年に東インド会社の経営独占が廃止されるとインド以東のアジア、特に中国へ向ってスコットランド人は進出した。そこにはスコットランド人の外交官・技術者・商工業者のネットワークがあり、そのルートから日本へのスコットランド人の到着と、また日本人の英国をはじめ世界への渡航ルートが実現した。(5)

そして幕末・明治の日本で活躍した著名なスコットランド人たち、「第一号のお雇い外国人ブラントン(R. H. Brunton)」、「長崎の外商グラバー(T. B. Glover)」、「工部大学校(東京大学の前身)の初代校長ダイアー(H. Dyer)」、「日本造船・海運業の最大の功労者ブラウン(A. R. Brown)」等が登場した。(6)

彼らを通して、西欧社会から観れば異質ながら独自の文化と発展を遂げた極東の小国・ニッポンが、イギリス・ヨーロッパ諸国に伝達された[7]。また彼らの助力により、明治維新後に近代化・工業化を急ぐ日本が「東洋のイギリス」になる夢を実現させる。事実、明治維新後僅か三〇年にして、アジアの強国となり日清戦争を勝利に導き、一九〇二年には日英同盟を結びイギリスのパートナーとなり、さらに日露戦争を勝利に導くことになる。この歴史的背景に、スコットランドとフランス・イタリアとの関係が付加される。

つまり一七〇七年にイングランドに経済的合併を強いられ「連合王国」を形成したスコットランドは[8]、元来イングランドとの歴史的な対抗関係から、逆に大陸のフランスとは中世以来、親密な関係が存在してきた。事実、スコットランド人の有識者層にはスコットランドの大学を卒業後に、大陸文化の教養を積む「グランド・ツアー」(grand tour) をする伝統があった[9]。そのスコットランドが合併を経てイングランドの影響下に産業革命を開始し、そして一九世紀中葉・後半にはイギリス全体の重工業を主導する立場となる。その頃ちょうどイタリアでガリバルディ (G. Garibaldi) が独立運動を起こすと、裕福なグラスゴウ市民層は支援活動を展開し、革命を成功に導いた[10]。

一八六〇、七〇年代、グラスゴウがイギリス第二の都市（ヨーロッパ第六の都市）となり「鉄道の都」、「機械の都」、「造船の都」と讃えられ、世界の鉄道生産の五割、造船生産の四割を占める程に栄えた時代に、グラスゴウや「文芸の都」のエディンバラはその富を生かす建築ブームを迎えた[11]。フランス・イタリアのヨーロッパ大陸から多くの建築家・美術工芸家が到来し活躍した。特に近代家具・調度品の製作は、鉄道や造船業ビジネスの発展と関連して興隆したのである[12]。

三　グラスゴウ大学と日本

グラスゴウでの二つの産業博覧会の前に、日本とスコットランド交流の前史が存在した。先ず最初に一八六〇年代の幕末時代以来、グラバー、ブラントンやブラウン等を介して、スコットランド造船・海運業者の側に日本への関心が存在した[13]。

次に一八七二年の岩倉使節団のイギリス・グラスゴウ訪問を通じて、ダイアーをはじめとするグラスゴウ大学中心に編成された工部大学校の教師団[14]やエディンバラのスティーブンスン社派遣の燈台技師[15]たちの来日があり、次に逆の流れとして日本からの文部省派遣の邦人留学生や工部大学校の優等生のグラスゴウ大学派遣を通じて[16]、グラスゴウやエディンバラ社会にも、かなり日本文化が浸透していった。例えば英語では漆器商は日本を縁として「ジャパナー(Japapner)」と呼ばれたが、一八六六年のグラスゴウ市郵便録には一〇を越える同職業表記が見られる[17]。

また一八七四年に日本で初の西欧式技術カレッジとなる工部大学校の校長として赴任するダイアーには、日本に西欧近代技術を移植する目的と同時に西欧美術を日本に紹介する意図もあり、イタリア人フェノロサを登用したり、結果的には挫折するが、工部大学校に付属美術学校を作る計画に着手した[18]。

一八七〇年代以降の日本人青年のグラスゴウ大学への留学の歴史については、グラスゴウ大学特別資料室とストラスクライド大学図書館所蔵の「登録証」(matriculation)を調べると、第一次世界大戦まで八〇名の邦人学生や技師がグラスゴウ大学やアンダースン・カレッジ(後年にグラスゴウ・スコットランド西部技術カレッジ、またグラスゴウ王立技術カレッジをへて現在のストラスクライド大学 Strathclyde Univ.) に留学した。[19]

四　スコットランド芸術家と日本

一九世紀後半のグラスゴウは鉄道・機械・造船・海運業で栄え、イギリスのヴィクトリア盛期を象徴する豊かな都市となり、同時に壮麗な最新建築とともに美術工芸においてもヨーロッパをリードする時代を迎えた。[20] ヨーロッパ中世では北ヨーロッパではブルージュ (Bruges) が栄え、油絵が流行しバン・アイク (Van Eyck) 兄弟が登場した。

ついでオランダからライン河流域の通商の繁栄を背景に、北ヨーロッパにゴシック (Gothic) 建築が栄え、ついで南ヨーロッパのイタリアのヴェネツィア (Venice) が芸術的に再び栄える時代を迎え、同時期にヨーロッパ文化を主導するスペインのマドリッドやオランダのアムステルダム等との交流を深めた。[21]

そして一九世紀の後半にはグラスゴウ通商の世界的繁盛の中で、新しい美術感覚をもつ固有の芸術家集団が誕生し「グラスゴウ・ボーイズ」(Glasgow Boys) と呼ばれた。[22] 彼らグラスゴウ出身の若き芸術家たちは、ヨーロッパ諸国での先輩画家を研究し、また「新イングランド芸術クラブ」(New English Art Club) と呼ばれるロンドンの画家協会とも連係をとり、彼らは郷土愛から風景画に力を入れた。その頃伝統的な芸術の都とされたパリやミュンヘンでは、従来の人物画や静物画の是非をめぐっての論争が展開された。

グラスゴウではさほど画法や様式をめぐる論争はなかったが、従来のグラスゴウとエディンバラ両都市間のライバル意識を背景とするイニシアティブ争いが存在し、次第にグラスゴウが美術工芸の斬新性を発揮し、王立グラスゴウ美術協会（Royal Glasgow Institute of the Fine Arts）が中心となりまとまってゆく。例えばグラスゴウの資産家がヨーロッパ流行の画家の絵を各地で購入して持ち帰り、ロンドンの芸術家よりも遥か以前に、グラスゴウの美術・芸術家にそれらを見る機会を提供した。

また一八八六年にエディンバラで国際博覧会が開かれたが、そこにはオランダやフランスの最新画が集められ、スコットランドの芸術・美術家にとって、ヨーロッパの先進文化を吸収する機会を得た。そしてグラスゴウ・ボーイズの主導でエディンバラをはじめスコットランド各地での芸術・美術ブームが作られていった。[23]

興味深いのは、当時マンチェスターの画家たちがいわゆる英国画と呼ばれる風景絵画に熱中し、エディンバラ画家たちはフランスやオランダ画法の追従を追求したのに対し、グラスゴウ画家は全てに関心を持って自由な問題意識で絵画に専念した。また美術・工芸の伝播の機会として、当時、盛んに開催された産業博覧会の役割が注目される。[24]何故なら新しく製造される機械の製造と販売が、資本主義市場での工業デザインや機能的装飾の進展を必然化し、さらに相乗的にそれが芸術・美術との交流を促進したからである。

そこで次に一八八八年と一九〇一年のグラスゴウ国際博覧会における「日本」の立場と評価と、スコットランドと日本の文化交流史の立場から、当時のスコットランドを代表するマッキントッシュ（Charles Rennie Mackintosh）とグラスゴウ・ボーイズの中で有名な二人の画家、ホーネル（E. A. Hornel）とヘンリー（George Henry）、またスコットランドからアメリカへ移住したウィッスラー（J. A. M. Whistler）の四人を取り上げてみたい。[25]

五　一八八八年のグラスゴウ国際博覧会

イギリスにおける大規模な国際的な博覧会は、一八五一年のロンドンの水晶宮（Crystal Palace）における博覧会にはじまる。この博覧会はイギリスのヴィクトリア時代の繁栄と発展を象徴する展示会であり、六〇〇万人を越える入場者を集め、国民への教育的役割も大きかった[26]。

グラスゴウでの一八八八年の国際博覧会は、一八六二年のロンドン博覧会に次ぐ大規模な展示として企画された。グラスゴウは、一八一一年以来、人口では英国第二の都市と呼ばれたが、ヴィクトリア盛期のビジネスの繁栄により、当時七六万人を越えるヨーロッパでも六番目の人口をもつ都市となった[27]。特に一八七八年の経済不況から回復し、グラスゴウは世界のハイテク先進都市として鉄道・造船・機械製造の重工業ビジネスで成功した。

その興隆を象徴したのが、一八七二年に建築された壮麗なゴシック建築のグラスゴウ大学であり、また一八八三年に工事が開始され一八八八年にヴィクトリア女王が出席して開所式が開かれたグラスゴウ市議会建築や、一八九〇年の当時の世界最大のフォース橋建設であった[28]。

一八八八年五月八日にウェールズ皇太子夫妻が、グラスゴウ大学横のケルヴィン河に臨む「東宮」(Eastern Palace）の中心パビリオンを訪問し、金鍵でドアを開ける式典が行われた。建物はグラスゴウの著名な建築家セラーズ（James Sellars）の設計によるが、彼は「東洋風」の様式ときめ「博覧会開催目的に適合させると同時に、自然調和を考えて木の感覚」を取り入れて実行したとされる[29]。各パビリオンには、芸術、産業、農業、科学と分けられたが、四つの各館の装飾を「グラスゴウ・ボーイズ」のガスリー（James Guthrie）、ヘンリー（G. T. Henry）、ウォルトン（E. A. Walton）、ラヴェリー（John Lavery）が競演し担当した。この国際博覧会には多くの世界的に著名なグラスゴウの産業資本家・金満家からの協力があり、例えばセント・ロレックス化学工場のテナント卿（Sir Charles Tennant）、蒸気機関製造のニールスン社（Neilson）のレイド（James Reid）からの出品協力があった。(30)

また「グラスゴウ・ボーイズの英雄」と呼ばれたウィッスラー（James McNeil Whistler）の最高傑作「トーマス・カーライルの肖像」もリバプール市から賛助協力で出品された。さらに一八五一年のロンドン国際博覧会では出品への価格表は禁止されたが、この一八八八年のグラスゴウ博覧会では即売は禁止されながらも、情報として価格表が展示され、大いにグラスゴウ産業製造品の世界輸出に貢献した。

ヨーロッパをはじめ南北アメリカやアジア諸国からの来訪者が博覧会場を訪れ、展示された工業商品・建築・芸術作品等を注文した。当時の資料によると、特に人気が高かったのはパラフィン・ヤング電燈・鉱物会社（Parafin Young's Light & Mineral Co.）やタルシス硫黄・銅会社（Tharsis Sulphur & Copper Co.）、コープランド・ライル織物会社（Copeland & Lyle Textile Co.）、ペイズリーのクラークス（Clarks）社の織物会社の作品であった。多くの来訪者の注目を集めたのは、グラスゴウの誇る造船業と関連ビジネスであった。例えばネイピア造船所のカーク（A. C. Kirk）博士の三連鎖エンジンやデニー兄弟社の四連鎖エンジンが賞賛をあびた。またマクファーレン（Walter Macfarlane）社のサラセン鋳造所（Saracen Foundry）で作られた華麗な鉄製品、またデニー社はウォルター・ブロックの特許デザインを用いて美的にも最高の船舶備品を制作し、美麗な日本刺繍で装飾した食堂や女性特別室の模様を展示し有名となった。(31)

また一八七一年創立のロンドン・ダイヤモンド研磨会社の作品も衆目を集めた。また海外からの出展では、もちろんアメリカ、フランス、ドイツ、イタリア、からの各種輸入品、ヴェネツィアやボヘミアからのガラス製品、オランダやドイツのビール、オーストラリアのワイン酒等に人気が集まったが、東洋を代表したドウルトン（Doulton）のインド館に多くの観光客が集まり、金銀細工の装飾品技術の実演や高級手作り織物に訪問者の関心が集まった。インドとグラスゴウ間にも歴史的に深い関係が存在して好評であったが、むしろインド国内のカルカッタ、マドラス、ボンベイ等の地域間対抗意識から、無用なトラブルが多かった。歴史的関連の強さは、一八八六年のロンドン植民地インド展覧会（London Colonial & Indian Exhibition）でインドを代表するマハラジャ（Mukharji）がグラスゴウ博覧会を訪問し多くの物品を購入したが、その運搬費用を、グラスゴウ市と二つのグラスゴウの航海会社、アンカー航海（Anchor Line）社とクラン航海（Clan Line）社が負担したことにも見受けられる。[32]

六　一九〇一年のグラスゴウ国際博覧会

一九〇一年のグラスゴウ国際博覧会は、一八五一年の英国水晶宮国際博覧会の五〇周年記念を名目に、さらにグラスゴウでの一八八八年博覧会の成果をふまえ、グラスゴウ技術の世界最高水準を謳歌するかたちで開かれたが、それは「グラスゴウ・ボーイズ」たちのデザイン・美術能力を最大に発揮する機会となった。この博覧会は「機械の都」と讃えられるに至ったグラスゴウにおいて、しかもグラスゴウ大学の創立四五〇年祭に合わせて開催され、世界数十ヵ国からの出展をみた。建築された特別記念会場は、グラスゴウ大学が生んだ最大の科学者を記念してケルヴィン博物館・公園・記念会堂と命名された。[33] そしてギルモア丘に聳え立つスコット（G. Scott）設計のゴシック建築の壮麗なグラスゴウ大学と、ミラー（J. Miller）設計のスペイン・ルネッサンス風の美術館、さらにオリエンタル（東洋風）の産業館の三大建築は、東西の建築様式と新時代の二〇世紀の開幕を象徴すると賞賛された。

注目されるのは、この国際博覧会に日本はインド館の二倍の広さをもつ展示館を作り、日本伝統の衣類、木工・象牙彫刻、金属細工、絹織物、絨緞、和裁、小間物、家具等を出品した他、茶道、華道、入れ墨の実演も行ったことである。また同博覧会に協賛したグラスゴウ・西部スコットランド諸工業のガイドブックが発行されたが、編集者は日本帰りのグラスゴウ・西部技術カレッジの理事となったダイアーであった。ダイアー報告には、グラスゴウ周辺の鉄・黄銅鋳造、ボイラー製造、造船・海事機関機械、水管付きボイラー・器械、電気・工作機械、電灯事業、一般機械、精糖器械、蒸気機関車、鉄橋梁・屋根、鉄道諸器械、繊維機械、裁縫ミシン、水利工事、衛生・暖房器械等のビジネスについて体系的に分類され、各社の規模・製造能力・販売市場と会社史が詳しく紹介された。[34]

この博覧会のもうひとつの大きな特徴は、スコットランド出身で新天地アメリカでビジネスに成功した企業家、蒸気機関車のニールソン（Neilson）、裁縫器械のシンガー（Singer）、ゴムタイヤのダンロップ（Dunlop）、鉄製造業のカーネギー（A. Carnegie）等が「故郷に錦を飾る」かたちで出品していた点であった。[35] 膨大な資料から当時の日本とのビジネス関係に限定して調べると、先ず蒸気機関車や鉄製品輸出はマクファーレン（Macfarlane）社やJ&G・ヒューストン（Houston）社が顕著で、特に前者は幕末時代から多くの鉄製の鋳造製品を長崎・神戸・横浜に輸出していた。またグラスゴウ周辺での日本との取引き諸企業を調べると、造船・海運業に関連するボイラーや諸器具はネイピア（Napier）造船所の他、ベニー（J. Bennie）、ハスティ（J. Hastie）、シャンクス（T. Shanks）社等が[36]、電気機械製品はケルヴィン＆ホワイト（Kelvin & White）社、ミーシャン（Mechan）社、メイヴァ（Mavor）社、クールスン（Coulson）社等が、一般機械工業製品は蒸気機関ビジネスに関連してマードック＆エイトキン（Mardock & Aitken）社、ニールスン（Neilson）社とダッブス（Dubbs）社と合併したノース・ブリティッシュ（North British）蒸気機関車社が、精糖器械製造はマコーニー（P. & W. McOnie）が、鋳造パイプと水利機械器具はエディングトン（T. Edington）社、レイドロウ（R. Laidlaw）社、マクファレン・ストラング（Macfalane & Strang）社やグレンフィルド＆ケネディ（Glenfield & Kennedy）社が、衛生・照明・暖房器械はバア＆ストラウド（Barr & Straud）社、マクニィス（T. S. M'Innes）社が、鉄橋梁・屋根はアロル（Arrol）社が挙げられる[37]。興味深いことに、同年九月一日に国際産業博覧会に合わせてグラスゴウ大学でケルヴィン卿を中心に英国科学促進会議が開催され、日本を代表して参加した帝国大学化学教授の桜井錠二と同数学教授の菊地大麓が名誉学位を受けた。

これは幕末以来の日本人青年学求者とケルヴィン卿を核とするスコットランド人科学者との交流の反映であったと言えよう[38]。また交流史のエピソードとして、一九〇一年の四月と一〇月には、グラスゴウ大学入学試験監督として、ちょうどロンドンへ留学中の帝国大学英文学教授であった夏目金之助（漱石）が招かれ「日本人受験者に日本語試験を担当した」記録が大学評議会記録に残されている[39]。

また幕末期にP&O社の船長として来日し、一八六九（明治二）年に燈台局に入り、日本各地の燈台を建設したスコットランド人技師ブラントン（R. H. Brunton）のための船舶手配、特に「明治丸」をグラスゴウから日本へ曳航から三菱蒸気船会社の創立、さらに共同汽船との合併による日本郵船の創立、さらに一八八九（明治二二）年にイギリスに戻りグラスゴウで日本名誉領事となったブラウンの存在も大きかった。[40]

つまりブラウンは日本の造船・海運業が幼稚な時代にはグラスゴウでの船舶買い付け、成長期にはグラスゴウ海事技師の日本への招聘や邦人技師のグラスゴウ造船所での実習斡旋を行った。

さらにわが国の造船業が自立化の時代を迎えると、グラスゴウに戻り、そこから最新海事諸器械の日本への販売を手がけたのである。このような人的交流を通じて、多くの日本政府・海軍・造船海運業関係者がグラスゴウを訪問した。[41] このような歴史的状況から一九〇二年の日英同盟締結への動きが始まり、幕末以来の日本の指導者たちの願望の「東洋のイギリス」誕生の歴史的背景が形成された。[42]

七　スコットランドと日本の文化交流

明治期の日本における西洋美術と日本美術の交流に大きな果たした人物に、一八七八（明治一一）年来日のイタリア系アメリカ人フェノロサ（F. E. Fenollosa）が挙げられるが、彼はダイアーが工部大学校に付属美術館の設置を決めた時に、ダイアーが採用した。その背景には、前掲の一八六〇年代のイタリアとグラスゴウ市の密接な関係が伺われる。またアメリカのボストン美術館に多大な貢献をしたガードナー（C. Gairdner）も、グラスゴウ出身で新天地で鉄鋼業で成功したスコットランド人移民であった。[43]

日本との芸術交流の先駆者としては、グラスゴウ美術学校（Glasgow Art School）出身のイースト（A. East）は、日本を訪問して帰り、美しい京都の風景を絵画シリーズで紹介、多くのスコットランド人文化人に大きな影響を与えた。[44] そこで明治のジャポニズムと関係の深い四人のスコットランド人画家・芸術家を取り上げてみたい。

1 C・R・マッキントッシュ（Charles Rennie Mackintosh）

マッキントッシュは、日本でも最も著名で愛好されるイギリス人建築家・美術家であろう。

一八六八年六月にペイズリー（Paisley）出身の警官とエア（Ayr）出身の母との間の四番目の子供として生まれた。彼は一六歳の時にグラスゴウの建築家ハッチスン（J. Hutchison）の徒弟奉公に入り、また自立を決意して父姓のマッキントッシュ（Mcintosh）から苗字の綴りを変えた。また彼の祖父は繊維染色業から出発し、船舶用の防水布や防水雨合羽の発明で有名なマッキントッシュ（C. Mcintosh）であった。[45] マッキントッシュは、徒弟奉公のかたわらグラスゴウ美術学校に学び、妻となるマーガレット・マクドナルド（Margaret Macdonald）と出会い結婚した。当時ヨーロッパで流行しつつあったアール・ヌーボーの芸術文化が、機械の都として富裕化したグラスゴウに定着する。新しく建築される街並みや華麗な建造物から家具・調度品に至るまでヨーロッパから流入する。

またその美的感覚が鋳造される諸機械・器具にも反映され、芸術・機能的に洗練された製品完成に向かうことになる。その時に、ヨーロッパ伝統の優美な芸術主義とスコットランド固有の直線的・簡素な様式との合体が考えられ、異文化の日本の様式も取り入れられて、最新式にして懐古的なマッキントッシュの芸術・建築を生んだのである。[46] そこにはスコットランド出身で、日本の工芸美術の研究で著名であったドレッサー（C. Dresser）や訪日経験のある多くのスコットランド人技師・商人の貢献も大きかった。[47]

グラスゴウには一八六七年からグラスゴウ芸術クラブ（Glasgow Art Club）が設立されていたが絵画・彫刻

中心の伝統的な純粋芸術に限定され、また芸術面での学術主義を掲げるエディンバラの王立アカデミー（Royal Scottish Academy）の傘下にあった。そしてエディンバラ芸術家の保守主義への反発から、グラスゴウの富裕な市民社会に支えられグラスゴウ・ボーイズが結成された。マッキントッシュは、一八八二年に結成されたこの運動に同調した女性活動家クランストン（Stuart Cranston）嬢の率いるグラスゴウ社会女性芸術クラブ（Glasgow Society of Ladies Artisits Club）とも親交を保ち、グラスゴウ芸術運動をリードした。(48)

一八八五年に、未だ無名であったマッキントッシュにグラスゴウ美術学校新校舎設計が依頼された。彼には日本訪問経験はなかったが多くの友人の影響を受け、同美術館の各所に和風建築・美術の様式を取り入れた。また大学校舎正面の鉄製枠に和風の花模様や家紋様式、格子縞模様を入れた他、美術館図書館やアトリエ部屋の天蓋にも日本美が表現された。(49)

このヴィクトリア時代のモダン都市グラスゴウの繁栄を象徴したのが「紅茶文化」であった。この紅茶愛飲の習慣は、一八七五年にクランストン嬢が自らのティー（紅茶）・ショップ前で通行客にサーヴィスで振る舞ったことから始まったが、一八八八年のグラスゴウ万国博でオランダのココア・ハウス「ヴァン・ホーテン」の人気を見た彼女は、早速「紅茶ハウス」建設を企画した。クランストン嬢は二一歳の青年ジョージ・ウォルトン（George Walton）に設計を依頼した。彼の兄エドワードはグラスゴウ・ボーイズの中心者の一人で万博会場のドーム壁画制作に参加し、三人の姉妹も工芸家として活躍していた。(50)ジョージ・ウォルトンは昼間銀行で働き、夜はグラスゴウ美術学校でデザイナーの修業をしており、未だ作品は無名に近かったが、クランストン嬢とグラスゴウ社会女性芸術クラブでつき合いのあった彼の姉を介して話を受けた。

先ずクランストン嬢は一八六七年建造のアーガイル（Argyll）街の「紅茶ルーム」の改築をウォルトンに依頼した。彼が設計したステンシル（壁画に有孔原画を重ね絵の具を刷り込む）の野ばら壁面装飾は大好評をとり、街全体のシンボルとして賞賛された。しかしウォルトンを真に有名にしたのは、一八九六年にその昔のタバコ貴族の名前を冠したブキャナン（Buchanan）街に「紅茶ルーム」を設計した時である。何故なら施主クランストン嬢の依頼で新進気鋭の建築家マッキントッシュとの共同制作の形をとったからである。クランストン嬢は一九〇〇年にマッキントッシュの妻となるマクドナルド嬢とも懇意であり、彼女の才能が結婚を通じてさらに付加されることを期待していた。[51]

クランストン嬢の「紅茶ルーム」事業は、アーガイル街店に始まり、ブキャナン、イングラム、ソウキホウル各街店へと伸展した。興味深いのは、「ソウキホウル」（Sauchiehall）はスコットランド古語で「緑の柳並木」を意味するとされるが、一九〇三年創設のソウキホウル街に作られた「ウィロウ（柳）・ティー・ルーム」（willow tea room）は日本の茶文化をも取り入れたエキゾチックな喫茶店として名声を博し、紫色と銀色を基調とした新色彩感覚はグラスゴウ発の新流行として世界に発信された。それは同時に、建築家マッキントッシュの名声をさらに高めたのである。

マッキントッシュは、スコットランド人哲学者ラスキン（J. Ruskin）の『ヴェニスの石』に著名な美術装飾家モレス（William Morris）と同じく大きな感化・影響を受け、華麗な装飾のみを追求するのではなく建築構造自体と装飾の有機的な結合を目指し、装飾芸術と機能主義が相反さないことを主張した。[52]

2　E・A・ホーネル（Edwin Atkinson Hornell）

ホーネルは、一八六四年にスコットランド南部のカークブリィ（Kirkcudbright）からオーストラリアのバッカス・マルシュ（Bacchus Marsh）へ出稼ぎ中の技師の息子に生まれ、まもなく親の故郷カークブリィに戻った。彼の気持は農業を志し再びオーストラリアへ戻ることにあったが父親の死去により断念し、また美術が好きであったことから一八八〇年にスコットランドの文芸の都エディンバラの芸術アカデミーで絵画を学び始めた。エディンバラで三年間の修業後ヨーロッパ大陸に渡り、アントワープで著名な美術教授のベルラット氏（Mons. Verlat）のアトリエで二年間、大陸伝統の絵画法の修業をして帰国、故郷を中心にスコットランドの美しい風景画を書き、名声を高めていった。

ホーネルはカークブリィを訪問したスコットランドの風景画を専門として著名なグラスゴウ・ボーイズのジョージ・ヘンリーと出会った。二人は意気投合して共作も試み、著名な絵画として一八八九年の『ドルイッド』（*The Druids*）や『東天の星』（*The Star in the East*）がある。

一八九〇―九一年の間、グラスゴウ協会の展覧会があり、ホーネルにとっては絵画を発表する好機会であった。彼は『蝶々――野生のヒヤシンスの間に』（*Butterflies, Among the Wild Hyacinths*）、『小川』（*The Brook*）を発表したが、作品には多彩な伝統的衣服を着た遊ぶ子供たちが描かれた。翌一八九二年に彼はより野心的な作品、青空と田舎の風景を背景に一人の少女が蝶々を追いかけ他の一人の少女が牛を面倒見ながら友達を見守っている『夏』（*Summer*）を発表した。その絵は展示会の後ウォルカー美術画廊（Walker Art Gallery）で展示され、リバプールのラズボーン（Philip Rathbone）氏の勧めで買い取られリバプール市美術館の所蔵となった。(53)

一八九二年にホーネルは数多くの興味深い絵を描いたが、主題には多くは小川や垣根近くで遊ぶ生き生きとした子供たちが選ばれ、彼独自の多彩な色彩とデザインが賞賛された。その年に発表された三作品のうち二作品『遊戯する子供たち』(*Children at Play*)と『風景』(*Landscape*)は、一八九三年のグラスゴウ協会展で紹介された。同年にホーネルが描いた『女羊使い』(*Shepherdess*)と『ヒヤシンスの花の中で』(*Among the Hyacinths*)はウォルカー画廊に飾られた。一八九三年に日本との関係が深かった『アート・レビュー』(*Art Review*)のメイヴァ(J. Mavor)の編集長の勧めで友人のヘンリーと共に日本を訪問した。そしてホーネルは帰国後に『魚の池』(*The Fish Pool*)、『日本の庭園』(*Th Garden*)を発表した。これらは現在、グラスゴウ大学横のケルヴィン美術館に展示されている。[54] 一八九五年にホーネルは色彩の調和を強調した小さなキャンバス画『森の中の子供たち』(*Children in a Wood*)をグラスゴウ協会で発表、翌一八九六年には同展覧会で『堤横にて』(*By the Burnside*)と『銀とサンザシ』(*Silver and Hawthorn*)を発表し、風変わりなデザインながら人間と自然の調和感を豊かな色彩で描き名声を博した。一八九六年にホーネルはアメリカのセント・ルイス博覧会用に日本画を描き、また一八九七年にグラスゴウ協会展覧会に『シーソー遊び』(*The See-Saw*)を発表した。

興味深いのは、一緒に日本へ行ったが帰国後に日本嫌いとなったヘンリーとの交友物語である。両人の合作『ドルイッド——ヤドリギを運ぶ』は彼らが東洋の叡智に憧れた時代を象徴し、グラスゴウ市議会画廊にある。グラスゴウ大学のハンテリアン美術館には、一九七九年に同大学マカフィ名誉教授から寄贈された『小川』がある。またグラスゴウ商工会議所大広間にある彼の油絵『四人の女性が果樹園で桃をもぐシーン』は、日本画の影響を受けたアール・ヌーボー時代のジャポニズムの傑作として、また知識の木の下のイブ像を思わせ好評を博した。また彼はマッキントッシュに大きな影響を与えた人物とされる。

ホーネルは一九三三年に独身のまま逝去するまで一族の故郷カークブリィで過ごし、日本贔屓のホーネルは自宅に日本美術館や日本庭園を作り一般に公開する程、日本文化を愛好した。(55)

3 G・ヘンリー（George Henry）

一八五八年にエアシァのアーバイン（Irvine）の醸造業者の息子に生まれた。彼は一八八一年頃に白と黒のみのデッサン画を試みたが、面白半分で絵の具を使い始めた。何故なら当初、彼の仕事はエンジニア助手として木材の上に図を描くことであり、時として製造品のデザインを描くことであったからである。ヘンリーは機械仕事で働きながら一八八二―一八八三年の間グラスゴウ美術学校で絵画法を学び、ガスリー（J. Guthrie）、クロウホール（J. Crawhall）、ウォルトン等のグラスゴウ・ボーイズと知己になり、溜り場マクレガー画塾で絵を描き、スコットランド高地の風景『ブリッグ・オ・ツルク』（*Brig o'Turk*）を処女作として発表、注目を集めた。続いて二作品『森の中の黄昏』（*Gloaming in the Wood*）、『一一月のブリッグ・オ・ツルク』（*A November Days, Brig o'Turk*）を発表し、スコットランドの地形・人物と動物を描き好評を博した。さらに『聖なる湖の先頭』（*Head of Holy Loch*）を公表した。

一八八三年にはスコットランド高地の風景画、『アイマウス村の街路』（*Street in Eyemouth*）、『アイマウス村』（*Eyemouth*）、『農園の回りで』（*Around the Farm*）を発表した。一八八四年の『遊び友たち』（*Playmates*）を別にして、次第に彼の絵画に風景画よりも装飾的な色彩観が強くなり、一八八五年の『正午』（*Noon*）、『日没』（*Sundown*）、『泉と女性』（*Woman at Well*）、『柳』（*Willows*）では色彩や線が強調され、感情が強く挿入・表現された絵となった。一八八六年に田舎に戻り、人物と鵞鳥を描いた『オウルドリィ、垣根を切る人、一〇月』

(*Audrey, A Hedge-Cutter, October*) をグラスゴウ協会展で発表した。翌年には『台所用の庭、牧歌的』(*A Kitchen Garden, Pastoral*) と小さな絵『日没』(*Sundown*) や『茸庭師』(*The Mushroom-Gardener*) を発表・展示した。[56]

一八八八年には『黄昏』(*Gloaming*)、『牧歌的』(*Pastoral*) の他に、『アラン河の土手』(*The Banks of Allan Waters*) を発表した。特に後者は「王立水彩画協会」展示会で絶賛を浴びた。

また友人のホーネルとの合作で日本絵画・東洋世界に憧れ勉強する一方、一八八九年には両人の合作で最大のキャンバス画『ギャロウェイ風景画』(*A Galloway Landscape*) を描き、一八九〇年に他の二作品、童話から想像しての『シンデレラ』(*Cinderella*)、また豊かな色彩を使った『秋』(*Autumn*) と一緒に発表した。[57] さらに両人は一八九〇年に巨大な合作『東方の星』を発表した。この年にヘンリーは、『ジェニィ』(*Jenny*)、『吹かれる蒲公英』(*Blowing Dandelions*)、『春の季節』(*Springtime*)、翌年には『芥子の花』(*Poppies*)、『麦藁帽子』(*The Straw Hat*) と二つの風景画『牧歌的光景』(*Pastoral*)、『エアシァ地形』(*Ayrshire Landscape*) を発表した。また一八九二年に王立スコットランド・アカデミーで展示された『ジプシー』(*A Gipsy*) と『森の中を通って』(*'Tbro' the Woods*) を発表した。一八九三年のグラスゴウ協会展には、彼は唯一、等身大の若きシビック (Cbic) 嬢の繊細な表情を表す『お嬢さん』(*Mademoiselle*) を出品した。彼は自らの画法を求めてチェルシー (Chelsea) 芸術クラブを創始した。

しかしヘンリーは病気で一八九二年後半から一八九三年二月まで休業したが、その時に日本訪問の話があり、ホーネルと一緒に一八カ月間滞日、日本文化を学んだ。日本での生活は詳しくは記録されてないが、ヘンリーは特に男たちの祭り、茶会、芸者たちの文化等に興味を持ったとされる。[58] 二人して来日し各地を訪問し、日本の絵画・文化と接したが、ヘンリーはデザイン手法以外にも、油・水彩・パステル絵の具を用いて、さらに美しい洗練された色合いを出してゆくことを日本から学んだ。

帰英後の一八九四年の水彩画協会展に出品された『日本の鈴』(*A Japanese Bell*)と一八九六年のセント・ルイス博覧会に出品された『茶色の着物』(*The Broun Kimono*)が日本で得たものを強く表現していた。その他に『果樹商』(*The Fruiterer,* エアシァのウィア伯所蔵)、『芸者たち』(*Geisha Girls* エディンバラのゴウドゥ氏所蔵)、『日本の壺売り』(*A Japanese Pottery Seller,* グラスゴウ大学マカフィ教授所蔵)等は、日本芸術の影響を受けた傑作と評された。

しかしヘンリーは、彼が夢想したほどの成果はなく失望して帰国したと言われ、それは同時に日本贔屓のホーネルとの友情の破綻となった。帰国後の彼の作品として『羽の襟巻』(*The Feather Boa*)、『若い女性、果樹商の肖像画』(*Portrait of a Young Lady ; Fruiterer*)、若い女性の窓際を描いた『ネル』(*Nell*)、子供たちの遊ぶ『白蓮』(*Lilac*)、森の中で赤に野苺を集める『ロウアンズ』(*Rowans*)等を発表した。特に後者の絵は一八九六年の王立水彩画協会展示会で絶賛され、海外植民地の儀典室用の絵として購入された。

ヘンリーは、その後、特に人物肖像画に力を入れ、若き女性を中心に多くの人物を描いた。晩年には有名な『キャンベル・ブラック博士』(*Dr. Campbell Black*)肖像画、『アーサー氏の子供たち』(*Children of Mr. T. G. Arthur*)の他、彼が愛好した『金魚』(*Goldfish*)や若い女性のピアノを弾く姿を描いた『交響楽』(*Symphony*)を残した。

しかしながら彼自身の絵には、例えばグラスゴウ商工会議所三階の大広間に飾れる大絵画『桜の木の下の女性たち』にも全女性が同じ顔で描かれるなど日本文化の影響が残続したと言われる。ヘンリーは、日本画と決別した後は主としてパリとロンドンを中心にスコットランドの風景画と人物画に専心して名声を高めた。彼の作品はグラスゴウ市や同大学美術館の他、アバディーン、エディンバラ、ダンディ、カーカルディ、ペイズリー、スターリング等の地方美術館の多く収蔵されている。[59] ヘンリーは数多くの勲章と栄誉を受け一九四三年一二月にロンドンで逝去したが、墓はグラスゴウにある。[60]

4 J・M・ウィッスラー（J. M. Whistler）

ウィッスラーは一八三四年七月に、アメリカのマサチュセッツ州のロウエル（Lowell）にスコットランド人鉄道技師の息子に生まれた。彼の父は一八四二年にロシアのツァーリの招きでロシアに渡りモスクワ-サンクトペテルブルグ間の鉄道を鉄道を完成させた。[61] 彼の母方は、一七四五年のジャコバイトの乱に敗れスカイ島からアメリカのノース・カロライナへ囚送されたマクネイル（MacNeill）一族であり、ウィッスラー自身も、それを誇りとした。一八四九年に彼の父がモスクワで逝去すると家族はアメリカへ戻ったが、彼はモスクワ滞在中に科学アカデミーで絵画を習ったことから、帰国後は陸軍士官学校を終えると、一八五一年にパリで画家として自立、その後ヨーロッパ各地を旅しながら画家として活躍し一八八八年に著名なスコットランド人彫刻家フィリップ（J. B. Philip）の娘ビアトレスと結婚した。[62]

ウィッスラーの二大コレクションは、ワシントン美術館のフレア画廊（Freer Gallery）とグラスゴウ大学ハンテリアン美術画廊（Hunterian Art Gallery）とされるが、特に後者は一九三四年に夫人の遺産相続人ビルニ・フィリップ（Birnie Philip）嬢の遺言に基づく寄贈、一九三五年にウィッスラーのチェルシー（Chelsie）の隣宅に住んでいたグラスゴウ・ボーイズのウォルトン（E. A. Walton）の息子でグラスゴウ大学生物学教授ジョン・ウォルトン（J. Walton）の尽力で寄付され、続いてマカラン（J. A. McCallum）の尽力でエッチングやリトグラフィが付加された。そして一九五五年には彼の従兄弟ジョセフ（Joseph Whistler Revillon）からの寄贈により一大コレクションとなった。

さらに一九五八年にグラスゴウ大学自ら、ウィッスラー制作の『蝶々様式の家具』(*Batterfly Cabinet*)や『黄色と金色の調和』(*Harmony in yellow and Gold*)を入手して、ハンテリアン美術館はウィッスラーの油絵、一〇〇点のパステル画、一六冊のスケッチブック、三五〇点のエッチング、一五〇点のリトグラフをもつ世界的なコレクションとなった。

ウィッスラーは、グラスゴウ・ボーイズの仲間との交流の中で日本画に憧れ、一八七四年に彼自身のパトロンで著名なリバプールの海運船舶業者レイランド(F. R. Leyland)夫妻のために、彼が『桃の花』屏風(一八六七年八月にオザワ・ナンポの署名)の裏に日本風な『青と銀――古いバクー海の橋』を描いたが、現在グラスゴウ大学図書館横の特別室に掲げられている。[63]

ウィッスラーの絵の評価が高まったのは、一九〇三年四月にグラスゴウ大学が名誉学位を決めたことが大きいが、彼の推薦者はグラスゴウ・ボーイズの二人、王立スコットランド・アカデミー会長のガスリー卿(Sir J. Guthrie)とグラスゴウ大学英文学教授のラレイ(W. Raleigh)であった。しかしウィッスラーは秋の授与式典を待つことなく、その年の七月に逝去した。ウィッスラーは死の直前に、彼の絵画が世界的に評価されない時代にグラスゴウ大学が名誉学位を「彼の絵画の時代を先駆する手法と思考」を評価して決定されたことに最大に感謝し、友人・知人親戚に遺言として同大学への彼自身の絵の寄贈を依頼していた。[64]それがグラスゴウ大学に世界最大のウィッスラー絵画コレクションがある歴史的背景である。

八　結び——日英同盟の背景

ヨーロッパで幕末・明治のジャポニズムが評価されたのは、その「媒介」役としての一九世紀後半に世界に張りめぐらされたスコットランド人ネットワークが機能していたからである。つまりイギリスの産業革命は、ある意味ではエンジニアの思想と哲学を実践したスコットランド人技師の手により遂行され、その成果はイギリスの枠を越えてヨーロッパ大陸から、南北アメリカ、アジア・アフリカまで運ばれて行った。

陸上では蒸気機関車、海上では蒸気船によってイギリスを中心に世界各国は連結された。人の面では近代技術の伝播者のスコットランド人技師が同郷出身の外交官・科学者・ジャーナリスト・商業者が結びあって情報が伝わり、スコットランドからの出移民運動を生んだ。(65) 彼らは新天地に同化してゆくと同時に異国の文化・技術を本国に紹介し、それがグラスゴウ・ロンドンを経由してヨーロッパ各地に伝えられたのである。

特に幕末時代の琉球藩の精糖機械輸入に始まるグラスゴウから輸入された近代工業の諸機械は、日本の工業化・近代化に著しい貢献をなす。そこには例えばグラバー、ダイアー、ブラウン等のスコットランド人たちから日本への人的交流が発生・存在し、また逆にヨーロッパに日本の物産を運んだ。またスコットランド商人のネットワークを介しての幕末期の薩摩・長州藩士の密航に始まる邦人青年のスコットランドへの留学、さらに工部大学校卒業生のグラスゴウへの留学から日本の海軍・海事ビジネス関係者の留学がおこり、彼らを通じて日本の芸術・美術品が運ばれたのも当然である。その動きを象徴したのが一八八八年と一九〇一年のグラスゴウでの国際産業博覧会であった。

この様な日本・スコットランド交流史が明治時代のヨーロッパのジャポニズムの背景に存在したのであり、スコットランドにも日本文化を愛好するマッキントッシュ、ホーネル、ヘンリー、ウィッスラー等が登場し活躍したのである。

このような日英交流を背景に、イギリスは一九〇二年に対ロシア政策もあり、日本をパートナーと認め「日英同盟」が締結された。つまり「東洋のイギリス」の誕生であった。

あとがき

勤務する創価大学に三〇周年記念の大学本部棟ができ、一九七一年の春の開学から勤務した者として、実に感慨深い。その本部棟に入ると正面ロビーに、イタリアの生んだルネッサンスを象徴するレオナルド・ダヴィンチ(1452-1519)の大きな像が置かれた。それは御祝として、創立者池田博士の友人でもあるアメリカ人実業家ブラッスナー氏から、寄贈されたものである。

ダヴィンチは、一五世紀のイタリア・ルネッサンス期に生きた偉大な絵画家、彫刻家であるのみならず、多くの科学的着想をメモで残し、現在の電話や飛行機、潜水艦等の時代を予見した「人類の永遠の叡智を代弁する人物」である。創立者も、折に触れてダヴィンチの話をされ、特に一九九四年六月一日にヨーロッパ最高学府であるイタリアのボローニア大学(一〇八八年創立)での名誉学位を受領された際に、記念講演『レオナルド・ダヴィンチの眼と人類の議会——国連の未来についての考察』をされた。事実、ダヴィンチも学んだことのある学舎であった。旅程と大学関係から観ると、創立者は次いで同年六月一五日に、「ボローニア大学の娘」の名のもとにローマ法王から一四五一年に設立認可された英国スコットランドのグラスゴウ大学を訪問され、名誉学位を受けられた。両式展に参加でき、私には生涯最高の思い出となった。

実は私が昔、人生の将来の進路について悩んでいた時、和歌山大学経済学部三年生の時に初めて上京して、参加した台東体育館での会合(昭和三九年六月三〇日)で、池田先生が公表された「将来の創価大学設立構想」を聞き感動しながら、明確な目標として学術者への道を志した。それが私の「青春の原点」である。

当時、「経済学史」の山中隆次先生のもとでスコットランドが生んだ古典派経済学の父アダム・スミスの『国富論』を読んだ。先日、都内在住の同窓生で集まったが、ゼミ友の原良也君は、今は大和証券の社長となられ、我らが誇りである。私は山中先生の紹介で和歌山大学大学院で「イギリス経済史」の権威であられる角山栄先生（現在は、大阪堺市博物館館長）のゼミを選んだ。実は、その時に角山先生に向かって「実はルネッサンスを勉強したいのですが」と尋ねてみたが、即座に「君はイタリア語が分かるのかね」と返答され、「いいえ。これからでも」と答えると「それでは駄目だね。ところでスミスを勉強してきたらしいが、実は一八世紀後半のスコットランドに『ルネッサンス』と呼ばれる時代がある。スコットランド啓蒙主義研究として我が国では一橋大学に研究者が多いが、誰も社会経済史面からの追求はしていないんだが」と返ってきた。

それが私のスコットランド社会経済史研究の動機となり、同時に当時、学界で関心を持たれていたイギリス鉄工業研究に参画し、イングランド、ウェールズとの比較研究としてスコットランド鉄工業研究を始めた。「産業革命期スコットランド株式会社――Carron Company の事例」（『社会経済史学』第三五巻第三号、一九六九年九月）に掲載していただき、中川敬一郎先生から評価して頂いたことは望外の喜びであった。その後、大阪大学大学院博士課程に進み、宮本又次先生と作道洋太郎・原田敏丸・竹岡敬温先生のもとで学び、特にスコットランド銀行業を研究した。

その後一九七一年に創価大学開学と同時に、大阪大学の大学院博士三年生のまま経済学部講師に就職できた。四年後の一期生の卒業と同時に、創価大学からの在外研究の機会を得て、英国グラスゴウ大学経済史講座に研究留学、主任教授S・G・チェックランド教授宅（大学内5番地）に下宿生活をしながらスコットランド社会経済史・経営史を研究した。チェックランド教授引退後、その部屋は現在は大学の教室になっている。グラスゴウ大学で研究する間に、実は幕末・明治の日本に到来した御雇い外国人がグラスゴウ大学を中心に編成された教師団であったことに気づき、大いに感動した。特にわが国最初の西欧型の近代技術カレッジ「工部大学校」(東京大学の前身)の都検(校長)ヘンリー・ダイアーという、グラスゴウ大学工学部出身で一八七四年に着任して九年間滞在して、我が国の工業教育振興につくしながら、我が国の歴史から消去された人物に関心をもった。後になるが一九九九年末に、実業之日本社からダイアー幻の大著『大日本』(*The Britain of the East, a Study in National Evolutin*, **1904**)が平野勇夫氏によって見事に翻訳出版された際、私が編集委員を代表してダイアーを「序にかえて」の中で紹介させて頂いた。

そして一回目の留学からの帰国後、各種機関での「御雇い外国人」調査を進める一方でブリティッシュ・カウンシルに応募し幸いにも合格、再び一九七九年夏から一年間グラスゴウ大学経済史講座に留学、チェックランド教授宅で生活することになった。帰国後に研究歴からは前後したが、この二回の研究留学の成果として『国際日本を拓いた人々――日本とスコットランドの絆』(同文舘、昭和五九年)、『近代スコットランド社会経済史研究』(同文舘、昭和六〇年)を公刊することができた。その後一九八七年四月から一九九八年三月までの一一年間にわたり、創価大学の国際部長として、大学の国際交流と創立者の海外識者との会見等に同席の機会を得た。直接研究に関係することはなくとも近代世界におけるスコットランド人の貢献を意識する機会も多かった。任終了後、その間に少しずつ書き蓄えた研究諸論文を整理し『近代スコットランド移民史研究』(御茶の水書房、平成一〇年)、『近代スコットランド鉄道・海運業史――機械の都グラスゴウ』(御茶の水書房、平成一一年)の二冊にまとめ、上梓できたのは最大の喜びであった。また一般読者用にと思い、『蘇格蘭土と日本・世界』(近代文芸社、平成一一年)、『スコットランドと近代日本――グラスゴウ大学の「東洋のイギリス」創出への貢献』(丸善プラネット社、平成一二年)も発刊できた。

しかし私の心の中には、いつもスコットランド・ルネッサンスへの想いがあった。さらには、その昔、学生時代に抱いた疑問でもあるが、一五世紀のイタリア・ルネッサンスはどのような経緯でスコットランドへ伝来したのか、それはどのように受け入れられ、どのようにしてスコットランド・ルネッサンスに繋がったのであろうか。またイギリス宗教改革の時代にスコットランドの宗教改革はどのような形で進められ、またイングランドの宗教改革とはいかなる相似性と差異があったのであろうか。また一六四九年、八八年のイギリス市民革命の中でスコットランドはどのように対応したのであろうか。さらに一七〇七年に連合王国を形成したスコットランドとイングランドとの合併は、その後のスコットランドにいかほどの影響を与えたのであろうか。合併により議会を失ったスコットランドは一九九九年に地方議会を認可されるまで、スコットランド宗教会議が民事関係の対応に当たってきた。

また我が国で、比較的多くの研究家が関心をもつスコットランド啓蒙主義は、スコットランド全体史のなかで、どのように位置付けられるのであろうか。さらに啓蒙主義と近代スコットランド社会経済史との関係はどうなるであろうか等の問題が常に心に残っていた。そして大学本部棟のロビーのレオナルド・ダヴィンチ像を見ながら、これらの一連の問題意識の連環の可能性を考えた。その時、ちょうど『スコットランドのルネッサンスと王政復古』(G. Donaldson, *The Renaissance and Reformation in Scotland*, Clark Constable, 1982) を読む機会を得た。また大学で比較文化研究所の所長となり、私の心の中に、再びイタリア・ルネッサンスとスコットランドの関係を考える余裕を得た。さらにダヴィンチ自身の親しい友人にスコットランド人の数学者ウィリアム・ベイリー (W. Baillie) がおり、彼は一四八六―八七年間にフェラーラ芸術学院で医学・数学を教えた史実発見も、大きな刺激となった。

そこで『スコットランド・ルネッサンスと大英帝国の繁栄』のテーマでの執筆を企画した次第である。そこで従前の私のスコットランド経済史研究の蓄積をもとに、ひとつの研究視角の提供を主張したく、先ず序章を入れ、問題意識と現在の研究水準、さらに今後の研究方向を提起した次第である。

次に本著の構成にしたがい説明すると、第一章「イタリア・ルネッサンスとスコットランド」(『創価大学比較文化研究』二〇〇一年、第一八巻所収)の論文として執筆した。ヨーロッパ北西域のスコットランドへのイタリア・ルネッサンスの影響は、パリ・ジュネーブ経由の間接的なものであったことが注目される。特に人名のカタカナ表記に苦労したが、努めて原語主義とした。また同時に、英語人名もスコットランド発音を主とした。

第二章「スコットランド宗教改革からイギリス名誉革命への道——J・ノックスと教会・国家変革思想」(『創価大学比較文化研究』二〇〇三年、第一九巻所収)の論文である。スコットランド社会の固有性を形成したプロセスであり、イングランドとの宗教・文化的差異を生成した歴史に注目した。

第三章「スコットランド近代経済倫理の形成」は、梅村又次教授退職記念号『特集：歴史と経済』(『創価大学経済学論集』第二七巻第一・二号、一九九八年六月)に収録されたものを中心としてまとめたが、拙評『プロテスタンティズムの倫理と資本主義の精神——スコットランドにおけるウェーバー・テーゼの検証』(『経営史学』第三三巻第四号一九九八年六月)が、その骨子を形成した。

第四章「スコットランド啓蒙思想の変遷」は、わが国で最も研究されている分野でもある。事実、本著をまとめている途中にも田中秀夫『スコットランド啓蒙思想史研究——文明社会と国制』(名古屋大学出版会、再版一九九九年)が出版された。田中教授によってスコットランド啓蒙思想研究史の全貌が見事に紹介されている。ただ私自身の関心から観れば、何故かわが国ではスコットランド啓蒙主義の生まれる前の時代と後の時代についての研究がなされなかったかの疑問である。また啓蒙思想史に目を向けても、何故スコットランドの教会史や社会経済史との関連が研究されなかったかの疑問である。そこで自分としては思想史と経済史の架橋を意識して取り組んでみた。

第五章「スコットランド・ルネッサンスⅠ　科学革命への助走――一七世紀」(『創価経済学論集』第三〇巻第一・二号、二〇〇〇年九月)では、私の主張であるイタリア・ルネッサンスの実がスコットランドに植えつけられ、その独自の宗教・文化土壌の中で成長し、近代科学の樹立の木の枝で結実を見る歴史に目を向けた。

第六章「スコットランド・ルネッサンスⅡ　科学技術文化の開花――一八・一九世紀」(『創価経済学論集』第三〇巻第三・四号、二〇〇〇年一二月)では、スコットランドの最も華やかな科学技術文化の時代を医学・化学・応用科学の三つの面から追求した。この時代にスコットランドの首都ではなくなったが、イギリス北部の文芸都市として栄えたエディンバラは「北方のアテネ」と賛嘆された。タバコ貿易やワイン貿易での利益がエディンバラ市の新建築にギリシア・ローマ風の建築ブームを招いた時代でもある。

第七章「スコットランド・ルネッサンスⅢ　科学技術文化の爛熟――一九世紀後半」は、本著のために追加した論文で、特にスコットランド機械工学と化学の興隆を中心に述べたものである。この時代には工業都市グラスゴウは、イギリス「第二の都」(Second City)また「機械の都・「造船の都」として繁栄し、ヴィクトリア盛期の英国重工業の中枢の役割を果たした。

第八章「大英帝国の繁栄とスコットランド・ルネッサンス」は、前掲拙著の諸論文を参考に、本著の構成上必要と思い付加した論文であり、その中に拙稿「スコットランド造船業」(『創価経済論集』第二九巻第三・四号、二〇〇〇年三月)をいれ、かなり膨らんだ章にはなったが、イギリスのヴィクトリア盛期の繁栄を象徴したスコットランド人の鉄道・機械・海運・造船業を取りあげた。ある意味では、和歌山大学大学院で始めたスコットランド鉄工業史から入ったスコットランド社会経済史研究の延長線上三〇年の出口でもある。

第九章「ヨーロッパ・ジャポニズムとスコットランド」(『国際日本文化センター紀要』二一号、二〇〇〇年三月）であるが、一九世紀のヨーロッパで流行したジャポニズムが、実はスコットランド人・グラスゴウ芸術家を介して伝えられたことを、グラスゴウ大学やグラスゴウでの国際博覧会と日本との交流を具体的に事例を挙げて証明したものである。つまり私の目には、一五世紀にイタリアから伝わったルネッサンスの文化の種がスコットランド固有の文化・歴史土壌で成育し、近代ヨーロッパ世界を主導する科学技術文化の華を咲かせ、それが新大陸さらにアフリカからアジア・極東日本へと伝わった。そして日本は、まさに二〇世紀後半の近代技術文明のハイテク・センターとなった。

指導教授の角山栄先生は、現在世界を通暁して、一九世紀の近代ヨーロッパ文明を受け入れ吸収して「変電所」的役割を果たして、新価値を付加して世界に波及させた日本を中心とするアジアの成功に、仏教を基調とした『アジア・ルネサンス――勃興する新・都市型文明』（PHP研究所、一九九五年）と呼ばれ、川勝平太教授は『新しいアジアのドラマ』（筑摩書房、一九九四年）とされる。

そこでスコットランド研究の私からすれば、一方では中世から近世を拓いたイタリア・ルネッサンスの象徴たるダヴィンチの描いた夢を実現させ、また他方での近代科学大国・日本誕生をもたらした二つの国と時代を架橋させ、「科学技術文化の時代の端緒」を拓いた「スコットランド・ルネッサンス」の歴史的意義を、もっと認めても良いのではなかろうかというのが本著の意図である。

本書の刊行にあたり、既に述べたが創価大学創立者池田大作先生をはじめ、和歌山大学・大阪大学での指導教授、また勤務する創価大学の同僚の諸先生にも、多くの御指導を受け心から御礼申し上げたい。また最初の留学以来、「息子のように」教育し接してくれた現在ケンブリッジ在のO・E・チェックランド夫人、また四半世紀の間も変わらぬ友情をもって接してくれたグラスゴウ大学のA・L・スレーブン教授、F・マンロー教授両夫妻、大学資料室長M・モス博士にも御礼申し上げたい。彼らの友情なくしては本著スコットランド研究五冊目の学術書は世に出なかったであろう。

また五〇〇名になる北ゼミ卒業生諸氏に感謝したい。大学の研究室で仕事を進める時に、創価大学の建学精神を携えて世界に雄飛し、留学・海外勤務先から届く卒業生諸氏のメイルが、日々の生活の中で、大きな刺激と激励を与えてくれた。心からの感謝の意を捧げたい。

本著を執筆する中で、二〇〇一年に英国グラスゴウ大学は創立五五〇年、勤務する創価大学は三〇周年を迎えた。意義深い年に、本著を執筆でき光栄である。最後に、本書の出版にあたり、創価大学創立三〇周年記念出版助成を受けることが出来た。また出版を引き受けていただいた藤原書店の藤原良雄社長、担当していただいた刈屋琢氏に感謝申し上げたい。

平成一五年一月二四日

北　政巳

(50) 横川義正『ティールームの誕生——〈美覚のデザイナーたち〉』(平凡社選書, 1998年) 132-144頁。

(51) British Library Cataloguing, *op. cit.*, p. 10.

(52) 松村「世紀末の生活技術」(出口保夫編『世紀末のイギリス』前掲書) 42頁。

(53) F. H. Newbery, *The Glasgow School of Painting*, George Bell & Sons, London, 1897, p. 32.; H. B. Morton ed., *A Hill Head Album*, Glasgow W2, H. B. M., 1972, p. 35.

(54) 1978年12月から79年6月にかけてグラスゴウ, エディンバラ, エア, エディンバラ, ロンドンの巡回展で「ホーネルとヘンリーの日本旅行」のテーマで90点近くが展示された。W. Buchanan, *Mr. Henry and Mr. Hornel visit Japan*, The Scottish Art Council, 1978が参考になる。

(55) F. H. Newbery, *op. cit.*, pp. 30-33.

(56) *Ibid.*, p. 25.

(57) W. Buchanan, *op. cit.*, p. 17.

(58) F. H. Newbery, *op. cit.*, p. 27

(59) Polygon & Scottish Museums Council, *Scottish Museums and Galleries Guide*, Glasgow Herald, 1986, pp. 4-8.

(60) W. Buchanan, *op. cit.*, p. 14. ロシアへのスコットランドの鉄道・造船業の技術移転の関係は深い。D. F. McGuire, *C. Mitchell, 1820-1895, Victorian Shipbuilder*, New Castle upon Tyne Cuty Council Libraries and Arts, 1988, p. 12.

(61) Hugh Fraser Foundation, *JAMES McNEILL. Whistler at the Hunterian Art Gallery*, Glasgow District Council, 1990, p. 6.

(62) K. Donnelly & N. R. Thorp, *Whisler and Further Family*, Glasgow University Library, 1980, p. 15.

(63) ウィッスラーが葛飾北斎を英国・グラスゴウに紹介したと云われ, 彼の描いた蝶々夫人と北斎の結婚の絵が1889年11月29日にグラスゴウ芸術協会で披露された。W. B. Buchanan, *op. cit.*, p. 7.

(64) E. R. Pennell & J. Pennell, *The Life of James McNeill Whistler*, Vol. 2, London & Philadelphia, 1908, p. 46.; M. F. Macdonald, *Whistler Pastels and Related Work in the Hunterian Art Gallerry*, University of Glasgow, 1984, p. 34.

(65) 拙論「近代スコットランド移民活動の思想・哲学」(拙著『近代スコットランド移民史研究』前掲書) 33-60頁。

(34) 拙稿「スコットランド機械工業史——H・ダイアーのグラスゴウ機械工業調査報告（1901年）を中心として」（『創価経済論集』第11巻第2号, 1981年）45-82頁。
(35) スコットランド人技術移民が最も成功したのもアメリカである。拙著『近代スコットランド移民史研究』（御茶の水書房, 1998年）147-153頁。両国の関係の深さは, A. Hook, *Scotland and America, A Study of Cultural Relations, 1750-1835*, Blackie, Glasgow and London, 1973, pp. 2-4.
(36) 拙著『近代スコットランド社会経済史』（前掲書）184, 190頁。J. Hood ed., *The History of Clydebank*, Parthenon Publishing, Carnforth, 1988, pp. 3-14.
(37) D. Bremner, *The Industries of Scotland, Their Rise, Progress and Present Condition*, A. M. Kelly, New York, 1969, pp. 34-37, 140-146.
(38) ケルヴィン卿が日本の伊藤や教え子の志田等と交わした数多くの書簡がそれを物語る。ケンブリッジ大学所蔵の『ケルヴィン卿書簡集』（*Collections of Correspondence of Lord Kelvin*, Cambridge, 1924）参照.
(39) 拙論「日本人留学生——グラスゴウ大学と日本語入試」（拙著『国際日本』前掲）206, 213頁。グラスゴウ大学教授会記録（*Minutes of the University Court of Glasgow*, 7th February, 1901 & 6th November 1901）の2回の記録が残される。
(40) 拙論「19世紀の日本・グラスゴウ交流史ーグラスゴウ領事A・R・ブラウンと日本」（『創価経済論集』第22巻第3号, 1982年）参照。
(41)例えばグラスゴウの光作器械会社バア＆ストラウド社に, 1898-1930年の間に, 239名の邦人が訪問した。拙稿「日蘇交流史の一考察——バア＆ストラウド社の『訪問者録』(1898-1930年）に表れる日本人達」（『大阪大学経済学』第35巻第1号, 1985年）297-317頁。
(42) 平野勇夫訳『大日本・東洋のイギリス——国民進化の研究』（H. Dyer, *Dai Nippon, The Britain of the East, a Study in National Evolution*. 実業の日本社, 1999年）が参考となる。
(43) 拙稿「スコットランド出移民」（拙著『近代スコットランド移民』前掲書）147-155頁。またカーネギーについては, 正木久司訳『アメリカ企業200年』（T・C・コクラン著, 文真堂, 1989年）96, 346頁。
(44) 拙稿「日本人留学生の変容」（『自然』1984年2月号）97頁。
(45) A. G. Clement & R. H. S. Robertson, *Scotland' Scientific Heritage*, Oliver & Boyd, Edinburgh and London, 1961, pp. 55, 63, 83. ; *Clyde Men of the World* (*op. cit.*), p. 26. ; B. Fletcher, *Great Scottish Discoveries and Inventions*, Richard Drew Publishing Ltd., Glasgow, 1985, pp. 12-13.
(46) British Library Cataloguing, *Charles Rennie Mackintosh, 1869-1928*, Glasgow School of Arts, 1987, pp. 14-33.; G. Hay, *Architecture of Scotland*, Oriel Press Ltd., 1977, p. 87.
(47) ドレッサーはメルボルン博覧会後の1877年に来日した。横山俊夫編『視覚の19世紀——人間・技術・文明』（思文閣, 1992年）189頁。ドレッサーと日本については, 鈴木博之「クリストファー・ドレッサーと日本」（吉田編『万国博覧会の研究』前掲書）45-86頁。
(48) P. & J. Kinchin, *op. cit.*, pp. 26, 34, 38.
(49) National Trust for Scotland, *The Hill House*, McCorquodale Ltd., 1985, pp. 13-18. ; Hunterian Art Gallery, *Mackintosh Flower Drawings*, University of Glasgow, 1988, p. 7.

の陶磁器が65名の協力者から出展されたが，多くはセント・アンドリューズ，ダンディの造船•海運業者が多かった。*Oriental Art Loan Exhibition, Comprising Principally the Decorative Art of Japan and Persia*, Corporation gallaries, Glasgow, December 1881-May 1882.

(14) 拙論「工部大学校とお雇いスコットランド人教師」(拙著『国際日本』前掲書) 96-100頁。

(15) G. Fox, *Britain & Japan, 1858-1883*, Macmillan, London, 1969, p. 371. 海上保安庁燈台部『日本燈台史』(社団法人燈光会，1969年) 16頁。

(16) 拙論「グラスゴウ大学と日本人留学生」(拙著『国際日本』前掲書) 182頁。*Minutes of Court of University of Glasgow*, 10th October, 1875.

(17) 田中彰『岩倉使節団と「米欧回覧実記」』(岩波文庫，1978年) 第2巻，199頁。*Post Office Directories at Glasgow*, 1873 & 1893, グラスゴウ大学ペィリィ図書館蔵。

(18) ダイアーの意向にもかかわらず，当時の日本では高等教育教科に美術を入れる発想はなく断念した。当時の様子は，三好信浩『近代日本産業啓蒙書の研究』(風間書房，1992年) 602-608頁。

(19) 拙稿「工部大学校とグラスゴウ大学——日蘇関係史の一視点」(『社会経済史学会』第46巻第5号，1981年) 7-14頁。

(20) H. Fenwick, *Scotland's Historical Buildings*, Robert Hale, London, 1974, p. 238.

(21) D. Martin, *The Glasgow School of Paintings*, George Bell & Sons, London, 1897, pp. XII ～ XIII。

(22) 拙著『蘇格蘭土と日本・世界——ボウモア・ウィスキーと薊の文化』(近代文芸社，1999年) 33頁。

(23) 石田潤一郎他編『近代建築史』(昭和堂，1998年) 50-54頁。

(24) 吉田光邦編著『万国博覧会の研究』(思文閣出版，1986年) 11-14頁。

(25) グラスゴウ・ボーイズと呼ばれる画家は代表的な20名を入れて30名近くいるが，ここでは日本との関係の強い4名を取り上げる。D. Martin, *op. cit.*, pp. XI-XXIII.

(26) 吉田光邦「改定版万国博覧会——技術文明的に』(日本放送出版協会，1985年) 45-53頁。

(27) C. A. Oakney, *The Second City*, Blackie, Glasgow & London, 1976, p. 113.

(28) フォース橋は，グラスゴウ大学への邦人留学生渡辺嘉一の「片もち橋」案を採用して完成された。拙著『国際日本』(前掲) 178, 191, 202, 260頁。

(29) P. Kinchin & J. Kinchin, *Glasgow's Great Exhibitions, 1888・1901・1938・1988*, White Cockade, 1988, pp. 20-21.

(30) J. R. Hume & M. S. Moss, *Beardmore, The History of A Scottish Industrial Giant*, Heinemann, London, 1979, pp. 38, 54, 261.

(31) P. Kinchin & J. Kinchin, *op. cit.*, p. 34. 拙稿「東洋のイギリスの誕生」(『自然』中央公論社，1984年3月号) 90-92頁。

(32) スコットランド系海運業者については，拙著『近代スコットランド鉄道・海運業史——大英帝国の機械の都グラスゴウ』(御茶の水書房　1999年) 135, 235頁。

(33) E. Dunlop & A. Kamn, *The History of Glasgow*, Richard Drew Publishing, Glasgow, 1984, p. 25. ; D. Murray, *Lord Kelvin, as Professor in Old College Glasgow*, Meclehouse, Jackson & Co., Glasgow, 1924, pp. 45-48.

Times to the Twentieth Century, with a Survey of the Contributions of Scotsmen in Peace and in War to the Growth of the British Empire and th Progress of the World, Oliphant, Anderson & Ferrier, Edinburgh & London, Vol Ⅱ, 1909, p. 850.

(81) *Ibid.*, p. 851. スコットランド人の気質については，カナダ生まれのガルブレイス（J. K. Galbreith）教授著『スコッチ気質』（土屋哲訳，河出書房新社，1972年）参照。

(82) G. Donaldson, *The Scots Overseas*, Robert Hale, London, 1966, p. 201.

(83) A. G. Clements & R. H. S. Robertson, *op. cit.*, p. 8.

(84) R. A. Gage ed., *The Scots Abroad, Labour, Capital, Enterprise, 1750-1914*, Croom Helm, London, 1985, p. Ⅳ.

第9章　ヨーロッパ・ジャポニズムとスコットランド

(1) 日野永一「万国博覧会と日本の『美術工芸』」（吉田光邦編『万国博覧会の研究』思文閣，1986年）22頁。金井圓編訳『描かれた幕末明治，イラストレイテッド・ロンドン・ニュース，日本通信1853-1902』（雄松堂書店，1973年）188頁。ジャポニズム学会編『ジャポニズム入門』（思文閣出版，2000年）71-73頁。

(2) 拙論「近代技術の伝播者①～⑦」（『自然』中央公論社，1983年9月-1984年3月）参照。

(3) M. Moss & J. R. Hume, *Workshop of the British Empire, Engineering and Shipbuilding in the West of Scotland*, Heinemann, London & Edinburgh, 1977, p. 3.

(4) 拙著『近代スコットランド移民史研究』（御茶の水書房，1998年）参照。

(5) 拙論「工部大学校都検ヘンリー・ダイアー」（梅渓昇編『ザ・ヤトイ』思文閣，1987年）310-311頁。

(6) 拙著『国際日本を拓いた人々――日本とスコットランドの絆』（同文舘，1984年）39-43, 68, 80-81, 123-131, 217-247頁参照

(7) 出口保夫「ヴィクトリア期後期の社会と文化」（出口保夫編『世紀末のイギリス』研究社出版，1996年）15, 16頁。

(8) 拙著『近代スコットランド社会経済史研究』（同文舘，1985年）37-54頁，参照。

(9) スコットランド人知識家には伝統的にグランド・ツアーの伝統があり，アダム・スミスもフランスで啓蒙主義者と交流したことは有名である。水田洋『アダム・スミス研究』（未来社，1968年）124-140頁。またスコットランド思想が旧大陸（ヨーロッパ）や新大陸（アメリカ）との交流があり極めて普遍的であったことは，田中秀夫『文明社会と公共精神――スコットランド啓蒙の地層』（昭和堂，1996年）参照。

(10) 著名なスコットランド人建設技師マカダム（J. McAdam）がガルバルディの親密な友人で，彼の応援下にグラスゴウ市民はイタリア独立支援運動を展開した。*Clyde Men of the World, An Exhibition of Archives at Kelvingrove Museum and Art Gallery*, November 1979, p. 21.

(11) W. H. Marwick, *Economic Developments in Victorian Scotland*, Augustusm. Kelly, Clifton, rep., in 1973, pp. 99-101, 224-228

(12) ジョン・フライ著（小泉和子訳）『イギリスの家具』（西村書店，1993年）205-207頁。

(13) 例えば1881年にグラスゴウ市で『東洋美術展――日本』が開催され，500点近く

(58) W. H. Marwick, *Scotland in Modern Times, An outline of Economic and Social Development since the Union of 1707*, Frank Cass, 1964, p. 148.
(59) J. Guthrie, *A History of Marine Enginnering*, Hutchinson, London, 1971, p. 56. ; H. Barnaby, *100 Years of Specialized Shipbuilding and Engineering*, London, 1964, p. 45.
(60) P. L. Payne, *British Entrepreneurship in the Nineteenth Century*, Macmillan, 1974, pp. 45-48.
(61) J. Hood, *op. cit.* (*History of Clydebank*), p. 63.
(62) 拙稿「スコットランド重工業にみる企業者活動――T. J. Byres の論文を中心として」(『ヒストリア』大阪歴史学会, 第54号, 1970年) 45-52頁。
(63) *History of Munitions*, Vol. 1, part 1, pp. 89-194. ; F. M. Walker, *Song of the Clyde Shipbuilding*, Cambridge, Patrick Stephens, 1984, p. 78.
(64) W. H. Marwick, *op. cit.*, pp. 164-165.
(65) J. D. Gilles & J. Wood, *Aviation in Scotland*, Glasgow, 1969, pp. 40-42.; R. Highman, *British Rigid Airships 1906-1919*, London, 1966, pp. 105-132.
(66) *Glasgow Herald*, 25 April, 1919.
(67) 拙著『近代スコットランド鉄道・海運業史』(前掲) 313-320頁
(68) J. Hume & M. Moss, *op. cit.* (*Beardmore*), pp. 132-137.
(69) R. H. Campbell, *The Rise and Fall of Scottish Industry 1707-1939*, John Donald, Edinburgh, 1980, p. 126.
(70) R. Middlemas, *The Clydesiders : A left-wing struggle for Parliamentary Power*, London, 1965, pp. 54-68.
(71) Beardmore statements of account 1914-1919, UGD 100/8/14-19, *Glasgow University Archive.*
(72) J. Hood, *op. cit.* (*History of Clydebank*), pp. 71, 72. ; J. G. Kellas, *Modern Scotland, The Nation since 1870*, Pall Mall Press, London, 1968, pp. 171-203.
(73) クライドバンクの1919-1939年の 3 紙 (*Clydebank Press*, *Clydebank Town Council Minutes*, *Clydebank Town Council Abstracts of Accounts* に詳報されている。拙著『近代スコットランド鉄道・海運業史』(前掲) 153頁。
(74) J. H. Hood, *op. cit.* (*History of Clydebank*), p. 97. ; J. Mackinnon, *The Social and Industrial History of Scotland, From the Union to the Present Time*, Longmans, Green & C, London, 1921, pp. 268-269.
(75) 拙稿「スコットランド航海会社――ベン会社を中心として」(『創価経済論集』第23巻第1号, 1993年) 参照。
(76) H. Dyer, 'On a University Faculty of engineering, ……with Discussion', in *Transaction of the Institution of Engineers & Shipbuilders, Scotland*, 1889-90, Vol. 33, p. 21.
(77) 拙稿「ヘンリー・ダイアーと日本――彼の日本観を中心として」(『創大アジア研究』創刊号, 1980年3月) 123-146頁。
(78) 拙文「序にかえて」(平野勇夫訳『大日本――東洋のイギリス』実業之日本社 1999年) 1-13頁。
(79) 拙著『国際日本を拓いた人々――スコットランドと日本の絆』(同文舘, 1984年) 119-129, 168-70頁。
(80) C. W. Thomson, *Scotalnd's Work and Worth, An Epitome of Scotland's Story from Early*

(37) J. W. F. Gardner, *Railway Enterprises, London, Midland, and Scottish Railway, Origin and Subsequent development of the Railways in Scotland*, 1926, pp. 45-46
(38) R・パクストン著『フォース橋の100年』土木学会編（R. Paxton ed., *100 Year of the Forth Bridge*, 1992年）40-42頁, 139頁。
(39) J. Thomas, *The Callander & Oban Railway*, David & Charles, Newton Abbot, 1966, p. 61. ; S. G. Checkland, *Scottish Banking, A History : 1695-1973*, Collins, Glasgow, 1975, p. 167.
(40) J. Brand, *The National Movement in Scotland*, Routledge & Kegan Paul, London, 1984, pp. 183, 184.; E. Richards, *A History of the Highland Clearances, Agrarian Transformation and the Evictions, 1746-1886*, Croom Helm Ltd., p. 4.
(41) R. H. Campbell ed., *Source Book of Scottish Economic & Social History*, Basil Blackwell, 1968, p. 131. ; P. L. Payne, *The Early Scottish Limited Companies, 1856- 1895*, Scottish Academic Press, Edinburgh, 1985, pp. 32-34.
(42) 拙稿「工部大学校とグラスゴウ大学――日蘇関係史の一視点」（『社会経済史学会』第46巻第5号, 1981年）7-14頁。
(43) J. Napier, *The Life of Robert Napier*, William Blackwood, Edinburgh, 1904, p. 30. ; J. Guthrie, *A History of Marine Engineering*, Hutchinson, London, 1971, p. 6.
(44) F. E. Hyde, *Cunard and the Northern Atlantic, 1850-1973, A History of Shipping and Financial Management*, Macmillan Press, 1975, pp. 14-15.
(45) J. Hood, *The History of Clydebank*, Pathenon Publishing, Lancashire, 1988, p. 3.
(46) J. F. Riddell, *Clyde Navigation, A History of the Development and Deepning the River Clyde*, John Donald, Edinburgh, 1970, pp. 2-3, 69-75.
(47) S. D. Rent, *Strike !, The Clydebank Rent Struggle of 1920s*, Clydebank, 1982, pp. 13-14.
(48) H. D. Brown, *Clydebank Shipyard : A History of Clydebank Establishment of Messrs.*, John Brown & Co. J. & G. Thomson, 1847-1955, Glasgow, 1954, pp. 43-45.
(49) A. J. S. Paterson, *The Golden Year of the Clyde Steamers, 1889-1914*, David & Charles, Newton Abbot, 1969, pp. 23, 77, 80.
(50) R. Brandon, *Singer and the Sewing Machine*, London, 1978, p. 52.
(51) *A Shipbuilding Story, 1750-1932*, privately printed for Alexander Stephen & Sons, E. D. J. Barrow & Co. London, 1932, pp. 68-69.
(52) D. Dougan, *The History of North East Shipbuilding*, George Allen & Unwin, London, 1968, p. 166.
(53) S. G. Checkland, *The Upas Tree, Glasgow 1875-1975*, University of Glasgow Press, 2nd edition, 1981, pp. 3-5.
(54) J. Hood, *op. cit.*, p. 8.
(55) W. E. Lawrence, *A history of Clydebank Co-operative Society Ltd.*, Glasgow, S. C . W., 1948, p. 146. ; I. M. F. Mcphail, *The Clydebank Blitz*, Clydebank Town Council, 1974, p. 24.
(56) A. L. Slaven & S. G. Checkland eds., *Dictionary of Scottish Business Biography*, Vol. 1, Aberdeen University Press, 1986, pp. 223, 239.
(57) M. S. Moss & J. R. Hume, *Workshop of the British Empire, Engineering an Shipbuilding in the West of Scotland*, Heinemann, London & Edinburgh, 1977, p. 3.

(17) このイギリスの歴史的貢献を，20世紀末からの日本に期待する歴史家として，川勝平太監修『新しいアジアのドラマ』（筑摩書房，1994年）66-70頁。角山栄著『アジア・ルネッサンス』（ＰＨＰ研究所，1985年）52頁。

(18) 拙論「19世紀スコットランド株式銀行の成立——National Bank of Scotland の先駆的役割」（『創立五周年記念論文集』創価大学出版会，1976年）39-47頁。

(19) 拙論「19世紀におけるスコットランド銀行業」（『大阪大学経済学』第21巻第3号，1972年）22-23頁。

(20) R. H. Campbell, *Source Book of Scottish Economic & Social History*, Basil Blackwell, 1968, p. 131.

(21) 拙稿「産業革命期スコットランド諸銀行にみる企業者活動」（『創価経済論集』第4巻第3号，1974年）63頁。

(22) 拙稿「19世紀後半のスコットランド銀行業の経営組織——A. W. Kerr の編集した1865-96年の営業報告書から」（『創価経済論集』第3巻第2号，1973年）78-82頁。

(23) 拙稿「スコットランド銀行業システム」（前掲『近代スコットランド社会経済史研究』第4章第2節，1986年）237-253頁。

(24) *Bankers' Magazine*, October 1846 ; R. Sommers, *The Scottish Banks and System of Issue*, R. & R. Clerk, Edinburgh, 1873, p. 84. ; M. Gaskin, *The Scottish Banks, A Modern Survey*, George Allen & Unwin, Ltd., London, 1965, p. 114.

(25) 拙稿「産業革命期スコットランド製鉄業と企業家」（『大阪大学経済学』第19巻第4号，1970年）48-49頁。

(26) M. Nicholson & M. O'Neil, *Glasgow, Locomotive Builder to the World*, Polygon Books, 1987, p. 5.

(27) C. Hight, *Scottish Locomotive History, 1831-1923*, G. Allen & Unwin Ltd., 1970, p. 39.

(28) 拙稿「スコットランド鉄道鉄道生成史——その発展と企業家の出自」（『創価経済論集』第11巻第4号，1982年）42頁。

(29) B. Lemman, *An Economic History of Modern Scotland, 1660-1976*, Archon Books, Hamden, Connecticut, 1977, p. 170.

(30) B. M. Racliffe ed., *Great Britain and her world, 1750-1914*, Manchester, 1975, pp. 23-24. ; A. F. Steuart, *Scottish Influences to Russian History : From the End of the Sixteenth Century to the Beginning of the Nineteenth Century*, Murray, Edinburgh, 1913, pp. 17-20.

(31) M. Nicholson & M. O'Neil, *op. cit.* (Glasgow Locomotive Builders), p. 17.

(32) 拙稿「19世紀スコットランド鉄道業と日本」（『鉄道史学』第1号，1984年）48頁。

(33) 拙稿「蒸気機関車の類型」（『近代スコットランド鉄道・海運業史——大英帝国の機械の都・グラスゴウ』第２章第Ⅳ項，御茶の水書房，1999年）33-38頁。

(34) J. Thomas, *The Springburn History, the History of the Scottish Railway Metolopolis*, David & Charles, Newton Abbot, 1974, p. 2. ; J. R. Hume, *The Industrial Archaeology of Glasgow*, Blackie & Son Ltd., 1974. Glasgow, p. 312.

(35) T. B. Hart, *James Watt and the History of Steam Power*, Aberdeen-Schuman, London, 1958, p. 104. スティーブンスンはギリシア起源の「花輪」の意。Stephenson や Stephens はイングランド語，Stevenson や Steve はスコットランド語とされる。D. Dorward, *Scottish Surnames*, William Blackwood, 1978, p. 54.

(36) W. H. Marwick, *Economic Development in Victorian Scotland*, A. M. Kelly, 1973, p. 66.

(44) J. G. Crowthers, *Discoverties and Inventions of the Twentieth Century*, Routledge & Kegan Paul Ltd., rep., in 1978, pp. 23-26.

(45) M. Joyce, Edinburgh, *The Golden Age, 1769-1832*, Longmans Green & Co., London, 1951, pp. 124-134.; W. K. Ritchie, *Edinburgh in its Golden Age*, Longman, London, 1967, pp. 84-87.

(46) 拙著『近代スコットランド鉄道・海運業史——大英帝国の機械の都・グラスゴウ』(御茶の水書房, 1999年) 5, 13-15頁。

第8章　大英帝国の繁栄とスコットランド・ルネッサンス

(1) 拙著『近代スコットランド移民史研究』(御茶の水書房, 1998年) 52頁。

(2) A. Slaven, *The Development of the West of Scotland, 1750-1960*, Routledge & Kegan Paul, London, 1974, pp. 3-5.

(3) M. Moss & J. R. Hume, *Workshop of the British Empire, Engineering and Shipbuilding in the West of Scotland*, Heinemann, London & Edinburgh, 1977, p. 2

(4) 拙論「クライド蒸気船時代の盛衰——スコットランド鉄道企業と蒸気船会社の競争と妥協 (1889-1914年) の歴史」(『創価経済学論集』第24巻第3号, 1995年) 31頁。

(5) 拙論「18世紀スコットランド経済発展に関する一考察」(『創価大学開学記念論集』1971年) 18頁。

(6) 拙論「イギリス地方行政史に関する一考察——スコットランドの合併から『自立政府』に至るまで」(『創価経済論集』第7巻第3号, 1977年) 18頁。

(7) R. H. Campbell, *Scotland since 1707, The Rise of an Industrial Society*, Basil Blackwell, London, 1965, p. 3.; H. Hamilton, *Economic History of Scotland in the Eighteenth Century*, Clarendon Press, London, 1963, p. 2.

(8) W. H. Marwick, *Scotland in Modern Times, An outline of Economic & Social Development since the Union of 1707*, Frank Cass, 1964, p. 13.

(9) N. Munro, *The History of the Royal Bank of Scotland, 1727-1927*, R. & R. Clark, Ltd., Edinburgh, 1928, pp. 32-33.

(10) N. Nicol, *Glasgow & the Tobacco Lords*, Longman, London, 1966, pp. 75-82. ; P. L. Payne ed., *Studies in Scottish Business History*, Frank Cass & Co. London, 1967, p. 61.

(11) 拙著『蘇格蘭土と日本・世界——ボウモア・ウィスキーと薊の文化』(近代文芸社, 1999年) 参照。

(12) G. Donaldson ed., *Scottish Historical Documents*, Scottish Academic Press, Edinburgh & London, 1979, pp. 3-9.

(13) 拙論「産業革命期スコットランドの教育組織に関する一考察」(『創価経済論集』第4巻第1号, 1974年) 49-50頁。

(14) S. L. Hunter, *The Scottish Educational System*, Pergamon Press, Edinburgh, 1968, p. 2. ; L. R. Findlay, *Education in Scotland*, David & Charles, Newtom Abbot, 1973, p. 12.

(15) W. Ferguson, *Scotland, 1689 to the Present*, Oliver & Boyd, Edinburgh, 1968, p. 199. ; A. Lang, *A History of Scotland from the Roma Occupation*, Vol. II, A. M. S. Press, New York, 1970, pp. 102-110.

(16) 天川潤次郎著『デフォー研究』(未来社, 1966年) 185頁。

(25) W. K. V. Gale, *The British Iron & Steel Industry, A Technical History*, A. M. Kelley, New York, 1968, p. 107. ; D. Burn, *The Economic History of Steel Making, 1867-1939*, Cambridge Univ. Press, 1961, pp. 59, 65, 198.

(26) Sir G. Morgan & D. D. Platt, *British Chemical Industry : its Rise and Development*, Edward Arnold, 1935, p. 164. ; J. R. Partington, *A History of Chemistry*, Macmillan, 1937, p. 69.

(27) D. Guthrie, *A History of Medicine*, Nelson, 1945, pp. 12-4, 34-5.

(28) J. Patrick, 'Scotland and Advances in Medicine and Surgery', in *Scotland and its Peoples*, No. 6, Oliver & Boyd, Glasgow, 1942. ; O. Checkland & M. Lamb, *Health Care as Social History ; The Glasgow Case*, Aberdeen University Press, 1982, pp. 110, 179, 180.

(29) A. G. Clements & R. H. S. Robertson, *op. cit.*, p. 92. ; A. J. Youngson, *The Scientific Revolution in Victorian Medicine*, Croom Helm, London, 1979, p. 21.

(30) C. Singer, *A Short History of Biology*, Clarendon Press, Oxford, 1931, p. 86.

(31) J. H. McCulloch, *The Scot in England*, Hurst & Blackett, 1935, p. 56. ; F. Danneman & A. Armitage, *A History of Science, Technology and Philosophy in the 16th and 17th Centuries*, Allen & Unwin, 1950, p. 23.

(32) 拙稿「スコットランド機械工業史――H・ダイアーのグラスゴウ機械工業調査報告（1901年）を中心として」（『創価経済論集』第11巻第2号, 1981年）45-82頁。拙稿「日本・スコットランド文化交流史――明治のジャポニズムと英国グラスゴウ」（『日本研究』第21集, 2000年3月）50-52頁。

(33) F. Cajori, *A History of Physics*, Macmillan, 1899, p. 94.; F. S. Taylor, *British Inventions*, Longmans, 1952, p. 112.

(34) S. Miall, *History of the British Chemical Industry*, Benn, 1931, p. 87. ; C. A. Oakley, *The Second City*, Blackie, Glasgow, 1967, p. 149.

(35) 水野五郎訳『近代化学工業の研究――その技術・経済史研究』（L・F・ハーバー著, 北海道大学図書刊行会, 1977年）240-253頁。

(36) A. & N. Clow, *The Chemical Revolution*, Batchworth Press, 1952, pp. 18, 25.

(37) A. G. Clement & R. H. S. Robertson, *op. cit.*, p. 100.

(38) J. D. Comrie, *History of Scottish Medicine*, Vol. 2. Bailliere, London, 1932, p. 94.

(39) W. W. Bryant, *A History of Astronomy*, Methuen, 1907, p. 88. ; H. H. Ellis, *op. cit.*, pp. 74, 87.

(40) S. J. Jones, *Dundee and District*, Dundee Local Executive Committee of the British Association for the Advancement of Science, 1962, p. 377. ; R. L. Mackie ed., *Scientific Survey of Dundee and District*, B. A. A. C., 1939, p. 153.

(41) 拙著前掲『国際日本を拓いた人々』191頁。H. Douglas, *Crossing the Forth*, Robert Hale Ltd., London, 1964, p. 121. ; *History of the Forth Bridge*, Bank & Co., Ltd., Edinburgh, 1911, pp. 25-41. ; H. M. Cadell, *The Story of the Forth*, Maclehose, Glasgow, 1913, pp. 81-103.

(42) J. Butt, I. L. Donnachie & J. R. Hume, *Industrial History in Pictures of Scotland*, David & Charles, Newton Abbot, 1967, pp. 78-81.

(43) 拙著『近代スコットランド移民史研究』（御茶の水書房, 1998年）147-152頁, G. Donaldson, *The Scots Overseas*, Robert Hale, London, 1966, pp. 177, 190.

(6) R.A.Pxton, 'Menai Bridge(1818-26)and its influence on suspension bridge develpoment, ' in *Transaction of Newcomen Society*, 1977-78, p. 49. 土木学会監訳『フォース橋の 100年』(R. Paxton ed., *100 Years of the Forth Bridge*, 1990) 21, 36, 124頁。

(7) H. H. Ellis, *A Study of British Genius*, Constable, 1927, pp. 63, 69, 85.

(8) G. S. Emmerson, *John Scott Russell, A Great Victorian Engineer and Naval Architect*, John Murray, London, 1977, pp. 9, 34, 58-60.

(9) P. Banbury, *Shipbuilders of the Thames and Medway*, David & Charles, Newton Abbot, 1971, pp. 18, 63, 211.

(10) J. Shields, *Clyde Built, A history of shipbuilding on the River Clyde*, William Maclellan, 1950, p. 59.

(11) G. Balfour, *The Life of Robert Louis Stevenson*, Vol. 1, Methuen & Co., London, 1902, pp. 16-28. 18世紀中頃に同族の Stephenson から Stevenson が分派した。移民する人々を中心に, 姓の一部を変える流行があった。

(12) 海上保安庁燈台部『日本燈台史』(燈光会・中央公論事業出版, 1969年) 34頁。
R. W. Munro, *Scottish Lighthouses*, The Thule Press, Lewis, 1979, pp. 80, 109-110.

(13) R. Chambers ed., *A Biographical Dictionary of Eminent Scotsmen*, with supplemental volume by Thomas Thomson, Vol. 1, Blackie, 1855, pp. 6, 15, 78.

(14) S. P. Thompson, *Life of Lord Kelvin, 1824-1907*, Vol. II, Macmillan & Co., London, 1910.; D. Wilson, *William Thomson, Lord Kelvin*, J. Smith & Sons, Glasgow, 1910. 参照。またケルヴィン卿の日本人留学生との交流については, 拙著『国際日本を拓いた人々——日本とスコットランドの絆』(同文舘, 1984年) 157, 177, 178, 194頁。

(15) R. Ian, *The Five-hundred Year Book of the University of Glasgow, 1451-1951*, Glasgow Univ. Press, 1951, p. 36.; *History of Faculty of Engineering, from Stephenson to Aerial Surveying, 120 years of Pioneering*, University of Glasgow, London, 1946, pp. 65-71.

(16) A. G. Clement & R. H. S. Robertson, *Scotland's Scientific Heritage*, Oliber & Boyd, Edinburgh, 1961, p. 79.

(17) G. Singer, *A Short History of Medecine*, Oxford, Clarendon Press, 1931, p. 132.

(18) P. Lenard, *Great Men of Science*, G. Bell & Sons, 1950, p. 175.; D. Thompson, 'Fifty Years ago in the Royal Society of Edinburgh', in *The Proceeding of Royal Society of Edinburgh*, Vol. 54, pp. 112, 145-157.

(19) A. G. Clements & R. H. S. Robertson, *op. cit.*, p. 82. ; F. Cajori, *A History of Physics*, Macmillan, 1899, p. 143.

(20) A. Slaven & S. Checkland, *Dictionary of Scottish Business Biography, 1860-1960*, Vol II, Aberdeen Univ. Press, 1990, p. 81.

(21) W. Woodruff, *The Rise of the British Rubber Industry in the Nineteenth Century*, Liverpool, 1958, p. 76.; E. Thompkins, *The History of the Pneumatic Tyre*, Dunlop Archive Project, 1981, p. 68.

(22) F. S. Taylor, *A Short History of Science*, Heinemann, London, 1939, p. 105.

(23) F. Cajori, *A History of Mathematic*s, Macmillan, 1894, p. 84.

(24) 拙著『蘇格蘭土と日本・世界——ボウモア・ウィスキーと薊の文化』(近代文芸社, 1999年) 44頁。M. Lindsay, *Victorian and Edwardian Glasgow, from old photographs*, B. T. Batsford Ltd., London, 1897, pp. 6870, 100.,

Edward Arnold, 1935, pp. 102-110.
(48) J. R. Partington, *A History of Chemistry*, Macmillan, 1937, p. 76.
(49) A. & N. Clow, *The Chemical Revolution*, Batchworth Press, 1952, p. 88.; D. Bremner, *The Industries of Scotland, Their Rise, Progress and Present Condition 1869*, A. M. Kelly, New York, rep in 1969, p. 40.
(50) Sir. R. Gregory, *British Scientist*, Collins, 1946, p. 164.
(51) F. S. Taylor, *British Inventions*, Longmans, 1952, p. 94.
(52) *Mechanical and Electrical Engineering : Classified List of Hitorical Events*, H. M. S. O., 955, pp. 65-74.
(53) Bryant, *op. cit.*, p. 160.; R. H. S. Robertson, 'The Output of Scientisits in Scotland, 1600-1950', in *Eugenics Review*, Vol. 52, 1950, pp. 71-82.
(54) D'Archy Thompson, 'Fifty Years ago in the Royal Society of Edinburgh', in *Proceedings of Royal Society of Edinburgh*, Vol. 54, pp. 112, 145-157.
(55) J. H. McCulloch, *The Scots in England*, Hurst & Blackett, 1935, p. 46.
(56) G. Singer, *A Short History of Biology*, Oxford Clarendon Press, p. 90. ; W. & R. Chambers, *Edinburgh's Place in Scientific Progress*, Handbook of the British Association, 1921, p. 52.
(57) Clement & Robertson, *op. cit.*, p. 65. ; R. E. Chambers, *A Biological Dictionary of Eminent Scotsmen*, with supplement volume by Thomas Thomson, Vol. 2, 1855, p. 30 .
(58) J. Patrick, *op. cit.*, p. 156. ; O. Checkland & M. Lamb ed., *Health Care as Social Hitory : The Glasgow Case*, Aberdeen University Press, 1982, p. 68.
(59) A. J. Youngson, *The Scientific Revolution in Victorian Medecine*, Billing & Sons Ltd., London, 1979, p. 136.
(60) D. Daiches, *Glasgow*, Andre Deutsch, 1977, pp. 147-157. ; I. B. Cowan & D. Shaw ed., *Renaissance and Reformation in Scotland*, Scottish Academic Press, 1963, pp. 114-117.

第7章　スコットランド・ルネッサンス　III

(1) 拙稿「スコットランド・ルネッサンス研究（1）生成期」(『創価大学比較文化研究所紀要』第19巻, 2003年3月所収）参照。
(2) 拙論「近代スコットランド移民活動の思想・哲学」（拙著『近代スコットランド移民史研究』第2章, 御茶の水書房, 1998年10月）33-57頁。
(3) C. A. Oakley, *History of a Faculty, Engineering at Glasgow University*, 1973, p. 3. ; A. L. Brown and M. Moss, *The University of Glasgow : 1451-1996*, Edinburgh University Press, 1996, p. 27.
(4) W. O. Henderson, *Britain and Industrial Europe, 1750-1870*, Leicester University Press, 1965, p. 122, 144. ; G. W. Roderick & M. D. Stephens, *Scientific & Technical Education 19th Century England*, Daivd & Charles, Newton Abbot, 1972, p. 18
(5) J. W. F. Gardner, *Railway Enterprises, London, Midland and Scottish Railway, Origin and Subsequent Development of the Railways in Scotland*, Privately Printed, 1926, pp. 3-8. ; Strathclyde Regional Council, *Clyde Men of the World*, Vol. III, Blackie & Son, 1872, p. 435.

(26) L. M. Cullen & T. C. Smout, *Comparative Aspects of Scottish and Irish Economic and Social History 1600-1900*, John Donald Publishers Ltd, Edinburgh, 1974, pp. 50-54.
(27) H. Hamilton, *The Industrial Revolution in Scotland*, Frank Cass & Co., 1966, p. 144.
(28) J. Patrick, ' Scotland and Advances in Medicine and Surgery', in *Scotland and its peoples*, No. 6, Oliver & Boyd, 1942, p. 56.
(29) J. A. Symon, *Scottish Farming, Past and Present*, Oliver & Boyd, Edinburgh, 1959, pp. 104, 110, 382.
(30) *Ibid.*, pp. 331, 383-386.
(31) F. Cajori, *A History of Mathematics*, Macmillan, 1899, p. 84.
(32) W. W. Bryant, *A History of Astronomy*, Methuen, 1907, p. 86.
(33) F. Cajori, *op. cit.*, p. 89.
(34) G. Donaldson & R. S. Morpreth, *Who's Who in Scottish History*, Basil Blackwell, Oxford, 1973, p, 212-213. ; L. T. C. Rolt, *James Watt*, B. T. Batsford Ltd, London, 1962, pp. 56-69, 99-109.
(35) H. H. Ellis, *A Study of British Genuine*, Constable, 1927, p. 109. ; J. F. Riddell, *op. cit.*, p. 75, 36. ; Clement & Robertson, *op. cit.*, p. 48.
(36) スコットランド繊維工業との関係については, J. Butt & K. Ponting ed., *Scottish Textile History*, Aberdeen University Press, 1987, pp. 60, 76-82.
(37) S. F. Taylor, *A Short History of Science*, Heinemann, 1939, p. 68.
(38) R. H. B. Campbell, *op. cit.* (*Carron Co.*), p. 124.
(39) R. H. S. Robertson, 'The Output of Scientists in Scotland, 1600-1950', in *Edinburgh Review*, No. 52, 1960, p. 71-82.
(40) J. M. Macaulay ed., *John Anderson, Pioneer of Technical Education and the College he founded*, J. Smith & Son Ltd, Glasgow, 1950, pp. 29-30, 127-130.
(41) B. Lenman, *Intergration, Enlightenment, and Industrialization, Scotland 1746-1832*, Edward Arnold, 1981, pp. 121-122.; R. H. Campbell, *The Rise and Fall of Scottish Industry, 1707-1939*, John Donald Publishers Ltd. Edinburgh, 1980, pp. 25, 160.
(42) 拙著『近代スコットランド鉄道・海運業史――大英帝国の機械の都グラスゴウ』(御茶の水書房, 1999年) 第3章「スコットランド域内鉄道ネットワークの完成」45-66頁
(43) O. & S. Checkland, *Industry and Ethos, Scotalnd 1832-1914*, Edinburgh University Press, 1989, pp. 15, 22-23, 26. ; F. E. Hyde, *Cunard and the North Atlantic 1840-1973*, Macmillan, 1975, pp. 7-9.
(44) Clement & Robertson, *op. cit.*, p. 53. ; D. Burn, *The Economic History of Steel-making 1867-1939, A Study in Competition*, Cambridge University Press, 1961, pp. 45, 136, 173-179. ; S. Smiles, 'Life of Sir john Rennie', in *Lives of Enginners*, John Murray, 1861, pp. 5-12.
(45) *Ibid.*, p. 54. ; J. Butt, I. L. Donnachie & J. R. Hume, *Industrial History in Pictures, Scotland*, David & Charles, Newton Abbot, 1968, pp. 90-96.
(46) D'Archy Thompson, 'The History of Science in Scotland', in *Scotalnd and Peoples*, No. 5, Oliver & Boyd, 1942, p. 55.
(47) Sir G. Morgan & D. D. Pratt, *British Chemical Industry : its Rise an Development,*

pp. 63-67, 68-77.

(6) E. Richards, *A History of the Highland Clearance, Agrarian Transformation and the Evictions 1746-1886*, Groom Helm, London & Canberra, 1982, pp. 209-216. ; J. Prebble, *The Highland Clearances*, Secker & Warburg, London, 1976, p. 232.

(7) I. F. Grant, *The Economic History of Scotland*, Longmans, Green & Co, London, 1934, pp. 213, 215, 270. ; W. H. Marwick, *Scotland in Modern Times, An outline of Economic and Social Development since the Union of 1707*, Frank Cass & Co. Ltd. Edinburgh, 1964, pp. 53-54, 64-67.

(8) M. Joyce, *Edinburgh, the Golden Age, 1769-1832*, Longmans Green & Co., London, 1974, pp. 145-159. ; B. Mitchison, *A History of Scotland*, Methuen & Co. Ltd., London, 1979, pp. 254, 296.

(9) C. Harvie, *Scotland and Nationalism, Scottish Society and Politics, 1707-1977*, G. Allen & Unwin, London, 1977, pp. 111, 130. ; R. Mitchison, *Life in Scotland*, B. T. Batsford Ltd., 1978, pp. 113-117.

(10) N. Nichol, *Glasgow & the Tobacco Lords*, Longmans, 1966, pp. 21-29. ; H. Hamilton, *An Economic History of Scotland in the 18th Century*, Clarendon Press, Oxford, 1963, p. 262. ; A. M. Doak & A. M. Young, *Glasgow at a glance*, Robert Hale, London, 1977, No. 39.

(11) J. F. Riddell, *Clyde Navigation, An History of the Development and Deepning of the River Clyde*, J. Donald Publishers Ltd, 1979, pp. 32-35, 38-44.

(12) C. A. Okay, *The Second City*, Blackie, Glasgow, 1976, pp. 31-32, 113.

(13) A. G. Clement & R. H. S. Robertson, *Scotland's Scientific Heritage*, Oliver & Boyd, Edinburgh, 1961, p. 30.

(14) A. L. Brown & M. Moss, *The University of Glasgow:1451-1996*, Edinburgh University Press for Glasgow University, 1996, p. 201.

(15) Clement & Robertson, *op. cit.*, p. 32.

(16) P. Lenard, *Great Men of Science*, G. Bell & Sons, 1950, p. 63.

(17) J. D. Comrie, *History of Scottish Medecine*, Vol. 2. Bailliere, 1932, pp. 23-27.

(18) C. W. Thomson, *Scotland's Work and Worth, An Epitome of Scotland's Story from early Times to the Twentieth Century, with a Survey of the Contributions of Scotsmen in Peace and the War to the Growth of the British Empire and th Progress of the World*, Vol II, Oliphant, Anderson & Ferrier, Edinburgh, 1909, pp . 648-649.

(19) R. Chambers ed., *A Bibliographical Dictionary of Eminent Scotsmen*, with supplement volume by T. Thomson, Vol. I, Blackie, 1855, p. 76.

(20) Clement & Robertson, *op. cit.*, p. 36.

(21) C. W. Thomson, *op. cit.*, pp. 632-633, 659, 678.

(22) 拙稿「産業革命期スコットランドの株式企業――Carron Conmpany の事例」(『社会経済史学』第35巻第 3 号, 1969年) 34-35頁; R. H. Campbell, *Carron Company*, Edinburgh, 1961, pp. 56, 70, 125-127.

(23) D. Guthrie, *A History of Medecine*, Nelson, 1945, p. 89.

(24) Clement & Robertson, *op. cit.*, p. 39.

(25) S. Miall, *History of the British Chemical Industiry*, Benn, 1931, p. 76.

展を背景にクライド河の拡張・深化工事は深刻に討議されていた. J. F. Riddell, *Clyde Navigation, A History of the Development and Deepning of the River Clyde*, John Donal Publishers, Edinburgh, 1970, pp. 18-20.

(63) G. Bryson, *op. cit.*, p. 7. ; A. & N. Clow, *The Chemical Revolution*, Batchworth Press, 1952, p. 36.

(64) P. Lenard, *Great Men of Science*, G. Bell and Sons, 1950, p. 62.

(65) W. W. Bryant, *A History of Astronomy*, Methuen, 1907, p. 13-16. ; H. T. Pledge, *Science since 1500*, H. M. S. O., 1939, p. 57.

(66) J. G. Crowther, *Discoveries and Inventions of the Twentieth Century*, Routledge and Kegan Paul, 1955, p. 2.

(67) 拙著前掲『近代スコットランド社会経済史研究』第2章第1節「羊毛・毛織物工業」と第2節「亜麻工業」55-77頁。

(68) M. Joyce, *Edinburgh, the Golden Age 1769-1832*, Longmans Green & Co., London, 1951, pp. 8, 14.

(69) H. Hamilton, *The Industrial Revolution in Scotland*, Frank Cass & Son, 1966, p. 2.

(70) I. Findlay, *Education in Scotland*, David & Charles, Hamden, 1973, p. 10. ; J. G. Kellas, *Modern Scotland, the Nation since 1870*, Pall Mall Press, London. 1968, pp. 4-11.

(71) 拙稿前掲「スコットランドとイタリア・ルネッサンス」参照。P. F. Somerset Fry, *The History of Scotland*, Routledge & Kegan Paul, London, 1982, p. 113.

(72) スコットランド人が出稼ぎ・移民運動を通じて,早くからヨーロッパ大陸各地に浸透していた。拙著『近代スコットランド移民史研究』(御茶の水書房,1998年) 68, 311頁。

(73) 建築史では,16-18世紀をスコットランド・ルネッサンス期として把握し,リンリスゴウ宮殿やエゼル城,エディンバラの議会ホール等を同時期の典型的建築とする. G. Hay, *Architecture of Scotland*, Oriel Press, 1977, pp. 62-69.

第6章　スコットランド・ルネッサンス　II

(1) 拙著『近代スコットランド社会経済史研究』(同文舘, 1985年) 補論第1章第1節「独 自な教育制度の淵源」277-282頁。

(2) スコットランド・ルネッサンスの草創期ともいえる17世紀については, 拙稿「スコットランド・ルネッサンス (1)」(『創価経済論集』第30巻1・2号, 2000年9月) 参照。P. W. J. Riley, *King William and the Scottish Politcians*, John Donald Publishers Ltd., Edinburgh, 1979, pp.65-68.; J.Clyde, ' The Social Background of the Scottish Renaissance' , in N. T. Phillipson & R. Mitchison ed., *Scotland in the Age of Improvement*, Edinburgh University Press, R. & R. Clark, Edinburgh, 1970, pp. 225-240.

(3) 15世紀以来, イタリア・ルネッサンスの影響は, 人物往来と書籍によって, スコットランドに届いた。R. D. S. Jack, *The Italian Influence on Scottish Literature*, Edinburgh Uniersity Press, Edinburgh, 1972, pp. 2-3.

(4) J. D. Hoeverler. Jr., *James McCosh and the Scottish Interllectual Tradition, From Glasgow to Princeton*, Princeton University Press, 1981, pp. 9-11, 35-40.

(5) C. R. Fay, *Adam Smith and the Scotland of his day*, Cambridge University Press, 1956,

Guildford, 1979, pp 1-15.

(49) A. G. Clement & R. H. S. Robertson, *op. cit.*, p. 12. 1530年代までのヨーロッパには，ラテン語を共通とする文学共和国が概念として存在した.そして宗教改革とユマニズム（中世とスコラ哲学を越えて近代的教養と古代的教養を結びつけることにより人間精神の高揚を図る運動）に支えられ，スコットランドにも新しい価値観が流入する．高田勇訳『ルネサンス精神史』（S・ドレスデン著，平凡社，1970年）268-272頁。

(50) R. Ian ed., *The Five-Hundred Year Book of the University of Glasgow, 1451-1951*, Glasgow Univ., Press, pp. 40-5. スコットランド四大学の中で，牧師職の創出をみても，17 世紀当初ではセント・アンドリューズ大学が 4 割，しかし18世紀ではグラスゴウ大学が 3 割で首位を占める．R. N. Smart, 'Some observations on the provinces of the Scottish universities 1560-1850' in G. W. S. Barrow ed., *op. cit.*, p. 94.

(51) A. G. Clement & R. H. S. Robertson, *op. cit.*, p. 12. ; R. Michison, *A History of Scotland*, Methuen & Co, London, 1979, pp. 152-154.

(52) *Ibid.*, p. 15.; B. Lenhman, *Intergration, Enlightenment, and Industrialization, Scotland 1746-1832*, Edward Arnold, London, 1981, pp. 94-96.

(53) スコットランド人思想家D・ヒュームは，ニュートンの方法を人間・社会への野心的な適用を試みて，処女作『人間本性論』を発表した．田中秀夫『文明社会と公共精神――スコットランド啓蒙の地層』（昭和堂，1996年）14頁。またヒュームとスミスの友情は有名である．W. K. Ritchie, *Edinburg in its Golden Age*, Then & There Series, Longman, London, 1967, pp. 60-64.

(54) ボイルは地中海から採集したコケから抽出・染めた青色リトマス紙が，酸に反応して赤化することを発見した．岩波書店『科学の事典』（第 3 版，1985年）296, 448, 1011頁。A. & N. Clow, *The Chemical Revolution*, Batchworth Press, 1952, p. 65.

(55) P. Lenard, *Great Men of Science*, G. Bell & Sons, 1950., pp. 34-35.

(56) F. Danneman & A. Armitage, *A History of Science, Technology and Philosophy in the 16th and 17th Centuries*, Allen & Unwin, 1950, p. 87.

(57) T. C. Smout, *A History of Scottish Peoples, 1560-1830*, Charles Scribner's Sons, New York, 1969.155-158, 187-188.

(58) A. G. Clement & R. T. H. Robertson, *op. cit.*, p. 21. ; H. Hamilton, *An Economic History of Scotland, in the Eighteenth Century*, Clarendon Press, Oxford, 1963, pp. 159-162.

(59) G. S. Osborne, *Scottish and English Schools*, Longmans, 1966, pp. 3-5. ; R. A. Maso ed., *Scotland and England 1286-1815*, John Donald Publishers, Edinburgh, 1987, pp. 203-205.

(60) スコットランド人は当初，クロムウェルの考え方をイングランド支配として嫌ったが，結果としてスコットランドの発展につながることになる．田村秀夫編前掲書，411-413頁。富田・家入訳『スコットランド史，その意義と可能性』（R・ミチスン著，未来社，1998年）115-116, 142頁。

(61) F. Cajori, *A History of Mathematics*, Macmillan, London, 1894, p. 52. ; D. Thompson, 'Fifty Years Ago in the Royal Society of Edinburgh' in *Proceeding of Royal Society of Edinburgh*, Vol. 54, 1934, pp. 112, 145-157.

(62) A. G. Clement & R. T. H. Robertaon, *op. cit.*, p. 24. この当時，グラスゴウの発

mson, in five volumes, Blackie 1855. ; J. G. Kellas, *Modern Scotland, The Nation since 1870*, p. 76.

(37) スコットランドの，その後の造船・海運業については，拙著『近代スコットランド鉄道・海運業史——大英帝国の機械の都グラスゴウ』（御茶の水書房，1999年）13, 68-75頁。

(38) A. G. Clements & R. H. S. Robertson, *Scotland's Scientific Heritage*, Oliver & Boyd, Edinburgh, 1961, p. 123. 拙稿「産業革命期スコットランドの教育組織に関する一考察」（『創価経済論集』第4巻第1号，1974年）49-50頁。

(39) 拙著『近代スコットランド移民史研究』（御茶の水書房，1998年）40-46, 309-312頁。

(40) 拙著前掲の第4章「スコットランド出移民・カナダへ」，第6章「スコットランド出移民・オーストラリア&ニュージーランド」 87-113, 161-183頁

(41) A. G. Clement & R. H. S. Robertson, *op. cit.*, p. 10. ニュートンは家系・出世地もスコットランドと述べたが，それ以外，彼をスコットランド出身と認めていない．例えばスコットランド名士を網羅した大著，C. W. Thomson, *Scotland's Work and Worth*, Ⅰ&Ⅱ, Oliphant, Anderson & Ferrier, Edinburgh & London, 1909. にも掲載されていない．

(42) *Ibid.*, p. 7. ケルト人とギリシアとの最初の接触は，紀元前3世紀にケルト人が侵略，また6世紀にはケルト僧が留学から戻りキリスト教をスコットランドに伝えた．森夏樹訳『聖者と学僧の島』（T・カヒル著，青土社，1997年）110-112, 260-261頁。

(43) 大高順雄訳『ルネッサンスのイタリア』（E・R・ラバント著，みすず書房，1998年）234頁。拙稿「スコットランドとイタリア・ルネッサンス」（『比較文化研究』創価大学，18巻，2001年）参照。

(44) G. W. S. Barrow, *The Scottish Tradition*, Scottish Academic Press, Edinburgh, 1974, pp. 38-40. この時代は，イングランド，またスコットランドともに多くの領主が国王を名のり，権力闘争を繰り返した．大澤謙一『イギリスの歴史』（D・マクドウウェル著，東海大学出版会，1997年）38-39頁。

(45) J. Clive, 'The Social Background of the Scottish Renaissance', in N. T. Phillipson & R. Mitchison ed., *Scotland in the Age of Improvement*, Edinburgh Univ. Press, 1970, pp. 225-227.

(46) A. G. Clement &, R. H. S. Robertson, *op. cit.*, p. 9. ダヴィンチは「画家であり，彫刻家であり，建築家であり，発明家であり，数学者であり，音楽家であり，物理学者であり，天文家であり，そして何よりも まず透徹した人間精神の洞察者」（中田耕治『ルネサンスの肖像』青弓社，1992年，129頁）といわれるが，ダヴィンチは天才的な情報収集能力を持ち，また多くの革新的な科学者と親交があったに違いない．

(47) *Ibid.*, p. 10. この時代は封建諸戦争の時代であり，結果として医学・薬学の発達を促した．A. Lang, *A History of Scotland from the Roman occupation*, Vol. 1, AMS. Press, 1970, pp. 484-486.

(48) ジェイムズⅣ世は，ギリシア・ローマ文化に関心があり，アバディーン大学のギリシャ語J・ケア教授を招請し，エディンバラ大学に招致した他，有名な歴史家T・イネスとの親交でも有名である．M. O. Anderson, *Kings & Kingship in Early Scotland*, Scottish Academic Press, Edinburgh. 1973, p. 65. その後のスコットランド医学の発展は，A. J. Youngson, *The Scientific Revolution in Victorian Medicine*, Billing & Sons,

Scottish History in the Eighteenth Century, Edinburgh Univ. Press, 1970, pp. 1-3.

(16) G. Wallace, 'Memories of Dr. Wallace of Edinburgh', in *Scots Magazine*, XXXIII, 1771, p. 340. ; D. C. McElroy, *Scotland's Age of Improvement : A Survey of Eighteenth Century Literary Clubs and Societies*, Washington, 1969, pp. 23-26.

(17) D. Daiches, *The Paradox of Scottish Culture, the Eighteenth Century Experience*, Oxford Univ. Press, 1964, pp. 68-97. エディンバラは当時「北方のアテネ」と讃えられた. M. Joyce, *Edinburgh, the Golden Age 1769-1832*, Longmans Green, London, 1975, p. 124.

(18) G. Bryson, *Man and Society, The Scottish Inquiry of the Eighteenth Century*, A. Kelly, New York, 1968, pp, 122-23, 130.

(19) G. Wallace, *op. cit.,* p. 340-1.

(20) D. C. McElroy, *op. cit*., p. 26.

(21) *Ibid*., p. 29, 30..

(22) 星野彰男『アダム・スミスの思想像』(新評論, 1976年) 56-57頁。

(23) T. C. Smout, *A History of the Scottish Peoples, 1560-1830*, C. Scribner's Sons, New York, 1969, pp. 377-378, 482-484.

(24) W. R. Scott, *Adam Smith as Student and Professor*, Kelly, New York, rep in 1965, pp. 49-50. ; J. Rae, *The Life of Adam Smith*, London & New York, rep. in 1965, p. 91.

(25) J. Rae, *Ibid*., p. 96. 篠原前掲書, 21頁。

(26) D. C. McElroy, *op. cit*., 42-3. なお当時の経済状況は, 拙著『近代スコットランド社会経済史研究』第1章「スコットランドの合併とその結果」(前掲書) 39-53頁。

(27) I. S. Ross, *Lord Kames and the Scotland of hid Day*, Oxford, 1972, p. 177. ; R. D. S. Jack, *The Italian Influence on Scottish Literature*, Edinburgh Univ. Press, 1972, pp7-9, 145-146.

(28) R. Porter & M. Teich ed., *The Enlightenment in National Context*, Cambridge, 1981, p. 32. ; W. C. Lehman, *John Millar of Glasgow 1735-1801*, Cambridge, 1960, pp. 43-44.

(29) W. S. Howell, *Eighteenth-century British Logic and Rhetoric*, Princeton Univ. Press, 1971, pp. 233-234.

(30) T. Somerville, *My Own Life and Times, 1741-1814*, pp. 56-57.

(31) D. C. McEroy, *op. cit*., 44. ; F. Maclean, *A Concise History of Scotland*, Thames & Hudson, Norwich, 1981, pp. 155-160.

(32) *Ibid*., p. 46.; G. Donaldson, *Scottish Historical Documents*, Scottish Academic Press, Edinburgh, 1970, pp. 263-277.

(33) W. R. Scott, *Scottish Economic Literature to 1800*, A. M. Kelly, New York, 1971, pp. 3-4, 43-4.

(34) I. R. Findlay, *Education in Scotland*, David & Charles, Newton & Abbot, 1973, p. 10 ; M. Gray, *The Highland Economy 1750-1850*, Greenwood Press, Connecticut, 1976, pp. 41, 141, 171.

(35) 大学制度導入に至っては, セント・アンドリューズ大学とアバディーン大学がパリ大学を, グラスゴウ大学がボローニア大学をモデルとした. 田口仁久『イギリス教育史スコットランドとアイルランド』(文化書房博文社, 1993年) 20頁。

(36) H. H. Ellis, *A Study of British Genius*, Constable, 1927, p. 3-4. ; R. Chambers ed., *A Bibliographical Dictionary of Eminent Scotsmen*, with supplemental volume by T. Tho-

terian Church of Scotland, 1893-1970, J. G. Eccles, Inverness, 1973, pp. 81-98.

(64) 田口仁久『イギリス教育史――スコットランドとアイルランド』(文化書房博文社, 1993年) 238頁。; G. S. Osborne, *Scottish and English Schools, A Comparative Survey of the past fifty years*, Longmans, 1966, pp. 7, 8. ; I. Findlay, *Education in Scotalnd*, David & Charles, Newton Abbot, 1973, p. 24.

(65) 拙著前掲『近代スコットランド移民史』310-317頁。

第5章　スコットランド・ルネッサンス　I

(1) スコットランド・ルネッサンスは, スコットランド宗教改革の結果生じてくる. E. J. Cowan, 'The Durker Vision of the Scottish Renaissance' in I. B. Cowan & D. Shaw ed., *The Renaissance and Reformation in Scotland*, Scottish Academic Press, 1983, p. 140.

(2) 浜林正夫『イギリス宗教史』(大月書店, 1987年) 127-132頁。スコットランドの教会の分裂・統合については, 拙著『近代スコットランド社会経済史研究』(同文舘, 1985年) 11頁図表参照. また当時のO・クロムウェルとスコットランド教会の関係については, 田村秀夫編著『クロムウェルとイギリス革命』(聖学院大学出版会, 1999年) 199-220頁。

(3) J. K. Cameron, 'The Church of Scotland in the Age of Reason' in *Studies of Voltairre and Eighteenth Century*, LVIII, 1967, p. 1939.

(4) W. Ferguson, *Scotland : 1689 to the Present*, Edinburgh, 1968, pp. 113, 115-116. ; F. Goldie, *A Short History of the Episcopal Church in Scotland*, Sait Ander Press, Edinburgh, 1976, pp. 26-30.

(5) J. H. S. Burleigh, *A Church Hisotry of Scotland*, Oxford University Press, London, 1961, pp. 286-288, 290-295. なお最近の研究としてシムソンの論争については, 山田園子『イギリス革命とアルミニウス主義』(聖学院大学出版会, 1997年) 7, 43, 98頁。

(6) 篠原久『アダム・スミスと常識哲学』(有斐閣, 1986年) 5, 12頁。

(7) J. Buchan & G. A. Smith, *The Kirk in Scotland, 1560-1929*, Hodder & Stoughton, 193 0, pp. 12-15, 46-57.

(8) 篠原前掲書, 13頁。

(9) J. H. S. Burleigh, *op. cit.*, pp. 290-292.

(10) J. Robertson, *The Scottish Enlightenment and the Militia Issue*, Edinburgh, 1985, p. 75. ; A. C. Chitnis, *The Scottish Enlightenment : A Social History*, London. 1976, p. 43.

(11) J. J. Cater, 'The Making of Principal Robertson in 1762 : Politics and th University of Edinburgh in the Second half of the Eighteenth Century', in *Scottish Historical Review*, XLIX, No. 147, 1970, p. 80.

(12) 当時のグラスゴウとエディンバラの社会経済・文化状況については, 水田洋『アダム・スミス研究』(未来社, 1968年) 64-130頁。

(13) 大田可夫『イギリス社会哲学の成立と展開』(社会思想社, 1971年) 420-423, 465-467頁。

(14) A. Law, *Education in Edinburgh in the Eighteenth Century*, London, 1965, pp. 195-215.; H. M. Knox, *Two Hundred and Fifty Years of Scottish Education, 1696-1946*, 1952, p. 12.

(15) N. T. Phillipson & R. Mitchison ed,, *Scotland in the Age of Improvement, Essays in*

(45) D. Kettler, *The Social and Political Thought of Adam Ferguson*, Ohio State Univ. Press, pp. 84-86.

(46) プライスのアメリカ問題についてのパンフレット類ついては，永井義雄『市民的自由』（未来社, 1963年）参照.

(47) D. Kettler, *op. cit.*, p. 64.

(48) 田中秀夫前掲書, 239頁。掘経夫・大前朔郎監訳『イギリス社会思想家伝——フェビアン主義の源流』（ミネルヴァ書房, 1978年）25頁。

(49) T. C. Smout, *A History of the Scottish People 1560-1830*, Charles Scribner's Son, 1969, pp. 233, 377, 500.

(50) 篠原前掲書, 207頁。

(51) W. H. Marwick, *Scotland in Modern Times, An outline of Economic and Social Development since the Union of 1707*, Frank Cass, London, 1964, p. 91. ; A. Lang, *op. cit.*, Vol. Ⅳ, p. 410.

(52) A. L. Brown & M. Moss, *The University of Glasgow : 1451-1996*, Edinburgh Univ. Press, 1996, p. 19. ; G. Bryson, *op. cit.*, pp. 54-56, 84-5.

(53) ミチスン著前掲書, 177頁。小嶋潤『イギリス教会史』（刀水書房, 1995年）99, 104, 197頁。

(54) T. Reid, *Essays on the Active Powers of Man, The Works of Thomas Reid, D. D. 8th*, ed., by Sir W. Hamilton, with an intro., by H. M. Bracken, George Olms, 1895. Essay Ⅲ & Ⅳ.

(55) G. E. Davis, *The Social Significance of the Scottish Philosophy of Common Sense*, Edinburgh, 1973, p. 23. ; P. Kirvy, *Thomas Reid's Lecturers on the Fine Arts*, Hague, 1973, pp. 45-47.

(56) J. C. Stewart-Robertson, 'Reid's Anatomy of Culture : A Scottish response to the Eloquent Jean-Jacques', in *Studies on Voltaire and the Eighteenth Century*, Vol. 205, 1982, pp. 146-147.

(57) D. Stewart, *The Philosophy of the Active and Moral Powers of Man*, Vol. 2, Edinburgh, 1828. Stewart's Works, Vol. VI, pp. 329-31.

(58) G. Bryson, *op. cit.*, pp. 5-6, 12-5. スコットは当初は教会批判をするが, 最終的には監督教会派に帰依する. F. Goldie, *A Short History of the Episcopal Church in Scotland*, Saint Andrew Press, Edinburgh, pp. 61, 112.

(59) 拙著『近代スコットランド移民史研究』（御茶の水書房, 1998年）24, 43, 52頁。G. Donaldson, *The Scots Oveseas*, Robert hale, 1966, pp. 33-37. ; R. A. Cage, *The Scots Abroad, Labour-Capital-Enterprise, 1750-1914*, Croom Helm, London, 1985, pp. 17-24.

(60) 拙著『近代スコットランド鉄道・海運業史——大英帝国の機械の都グラスゴウ』（御茶の水書房, 1999年）第1章「機械の都・グラスゴウの誕生」5-20頁。C. A. Okay, *The Second City*, Blackie, Glasgow, 1967, pp. 113-115.

(61) O. Checkland & M. Lamb, *Healthcare as Social History, The Glasgow Case*, Aberdeen Univ. Press, 1982, pp. 120-122.

(62) J, Buchan & G. A. Smith, *The Kirk in Scotland, 1560-1929*, Hodder & Stoughton, 1930, pp. 67-88.

(63) J. H. S. Burleigh, *op. cit.*, p. 394. ; A. Mcpherson ed., *History of the Free Prsby-*

革命の思想構造』（未来社, 1966年）244, 262頁。
(25) 水田洋『アダム・スミス研究』（未来社, 1968年）54, 60-61頁.
(26) R. Mitchison, *A History of Scotland*, Methuen & Co. London, 1979, pp. 350-356.
(27) C. R. Fay, *Adam Smith and the Scotland of his day*, Cambridge Univ. Press, 1956, pp. 126-9, 137-40, 150.
(28) 1980年にカーコルディのアダム・スミス図書館を訪問した時, 館長から「スミスの『国富論』は1冊なのに何故日本語訳は, こんなにたくさんあるの」と言いながら, 日本から寄贈された数種の『国富論』訳書をみせてくれたが, あらためて日本でのスミス熱を感じた. また私の最初の留学の時, ちょうど『国富論』200年祭がグラスゴウ大学で開催されたのも懐かしい. そのシンポジウムの模様は, 伊坂市助「『国富論』刊行200年祭と学会」（高嶋善哉他『アダム・スミスと現代』（同文舘, 1977年）231-247頁。
(29) スミスは, 1787年にロンドンでピットの委嘱を受け政務記録を調査した. 高嶋善哉『原典解説スミス国富論』（春秋社, 1971年）410頁。ピットのスミスの弟子発言については, 大内兵衛・節子訳『アダム・スミス伝』(J, Rae, *Life of Adam Smith*, 1895. 岩波書店）507頁。
(30) W. S. Howell, *Eighteen-Century British Logic and Rhetoric, Courses of Lectures on Elocution*, London, 1762, pp. 233-4.
(31) スミスと同じグループに属するウィザスプーン (J. Witherspoon, 1722-94）は, 熱心は福音派の牧師で, アメリカに渡り, 1768年にプリンストン大学の学長となり「道徳哲学」を講義した. A. Hook, *Scotland and America, A Study of Cultural Relations 1750-1835*, Blackie, Glasgow, 1975, pp. 31, 34-8, 73.
(32) 篠原前掲書, 41頁。
(33) 行安茂編『近代イギリス倫理学と宗教』（晃洋書房, 1999年）124-5頁。
(34) 水田洋「スコットランド啓蒙とア ダム・スミス」（前掲『アダム・スミスと現代』第4章）76頁。
(35) 星野彰男『アダム・スミスの思想像』（新評論, 1976年）83-4頁。
(36) L. T. C. Rolt, *James Watt*, B. T. Batsford, London, 1962, p. 24.
(37) 田中敏弘訳『ヒューム政治経済論集』(D. Hume, *Essays, Moral, Political and Literacy*, ed., by E. F. Miller, *Liberty Classics*, 1985. 御茶の水書房, 1983年）222-223頁。
(38) G. Bryson, *op. cit.*, pp. 27, 54-5, 135, 165. ; C. R. Fay, *op. cit.*, p. 83.
(39) 田中秀夫前掲書, 12頁。*Letters of David Hume*, Vol. 1. Oxford Univ. Press, 1932, pp. 395-396.
(40) 小松茂夫訳『市民の国について』(D. Forbes, *Hume's Philosophical Politics*, 1975. 岩波文庫, 下, 1982年）128頁。今井宏訳『イギリス革命論争史』(R. C. Richardson, *The Debate on the English Revolution 1977*.1979年, 刀水書房）89頁。
(41) 河合栄次郎『トーマス・ヒル・グリーンの思想体系』（日本評論社, 1941年）216-24, 222-4頁。
(42) C. R. Fay. *op. cit.*, pp. 91-5.
(43) J. Millar, *The Origin of the Distinction of Ranks*, 3rd edition, 1781, p. 272-273.
(44) A. Ferguston, *Reflections Previous to the Establishment of Militia*, 1756, pp. 84-85. J. H. S. Burleigh, *A Church History of Scotland*, Oxford Univ. Press, 1961, pp. 297-299.

(10) R. L. Meek, *Social Science & the Ignoble Savage*, Cambridge Univ. Press, London, pp. 20-23. 拙著『近代スコットランド社会経済史研究』(同文舘, 1985年) 9, 99頁。

(11) N. T. Phillipson & R. Mitchison, *op. cit.*, p. 201.

(12) ホィッグ史観は地域を越えて国家主義の利益を中心に過去を現在のために研究するとされた.越智武臣訳『ウィッグ史観批判――現代歴史学の反省』(H.Butterfield, *The Whig Interpretation of History*, 1931. 未来社, 1967年) 25頁。語源は王政復古の時代に, 宮廷党と呼ばれたトーリー党が宗教的には主教派であったのに対して, 議会主権の原則にたち宗教的には広教会主義, 地方党の人々をホィッグと呼ぶ。村岡健次・川北稔編著『イギリス近代史――宗教改革から現代まで』(ミネルヴァ書房, 1986年) 73-75頁。ジャコバイトの抵抗は, W. Stevenson, *The Jacobite Rising of 1745*, Longman, London, 1968, pp. 34-35, 80-83.

(13) 富田・家入訳前掲書, 149頁。なおスコットランド啓蒙主義について, 近年だけでも田中正司『アダム・スミスの自然法学――スコットランド啓蒙と経済学の生誕』(御茶の水書房, 1988年) 同編『スコットランド啓蒙思想研究』(北樹出版, 1988年) 田中敏弘『スコットランド啓蒙と経済学の生誕』(日本経済評論社, 1989年) 田中秀夫『スコットランド啓蒙思想史研究――文明社会と国制』(名古屋大学出版会, 1991年) 社会思想史学会編『シンポジウム十八世紀啓蒙の動態――スコットランドの啓蒙思想をめぐって』(北樹出版, 1988年) 等が挙げられる。

(14) 杉本優訳『スコットランド物語』(N. Tranter, *The Story of Scotland*, 1987. 大修館書店, 1997年) 355頁。K. Tomasson & F. Buist, *Battles of the '45*, B. T. Batsford, London, 1978, pp. 48, 68, 71.

(15) 水田洋『アダム・スミス研究』(未来社, 1968年) 64-65頁。N. Nicol, *Life in Scotalnd, from the Stone Age to the Twentieth Century*, Adam & Charles, London, 1975, pp. 122-123.

(16) W. C. Lehman, *Henry Home, Lord Kames and the Scottish Enlightenment*, The Hague, 1971, p. 11. ; I. S. Rae, *Lord Kames and the Scotland of the Day*, Oxford, 1972, p. 60.

(17) H. Laurie, *Scottish Philosophy in its National Development*, Glasgow, 1902, p. 102. 篠原久『アダム・スミスと常識哲学』(有斐閣, 1986年) 168頁。

(18) W. H. Marwick, *Scotland in Modern Times, An outline of Economic and Social Development since the Union of 1707*, Frank Cass, London, 1964, pp. 1-13.

(19) 拙著『近代スコットランド社会経済史研究』(同文舘, 1985年) 250-1頁。G. W. S. Barrow, *The Scottish Tradition, Essays in hnour of Ronald Gordon Cant*, Scottish Academic Press, 1974, pp. 198-199.

(20) T. I. Rae ed., *The Union of 1706, Its Impact on Scotland*, Blackie, 1974, pp. 58-61.

(21) C. A. Malcolm, *The History of the British Linen Bank*, T. & A. Constable, Ltd., Edinburgh, 1950, pp. 3-4. 小林章夫『とびきり哀しいスコットランド史』(F. Renwick, *Scotalnd, Bloody Scotland*, F. Renwick, 1986. 筑摩書房, 1998年) pp. 221-222, 229.

(22) 田中秀夫『文明社会と公共精神――スコットランド啓蒙の地層』(昭和堂, 1996年) 43, 59- 63頁。C. F. Ross, *Lord Kames and the Scotland of the day*, Oxford, 1972, pp. 89.

(23) 篠原前掲書, 182頁。

(24) ハチスンは常識哲学の祖であるが, 「理性の時代」の「ケンブリッジ・プラトニスト」のカドワース (R. Cudworth) 思想の 後継者でもある. 浜林正夫『イギリス

(84) Thomson, *Ibid.*, p. 549. ; L. M. Cullen & T. C. Smout, *Comparative Aspects of Scottish and Irish Economic and Social History, 1600-1900*, Edinburgh, 1980, p. 9.

(85) F. Maclean, *A Concise History of Scotland*, London, 1970, pp. 170-177.; N. T. Phillipson and R. Mitchison, *Essays in Scottish History in the Eighteenth Century*, Edinburgh, 1970, pp. 40-45. 1745年の第二次ジャコバイトの乱前後の経済状況については，拙稿「18世紀スコットランド亜麻工業史――イギリス亜麻会社を中心として」(『創価経済論集』第8巻3号，1978年) 70-83頁。

(86) G. Bryson, *Man and Society : The Scottish Inquiry of the Eighteenth Century*, New York, 1968, pp. 80, 109.

(87) W. H. Marwick, *Scotland in Modern Times, An Outline of Economic and Social Development since the Union of 1707*, London, pp. 65-70.; C. Harvie, *Scotland and Nationalism, Scottish Society and Politics, 1707-1977*, London, 1977, pp. 30-35. ; T. Dickson, *Scottish Capitalism, Class, State and Nation from before the Union to the Present*, pp. 113-130.

第４章　スコットランド啓蒙思想の変遷

(1) ブラウン教授は，宗教改革以後のスコットランド教会の歴史を六段階に分けて論じる．先ず 1560-67年のメアリ女王治下の 7年でマリ伯の摂政時代，次いで摂政モートンとジェイムズ王の抗争時代で1592年の教会憲章の制定まで，次の第三時代は1592-1638年間の厳しい抗争の時代で第二次宗教改革で終わる．第四時代は1660-88年間の迫害の時代で名誉革命体制の確立まで，ついで第五時代は穏健派支配時代で1834年の福音派優勢化までの時代，最後の第六時代は 10年抗争から1843年の大分裂までの時代とする．松谷好明訳『スコットランドにおける教会と国家』(T. Brown, *Church and State in Scotland, A narrative of the struggle for independence from 1560 to 1843*, 1891. すぐ書房，1985年) 19-20頁。

(2) N. T. P. Phillipson & R. Mitchison ed., *Scotland in the Age of Improvement, Essays in Scottish History in the Eighteenth Century*, Edinburgh Univ., Press, 1970, pp. 182-3.

(3) 1999年に約300年を経てスコットランド地方議会が設置された．拙著『蘇格蘭土と日本・世界――ボウモア・ウィスキーと薊の文化』(近代文芸社，1999年) 3頁。

(4) スコットランド長老会派は，タバコ貿易業者からは多額も寄付を受け，喫煙は特別室を設け家族婦女・召し使いに 見せない条件で容認した．N. Nichol, *Glasgow & the Tobacco Lords*, Longman, 1966, pp. 22-5.

(5) 彼はグラスゴウ郊外のコルトネスの地主であった．G. Bryson, *Man and Society : The Scottish Inquiry of the Eighteenth Century*, Augustus M. Kelly, New York, 1968, p. 206.

(6) 富田理恵・家入葉子訳『スコットランド史，その意義と可能性』(R. Mitchison, *Why Scottish Hisotry Matters*, 1991. 未来社，1998年) 141頁。

(7) 同上，142頁。G. Donaldson, *The Scottish 1560 Reformation*, Cambridge Univ. Press, 1960, p. 64.

(8) I. B. Cowan & D. Shaw ed., *The Renaissance and Reformation in Scotland, Essays in honour of Gordon Donaldson*, Clark Constable, 1983, pp. 125-128.

(9) 塚原東吾訳『オランダ科学史』(Klaas van Berkel, *In het voetspoor van Stevin : Geschi edenis van de natuurwetenschap in Nederland 1580-1940.* 1985年，朝倉書房) 3-5, 17-20頁。

(69) G. P. Insh, 'The Founder of the Company of Scotland', in *Scottish Historical Review*（以下*S. H. R.*）, Vol. 25 (1928), pp. 241-245.
(70) G. P. Insh, 'The Founding of the Company of Scotland trading to Africa an Indies', in *S. H. R.* Vol. 21 (1924), pp. 288-295.
(71) スコットランド銀行業とイングランド銀行業の相違については，拙稿「19世紀イギリス銀行業の成立——National Bank of Scotlandの先駆的役割」（『創大五周年記念論文集』1976年）39-47頁。同「産業革命期スコットランド諸銀行の経営組織——A. W. Kerr の編集した1865-96年の営業報告書から」（『創価経済論集』第3巻2号，1974年）78-82頁。同「19世紀におけるスコットランド銀行業」（『大阪大学経済学論集』第21巻3号，1972年）22-23頁。
(72) Smout, *op. cit.*, pp. 73f.; B. F. Duckham, *A History of the Scottish Coal Industry*, Vol. 1, Newton Abbot, 1970, pp. 45-47. : ditto, ' Life and Labour in a Scottish Colliery, 1698-1755', in *S. H. R.* Vol. 47 (1968), pp. 109-128. : ditto, ' Serfdom in Eighteenth Century Scotland', in *History*, New Series, Vol. 54 (1969), pp. 178-197
(73) Marshall, *op. cit.*, p. 224.
(74) J. Durham, *The Great Gain of Contenting Godliness, Commanded in Four Sermons*, To which is prefixed a Preface upon the same Subject, by Mr. John Carstairs, Edinburgh, 1685, p. 85.
(75) V. A. N. Patron ed., 'The Masterson Papers, 1660-1719', in *Publications of the Scottish History Society*, Vol. 15 (1893), p. 486.
(76) Marshall, *op. cit.*, p. 229.; J. Donaldson, *The Undoubted Art of Thriving*, Edinburgh, 1700, pp. 83-85.
(77) Marshall, *op. cit.*, p. 235.：クラーク卿の1676-1722年の著述はスコットランド記録館に保管されている。GD18/2090, *Scottish Record Office*, pp. 1-47.
(78) Marshall, *op. cit.*, p. 241.；スコットランドの平等主義は，社会的教育機会の均等につながり，その後の経済発展の背景を形成した。拙稿前掲「産業革命期スコットランドの教育組織に関する一考察」60-61頁。
(79) J. M. Yinger, *Religion, Society and the Individual*, New York, 1967, pp. 215f.; ditto, *The Scientific Study of Religion*, London, 1970, pp. 380-395.
(80) T. Keith, 'Scottish Trade with the Plantation before 1707', in *S. H. R.* Vol. 6 (1908), pp. 32-48.; T. C. Smout, *Scottish Trade on the Eve of the Union 1660-1707*, Edinburgh, 1963, pp. 18-23.
(81) W. H. Marwick, *Scotland in Modern Times - An Outline of Economic & Social Development since the Union of 1707*, London, 1964, pp. 5-9.
(82) L. Schneider, *The Scottish Moralists on Human Nature and Society*, Chicago, 1967, pp. 74-80.; P. L. Payne ed., *Studies in Scottish Business History*, London, 1967, pp. 144-148.; I. Hont & M. Ignatieff ed., *Wealth and Virture, Th Shaping of Political Economy in the Scottish Enlightenment*, Cambridge, 1983, pp. 137-140, 179-182.
(83) C. W. Thomson, *Scotland's Work and Worth*, Vol. II. Edinburgh, 1909, p. 548.; J. H. S. Burleigh, *A Church History of Scotland*, London, 1960, pp. 286-290.; F. Goldie, *A Short History of the Episcopal Church in Scotland, from the Restoration to the Present Time*, Edinburgh, 1976, pp. 60-64.

(48) J. Abernethy, *The Dignity and Duty of a Christian*, London, 1620, p. 60.
(49) W. Struther, *Scotlands Warning, Or a Treatise of Fasting*, Edinburgh, 1628, p. 34., ditto, *Christian Observations and Resolutions*, 1, Centurie, Edinburgh, 1628, pp. 61-67.
(50) Marshall, *op. cit.*, p. 87.
(51) G. Sinclair, *Satans Invisible World Discovered*, Edinburgh, 1685, p. 42.
(52) D. Dickson, *Truth's Victory over Error*, Kilmarnock, 1787, pp. 45-49. ; ditto, *A Brief Exposition of the Evangel of Jesus Christ, According to Matthew*, London, 1647, p. 154. ; D. Dickson and J. Durham, *The Sum of Saving Knowledge*, Edinburgh, 1871, pp. 26-28.
(53) Marshall, *op. cit.*, p. 95.
(54) J. Durham, *Christ Crucify'd, Edinburgh 1683*, London, 1723, pp. 60, 64f.
(55) J. Durham, *Heaven upon Earth*, Edinburgh, 1685, pp. 246-251.
(56) D. Lang, *Various Pieces of Fugitive Scottish Poetry: Principally of th Seventeenth Century*, 2nd Series, Edinburgh, 1853, p. 6. ; Marshall, *op. cit.*, p. 101.
(57) Marshall, *op. cit.*, p. 107.
(58) D. Forbes, *An Essays on the History of Civil Society*, Edinburgh, 1767, pp. 92f. ; G. C. Coulton, *The Medieval Village*, Cambridge, 1926. pp. 242-247.; M. Weber, *General Economic History*, London, 1923, pp. 355f.
(59) C. Innes ed., *Ledger of Andrew Halyburton, Conservator of the Privileges of the Scotch Navigation in Netherlands, 1497-1503*, Edinburgh, 1867, pp. 34-43.
(60) W. S. Reid, *Skipper from Leith : The History of Robert Barton of Over Barnton*, Philadelphia, 1962, p. 272.
(61) S. Atkinson, *The Disciverie and Historie of Gold Mynes in Scotland*, Edinburgh, 1825, p. 18.
(62) S. G. E. Lythe, *The Economy of Scotland in its European Setting, 1550-1625*, Edinburgh, 1960, pp. 76-80. ; G. S. Pryde, *Scotland from 1603 to the Present Day*, Edinburgh, 1962, p. 28. ; P. H. Brown, *History of Scotland*, Cambridge, 1911, pp. 49f.
(63) W. R. Scott, *The Constitution and Finance of English, Scottish and Irish Joint-Stock Companies to 1720*, Cambridge, 1910-1912, vol. II pp. 406-412.
(64) R. W. Cochran-Patrick, *Early Records Relating to Mining in Scotland*, Edinburgh, 1878, pp. 65-68. ; Atkinson, *op. cit.*, p. 18.
(65) Reid., *op. cit.*, pp. 143, 272. スコットランドの株式会社の先駆性については，拙著前掲（『近代スコットランド社会経済史研究』）101-113頁，拙稿「産業革命期スコットランドの株式企業——Carron Company の事例」（『社会経済史学』第35巻3号，1969年）34-35頁。 ; P. L. Payne, *The Early Scottish Limited Companies, 1856-1895*, Scottish Academic Press, Edinburgh, 1980, pp. 2, 3.
(66) Scott, *op. cit.*, Vol. III, p. 253. ; J. Prebble, *The Darien Disaster*, London, 1968, pp. 3-14. ; *Proceedings of the Partners at London*, letter of 27th February, 1696, Scottish Record Office, RH15/102/1/1.
(67) Marshall, *op. cit.*, pp. 166-170, 180-183.
(68) Scott, *op. cit.*, Vol. II, p. 221-225, III, pp. 258f. ; G. P. Insh, *The Darien Scheme*, London, 1947, pp. 7, 9. ; ditto, *Scottish Colonial Schemes 1620-1686*, Glasgow, 1922, pp. 20-27.

コットランドの経済発展に関する一考察」(『創大開学記念論文集』1971年)18頁;D. Daiches, *Scotland and the Union*, London, 1977, pp. Ⅶ, Ⅷ. ; T. I. Rae, *The Union of 1707, Its Impact on Scotland*, Edinburgh, 1974. pp. 1-29.

(31) Marshall, *op. cit.*, p. 65. ; G. Bryson, *Man and Society : The Scottish Inquiry of the Eighteenth Century*, New York, 1968. pp. 8-11. ; J. G. Kellas, *Modern Scotland, The Nation since 1870*, London, 1968. pp. 6-10.

(32) T. Dickson ed., *Scottish Capitalism, Class, State and Nation, from before the Union to the Present*, London, 1980. pp. 63-78.

(33) J. Craig, *A Short Summe of the Whole Catechisme*, London, 1583. pp. 6-13. cit., from Marshall, *op. cit.*, pp. 49-50, 333. ; E. Gibbon, *Autobiography, Everyman*, London, 1760, p. 50. 若林健太郎訳『英国社会史』(G・M・トレヴェリアン著)中巻265頁。

(34) J. Davidson, *Some Helpes for Young Scholars in Christianity, as they are in use and taught, Edinburgh in 1602*, rep., in C. Rogers ed., *Three Scottish Reformers*, London, 1874, pp. 137-144.

(35) W. Cunningham ed., *Sermons by Rev. Robert Bruce, Minister of Edinburgh*, Edinburgh, 1843. p. 120.

(36) E. Muir, *John Knox: Portrait of a Calvinist*, London, 1929. pp. 4-15.; W. C. Dickindon, *Andrew Lang, Knox and Scottish Presbyterianism*, Edinburgh, 1951, pp. 45-49. ; A. L. Drummond and J. Bulloch, *The Scottish Church, 1688-1843*, Edinburgh, 1973, pp. 1-15. ; W. R. Foster, *The Church Before the Convenants : The Church of Scotland, 1596-1638*, Edinburgh, 1975. pp. 4-6, 13-20.

(37) J. D. Mackie, *John Knox*, London, 1951. pp. 23f. ; E. Muir, *John Knox : Portrait of a Calvinist*, London, 1929. pp. 307-309.

(38) Troeltsch, *op. cit.* (*Social Teaching of Christian Churches*), pp. 580-617.

(39) J. S. McEwan, *The Faith of John Knox*, London, 1961. pp. 21f, 113f.

(40) M. Taylor, 'The Conflicting Doctrines of the Scottish Reformation', in E. McRoberts ed., *Essays on the Scottish Reformation*, London, 1962. pp. 45-48.

(41) S. A. Burrell, 'Calvinism, Capitalism, and the Middle classes : som Afterthoughts on an Old Problem', in *Journal of Modern History*, Vol. 32 (1960), pp. 129-141.

(42) J. McEwan, *The Faith of John Knox*, London, 1961, pp. 110-112.

(43) Marshall, *op. cit.*, p. 64.

(44) ロロックは多くの説教論文を残し, R. Rollock, *Five and Twentie lectures*, Edinburgh, 1619. に収録される。またエディンバラ大学は, スコットランドで歴史的にはセント・アンドリューズ, アバディーン, グラスゴウに次ぐ名門大学であり, 18世紀には近代ヨーロッパ社会を先駆するスコットランド・ルネサンスを主導する。スコットランドの宗教と教育制度の関係については, 拙稿「産業革命期スコットランドの教育組織に関する一考察」(『創価経済論集』第4巻1号, 1974年)49-80頁。

(45) R. Rollock, *Lectures, Upon the History of the Passion, Resurrection, and Ascension of our Lords Jesus Christ*, Edinburgh, 1658, pp. 6-11.

(46) W. Cooper, *The Triumph of a Christian : The Conduct of Comfort, 1608-1608*, in *Works*, p. 245. ; cit from Marshall, *op. cit.*, p. 339.

(47) J. Abernethy, *A Christian and Heavenly Treatise*, London, 1630, pp. 14-18, 38-40.

in the Economic and Social History of Tudor and Sutuart England in Honour of R. H. Tawney, Cambridge, 1961. pp. 15-39. ; T. H. Breen, 'The Non-existent Controversy : Puritan an Anglican Attitudes on Work and Wealth, 1600-1640', in *C. H.* Vol. 35 (1966), pp. 273-287. なお同じ流れに，ジョージ（C. &K. George）兄弟，リトル（D. Little），マイハルセン（R. S. Michaelson），ワルザー（M. Walzer）等の歴史家がいる。

（19）G. M. Meier & R. E. Baldwin, *Economic Development : Theory, History, Policy*, Ne York, 1957.; B. Higgins, *Economic Development; Principles, Problems an Policies*, London, 1959 ; N. M. Hansen, 'The Protestant Ethics as a General Precondition for Economic Development', in *Canadian Journal of Economic and Political Science*, Vol. 29 (1964), pp. 445-455.; S. N. Eisenstad, 'The Protestant Ethic Thesis in an Analytical and Comparative Framework' in his *The Protestant Ethic and Modernization*, New York, 1968. pp. 3-45. なお同じ流れに，ベラー（R. N. Bellah）やワルナー（R. S. Warner）等の歴史家がいる。

（20）K. Samuelsson, *Religion and Economic Action*, London, 1961. ; H. M. Robertson, *The Rise of Economic Individualism, A Criticism of Max Weber and his School*, Cambridge, 1933. ; A. Fanfani, *Catholicism, Protestantism and Capitalism*, London, 1935.

（21）E. Troeltsch, *The Social Teaching of the Christian Churches*, London, 1931. pp. 580-617.

（22）W. Cunningham, *Christianity and Economic Science*, London, 1914. pp. 69 f.

（23）Sombart, *op. cit.* (Quintessence)., pp. 231 f, 255.

（24）R. H. Tawney, *Religion and the Rise of Capitalism*, Harmondsworth, 1972. pp. 134.

（25）W. H. Marwick, 'Economic and the Reformation in Scotland', in *Scottish Magazine*, New Series, Vol. 15 (1931). pp. 368 f., 371. ; Hyma, *op. cit.*, p. 138 ; H. Becker and H. E. Barnes, *Social Thought from Lore to Science*, New York, 1961. ; E. Fischoff, 'The Protestant Ethic and the Spilit of Capitalism-the History of a Controversy', in *Social Research*, Vol. 11 (1944). pp. 53-77.

（26）G. D. Henderson, *The Burning Bush : Studies in Scottish Church History*, Edinburgh, 1957. p. 36.; S. G. E. Lythe, *The Economy of Scotland in its European Setting, 1550-1625*, Edinburgh, 1960. pp. 27 f.;S. A. Burrell, 'Calvinism, Capitalism, and the Middle Classes: some Afterthoughts on an Old Problem', *Journal of Modern History*, Vol. 32 (1960). pp. 129-144. ; Reid, *op. cit.*, pp. 20-24 ; H. R. Trevor-Roper, 'Religion, the Reformation, and Social Change', in *Historical Studies* 4, London, 1963, pp. 21, 26f. ; S. Andreski, ' Method and Substantive Theory in Max Weber', in *British Journal of Sociology*, Vol. 15 (1964). p. 11 ; L. A. Clarkson, *The Pre-Industrial Economy in England, 1500-1750*, London, 1972. p. 42.; T. C. Smout, *A History of the Scottish Peoples, 1560-1830*, London, 1973. pp. 88 f.

（27）Robertson, *op. cit.* (*Rise of Economic Individualism*)., pp. 88-100.

（28）R. H. Campbell, *The Rise and Fall of Scottish Industry, 1707-1939*, Edinburgh, 1990. pp. 6-9.; H. Hamilton, *An Economic History of Scotland in the Eighteenth Century*, Oxford, 1963. pp. 249-254.

（29）J. H. S. Burleigh, *A Church History of Scotland*, Oxford, 1960. pp. 28-35. 拙著前掲『近代スコットランド社会経済史研究』9-12頁，浜林正夫『イギリス宗教史』（大月書店，1987年）127-132頁

（30）1707年のイングランドとスコットランドの「合併」については，拙稿「18世紀ス

（同文舘, 1977年）71-73頁

(3) G. W. S. Barrow, *The Scottish Tradition, Essays in honour of Ronald Gordon Cant*, Scottish Academic Press, Edinburgh, 1974.178-190. ; Plantagent & Fion Somerset Fry, *The History of Scotland*, Routledge & Kegan Paul, London, 1982. pp. 182-199.

(4) 本章は, Gordon Marshall, *Presbyteries and Profits, Calvinism and th development of capitalism in Scotland, 1560-1707*, Clarendon Press, Oxford, 1980を参考に, スコットランド宗教史と経済倫理, 経済発展を究明したものである。

(5) Max Weber, *The Protestant Ethics and the Spilit of Capitalism*, London, 1971, pp. 41, 45, 219, 222. 彼は1895年にスコットランドに旅行し, 彼の母に長文の手紙を送り, スコットランドの印象を書いている。Marina Weber, *Max Weber : A Biography*,London, 1975, pp. 207-214.

(6) R. H. Campbell, 'The Industrial Revolution : A Revision Article', in *Scottish Historical Review*, Vol. 46, 1967 p. 50. ; T. C. Smout, *A History of the Scottish Peoples, 1560-1830*, London, 1973. p. 491.

(7) Marshall, *op. cit.*, pp. 14-20. ; R. H. Tawney, *Religion and the Rise of Capitalism*, Harmondsworth, rep.,in 1972が, このテーマでは英国では原典であり, H.M.Robertson, *Aspects of the Rise of Economic Individualism : A Criticis of Max Weber and his School*, Cambridge, 1933. ; A. Hyma, *Christianity, Capitalism and Communism*, Michigan, 1937 ; P. C. G. Walker, 'Capitalism and the Reformation' in *Economic History Review*, Vol. 8, 1937. 等で扱われ, 諸論争が展開されてきている。

(8) A. MacIntyre, 'A Mistake About Casuality in Social Science', in P. Laslett & W. G. Runciman ed., *Philosophy, Politics and Society*, 2nd Series, Oxford, 1962, pp. 54-56.

(9) M. H. Lessnoff, *The Structure of Social Science*, London, 1974. pp. 103 f. その他 B. S. Turner, 'Islam, Capitalism and the Weber Theses', in *British Journal of Sociology*, Vol. 25, 1974. 等がある。

(10) J. Torrance, 'Max Weber, Methods and the Man', in *Archives Europeennes de Sociologie*（以下*A. E. S.*）, Vol. 15 (1974), pp. 127-165.

(11) W. S. Reid, *Skipper from Leith : The History of Robert Barton of Over Barnton*, Philadelphia, 1962. p. 9.

(12) Marshall, *op. cit.*, p. 31.

(13) Weber, *op. cit.*, pp. 48-50, 56-59.

(14) *Ibid.*, pp. 66-69.

(15) *Ibid.*, pp. 155 ff.

(16) F. Raphael, 'Max Weber et le judaisme antique', in *A. E. S.* Vol. 11 (1970). p. 331.; F. J. Fisher, 'The Sixteenth and Seventeenth Centuries : the Dark Ages in English Economic History ?', in *Economica*, New Series, Vol. 24 (1957). pp. 2-18.

(17) W. Sombart, *The Jews and Modern Capitalism*, Glencoe, Ⅲ., 1951 ; ditto, *The Quintessence of Capitalism*, New York, 1967. がある。

(18) H. See, 'Dans quelle measure Puritains et Juifs ont-ils contribute au progres du capitalisme moderne?', in *Revue historique*, Vol. 155 (1927), pp. 57-68 ; W. S. Hudson, 'Puritanism and the Spilit of Capitalism', in *Church History*（以下*C. H.*）, Vol. 18 (1949). pp. 3-17. ; C. Hill, 'Protestantism and th Rise of Capitalism', in F. J. Fisher ed., *Essays*

(32) T. C. Smout, *A History of the Scottish Peoples 1560-1830*, Charles Scribner's Sons, New York, 1969. pp. 68-69, 75-76.

(33) A. Woolrych, *Commonwealth to Protectorate*, Oxford, 1982. p. 290.; C. Cross, *Church and People 1450-1660 : The Triumph of the Laity in the English Church*, Hassochs, Sussex, 1976. p. 198.

(34) 浜林前掲書（『イギリス宗教史』）162頁。経済倫理とプロテスタント倫理の相関については，宮平光庸訳『産業化社会とキリスト教徒』（H. F. R. Catherwood, *The Christian in Industrial Society*, Inter Varsity Press, London, 1964. すぐ書房，1996年）32-3頁。

(35) R. Mitchison, *Lordship to Patronage : Scotland 1603-1745*, London, 1983. pp. 59-63.; F. Dow, *Cromwellian Scotland 1651-1660*, Edinburgh, 1979. pp. 6-11.

(36) 小嶋前掲書，161頁。非国教徒の経済活動につては，拙論「補論第1章　実業教育の伝統」（拙著『近代スコットランド社会経済史研究』同文舘，1985年）281-282頁。

(37) A. Lang, *A History of Scotland from the Roman Occupation*, Vol. Ⅳ. AMS Press, New York, 1970. pp. 55-57.

(38) 小嶋前掲書，182-8頁。鎮目恭夫訳『産業革命期の科学者たち』（J. G. Crowther, *Scientists of the Industrial Revolution*, London, 1962. 岩波書店，1964年）196頁。

(39) D. Daiches, *Scotland and the Union*, John Murray, London, 1977. pp. 119-125.; T. C. Smout, *A History of the Scottish Peoples 1560-1830*, Charles Scribner's Sons, New York, 1969. pp. 54, 115, 128. 小林章夫訳『とびきり哀しいスコットランド史』（F. Renwick, *Scotalnd, Bloody Scotland*, 1986. 筑摩書房，1996年）226-227頁。

(40) 拙著前掲（第1章「スコットランドの合併とその結果」，『近代スコットランド社会経済史研究』）39-53頁。T. I. Rae ed., *The Union of 1707, Its Impact on Scotland*, Blackie & Sons, Edinburgh, 1974. pp. 1-28.

(41) スコットランドは，ノックスの後継者メルヴィル（A. Melville, 1545-1622）達の尽力で，彼の死後20年に所 謂「黄金法」で法的承認を得た．その後の政体の変遷を経るが，名誉革命体制の樹立後にも，同法にもとづく長老会派体制が復活された．篠原久『アダム・スミスと常識哲学』（有斐閣，1986年）11頁。そして「これ以降のスコットランド教会史は，主として，長老派教会の分裂・再分裂と，統合の 歴史である」（飯島啓二前掲『ノックスと宗教改革』）9-10頁。この宗教的厳格さと政治・社会的寛容が特徴であり，18・9世紀の経済発展や移民活動への活力を与える．拙著『近代スコットランド 移民史研究』（御茶の水書房，1998年）315-317頁。

(42) 拙論「スコットランド・ルネッサンス研究（1）――科学革命への序走」（『創価経済学論集』第30巻第1号，2000年10月）参照.

第3章　スコットランド近代経済倫理の形成

(1) 拙著『近代スコットランド社会経済史研究』（同文舘，1985年）46頁，拙稿「スコットランドとイギリス産業革命」（講座西洋経済史Ⅱ『産業革命の時代』同文舘，1979年所収）254-255頁，天川潤次郎『デフォー研究』（未来社，1966年）229-230頁。

(2) 水田洋『アダム・スミス研究』（未来社，1968年）238-247頁，星野彰男『アダム・スミスの思想像』（新評論，1976年）81-83頁，高島善哉他『アダム・スミスと現代』

(15) 富田・家入訳前掲書, 93頁. 宗教改革はルター, ツウィングリ, エコランパディウス, メランヒトン, ブリンガー, カルヴィン等の各派を生み, 葛藤を繰り返しながらヨーロッパ各地に伝播する。大陸では1563年の『ハイデルベルグ信仰問答』, 同年イギリスの『三九箇条』に結実する。スコットランドではスイス・ジュネーブに亡命したノックスが1556年に声明された『ジュネーブ礼拝規定書』を運動に採用する. 伊藤真也訳『宗教改革のあゆみ――ハイデルベルグ信仰問答の成立』(E.J.Masselink, *Hidelberg Story*, 1964. すぐ書房, 1977年) 170-173頁。

(16) 当時の国王・教会・貴族の争いについては, 森護『英国王室秘話』(大修館書店, 1986年) 381-386頁。

(17) R. A. Mason ed., *Scotland and England, 1286-1815*, John Donald Publishers, 1987. pp. 102-4. 八代崇『イギリス宗教改革史研究』(創文社, 1979年) 89頁。

(18) 小嶋潤『イギリス教会史』(刀水書房, 1995年) 111頁。

(19) 今井宏訳『イギリス革命論争史』(R. C. Richardson, *The Debate on the English Revolution*, 1977) 74。

(20) W. H. Hutton, *The English Church from the Acession of Charles I to the Death of Anne*, London, 1913. p. 135. 浜林正夫『イギリス革命の思想構造』(未来社, 1966年) 20, 77-80頁。

(21) イギリスにおけるアルミニウス主義とカルヴィン主義との関係については, 山田園子『イギリス革命とアルミニウス主義』(聖学院大学出版会, 1997年) 5頁。

(22) 浜林前掲書 (『イギリス宗教史』) 140頁。冨本健輔『宗教改革運動の展開』(風間書房, 1978年) 348-382頁。

(23) 村岡健次・川北稔『イギリス近代史――宗教改革から現代まで』(ミネルヴァ書房, 1986年) 20-24頁。契約観については, 大田可夫著・水田洋編『イギリス社会哲学の成立と展開』(社会思想社, 1971年) 243-53頁。

(24) 大内晴樹・浜林正夫訳『ピューリタン革命の担い手たち』(M. Tolmie, *The Triumph of the Saint*, Cambridge, 1977. ヨルダン社, 1983年) 97頁。越智武臣『近代英国の起源』(ミネルヴァ書房, 1972年) 460頁。

(25) R. S. Bvosher, *The Making of the Restoration Settlement*, London, 1951. p. 5. 浜林正夫 『イギリス市民革命史』(未来社, 1967年) 102頁。

(26) 浜林前掲書 (『イギリス宗教史』) 149頁。R. Gardner ed., *The Constitutional Documents of the Puritan Revolution, 1625-1660*, Oxford, 1889. p. 229.

(27) 大西晴樹訳『プロテスタンティズムの倫理と資本主義の精神』(G. Marshall, *Presbyteries and Profit*, Clarendon Press, 1980. すぐ書房, 1996年), 138-140頁。

(28) 今井宏『クロムウェル』(清水書院, 1972年) 68頁。D. Stevenson, *The Scottish Revolution, 1637-44, The Triumph of the Covenanters*, E. Baylis & Son Ltd, London, 1973, p. 127.

(29) 小嶋前掲書, 130頁。D. Hirst, *Authority and Conflict : England, 1603-58*, London, 1985. p. 86.

(30) 田村秀夫編著『クロムウェルとイギリス革命』(聖学院大学出版会, 1999年) 41頁。渋谷浩『オリヴァー・クロムウェル』(聖学院大学出版会, 1998年) 54頁。

(31) J. Buchan & G. A. Smith, *The Kirk in Scotland, 1560-1929*, Hodder & Stoughton, 1930. pp. 43-45.

第2章　スコットランド宗教改革からイギリス名誉革命への道

(1) 大澤謙一訳『イギリスの歴史』(D. Mcdowall, *An Illustrated History of Britain*. 東海大学出版会, 1997年) 67, 125頁。

(2) 拙論「イタリア・ルネッサンスとスコットランド」(『比較文化研究所紀要』創価学大学, 第19巻, 2001年3月) 81頁。

(3) 富田理恵・家入葉子共訳『スコットランド史, その意義と可能性』(R. Mitchison ed., *Why Scottish History Matters*, 1997) 72頁。

(4) 飯島啓二訳『ノックスとスコットランド宗教改革』(日本基督教団出版局, 1976年) 38-42頁。J. H. S. Burleigh, *A Church History of Scotland*, Oxford Univ. Press, London, 1960. p. 232-234.

(5) 浜林正夫『イギリス宗教史』(大月書店, 1987年) 111頁。

(6) G. Donaldson, *The Scottish Reformation, 1560*, Cambridge Univ. Press, 1960. pp. 31-39.

(7) 松谷好明『ウェストミンスター信仰告白と今日の教会』(A. I. C. Herron, *The Westminster Confession in the Church Today*, 1982. すぐ書房, 1989年) 16-17頁.

(8) 飯島啓二訳『スコットランド絶対王政の展開——一六・一七世紀のスコットランド政治社会史』(G. Donaldson, *The Edinburgh History of Scotland*, Vol. Ⅲ, 1965. 未来社, 1972年) 98-114頁.

(9) J. D. Mackie, *A History of Scotland*, Pelican Book A 671, Middlesex, 1964. pp. 153-157; W. Beattie, 'Some early Scottish books' in G. W. S. Barrow ed., *The Scottis Tradition, Essays in honour of R. G. Cant*, Scottish Academic Press, 1974. pp. 107- 111.

(10) ミチスン教授は, 三つのルネッサンス（宮廷・貴族・新興の人々）を挙げる. 富田訳・ミチスン著, 前掲書, 90頁。一方, イギリスではギリシア古典愛好についての懐疑も存在した。行安茂編『近代イギリス倫理学と宗教』(晃洋書房, 1999年) 36-38頁.

(11) R. N. Smart, 'Some Observations on the Provinces of the Scottish Universities 1560-1850', in G. W. S. Barrow ed., *op. cit.*, pp. 91-106. スコットランドの優れた高等教育については, 拙著『近代スコットランド社会経済史研究』(同文舘, 1985年) 277-287頁.

(12) M. Lynch, *Edinburgh and the Reformation*, Edinburgh, 1981, pp. 34-37. ノックスとメアリの面と向かった論争については, 松谷好明訳『スコットランドにおける教会と国家』(T.Brow, *Church and State in Scotland, A narrative of the struggle for independence from 1560 to 1843*, 1891. すぐ書房, 1985年) 34-45頁。両者の争いは, 杉本優訳『スコットランド物語』(N. Tranter, *The Story of Scotland*, Routledge, 1987. 大修舘書店, 1997年) 221-231頁。

(13) P. Schaff, *The Creeds of Christendom*, New York, 1877, rep in 1985, Vol. Ⅲ, p. 466.

(14) 浜林前掲書, 131頁。スコットランド固有の宗教と政治の関係については, I. Budge & D. W. Urwin, *Scottish Political Behaviour, A Case Sudy in British Homogeneity*, Longmans, 1966. pp. 5-7.;J. G. Kellas, *The Scottish Political System*, Cambridge Univ. Press, 1973. pp. 162-163.

(66) P. Collinson, *Archibald Grindal 1519-1583:The Struggle for a Reformed Church*, London, 1979. p. 145.
(67) P. Meinhold, *Die Genesisvorlesung Luthers und ihre Herausgeber*, Stuttgsrt, 1936. pp. 65-71.
(68) C. H. Kuipers, *Qintin Kennedy (1520-1564) : Two Eucharistic Tracts*, Nijimegen, 1964. pp. 64-65.
(69) G. W. Forell, 'Luther and the War against the Turks' in *Church History,* xiv, 1945, pp. 256-270. ; M. Kohler, *Melanchthon und der Islam*, Leipzing, 1938. p. 54. ; S. S. Chew, *The Crescent and the Rose : Islam and England during the Renaissance*, Oxford, 1937. pp. 23-31, 70.
(70) R. Pfister, 'Reformation, Turken und Islam', in *Zwingliana*, x, 1956. pp. 345-375.
(71) G. G. Coulton ed., 'Commentary on the Rule of St. Augustine by Rober Richardinus' in *Scottish History Society*, 1935, chap 3. ; P. Debongnie, *Jea Mombaer de Bruxells*, Paris, 1927. p. 286.
(72) B, Smalley, *The Study of the Bible in the Middle Age*, Oxford, 1952. p. 355. ; *The Scottish Antiquary*, vii, p. 133.
(73) W. C. Dickinson, *John Knox's History of the Reformation in Scotland*, Edinburgh, 1949. p. 6. ; D. Waley, *The Italian City-republics*, London, 1969. p. 43.
(74) J. M. Smith, *The French Background of Middle Scots Literature*, Edinburgh, 1934. p. 65.
(75) L. Einstein, *The Italian Renaissance in England*, New York, 1902. pp. 89-96. ; A. L. Sells, *The Italian Influence in English Poetry*, London, 1955. p. 52.
(76) A. Arber, *Herbals, their origin and evolution in the history of Botany 1470-1670,* Cambridge, rev. ed., in 1938, p. 132.
(77) J. D. Comrie, *History of Scottish Medecine to 1860,* London, 1932. pp. i, 148-154.
(78) D. E. Smith, 'Medecine and Mathematics in the Sixteenth Century' in *Annals of Medical History*, i, 1917. p. 125. ; D. Guthrie, *A History of Medecine*, Philadelphia, 1946. plate 31.
(79) A・スミスがバックルー公の家庭教師役を兼ねてフランス旅行し，大陸で学者と意見交換した旅は有名である。水田洋『アダム・スミス研究』（未来社，1968年）133-151頁。
(80) G. Christie, *The Influence of Letters on the Scottish Reformation*, Edinburgh, 1908. pp. 73-81. ; D. Davidson, 'Influence of the English Printers on th Scottish Reformation' in *Records of the Scottish Church History Society*, i, pp. 75-87.
(81) D. Shaw, *op. cit.,* p. 168.
(82) J, K, Cameron, 'The Renaissance Tradition in the Reformed Church of Scotland' in D. Barker ed., *Renaissance and Renewal in Church History*, Oxford, 1977, pp. 251-269.
(83) H. Butterfield, *The Origins of Modern Science 1300-1800*, London, 1950. p. 174. ; A. C. Clement & R. H. S. Robertson, *Scotland's Scientific Heritage*, Oliver & Boyd, Edinburgh, 1961. pp. 5-11.

(39) G. F. Black, *A Calendar of Cases of Witchcraft in Scotland 1510-1727*, New York, 1938, pp. 17-18.
(40) G. Donaldson, *Scottish History and the Scottish Nation*, University of Edinburgh Inaugural lecture, 1964, pp. 7-8.
(41) *News from Scotland*, Pitcairn, pp. 213-223. ; E. J. Cowan, *op. cit.*, p. 126.
(42) A. Mackay, *Memoir of John Major*, Edinburgh, 1892. p. 67.
(43) E. C. William, *Anne of Denmark*, London, 1970. pp. 15-18 ; J. Bainn ed., *Calendar of the State Papers Relating to Scotland and Mary, Queen of Scots 1543-1603*（以下 *C. S. P. Scot* と略す）, Vol X, Edinburgh, 1908. p. 164.
(44) J, Melvilles, *Diary*, Bannatyne Club, 1829. p. 186.
(45) C. Larner, 'James VI and I and Witchcraft' ed., by A. G. R. Smith, *op. cit.*, p. 81.
(46) Pitcairn, *Criminal Trials*, i, Pt. I. pp. 49-58.
(47) E. J. Cowan *op. cit.*, p. 133; M. Lee, *John Maitland of Thirlestone*, Princeton, 1959. pp. 256-259.
(48) *Ibid.*, xii p. 126. ; C. S. P. Scot, *op. cit.*, xi pp. 544-545.
(49) *Reports of the Royal Commission on Historical Manuscripts since 1870*（以下, *H. M. C.* と略す）, Salisbury, London, viii, pp. 331, 518-519, 568.
(50) *H. M. C.*, Salisbury, xi. pp. 373, 383 ; *H. M. C.*, Digby, iv, p. 533.
(51) *C. S. P. Scot*, x, p. 501 ; J. C. Barjoa, *The World of Witches*, London, 1954. p. 133.
(52) G. Murray, & Prestongrange and its Painted Ceiling', in *Transaction of East Lothian Antique and Field National Society*, Vol. 10, 1966. pp. 92-132 ; G. Hay, *Architechture of Scotland*, Oriel Press, Oxford. 1957. pp. 51-54.
(53) *Proceedigs of the Society of Antiquaries of Scotland*, No. 106, 1974-1975, pp. 158-160.
(54) *C. P. S. Scot*, iv, pp. 4405-406, 672 ; F. A. Yates, *The Art of Memory*, London, 1966. p. 10.
(55) F. A. Yates, *Giordano Bruno and the Hermetic Tradition*, London, 1964. pp. 266-286.
(56) J. H. Elliot, *Europe Divided 1559-1598*, Glasgow, 1968. p. 392.; C. Larner, *Enemies of God*, London, 1981. pp. 45-47.
(57) T. Carlyle, *Heroes and Hero Worship*, Edinburugh, 1904. p. 146. ; D. Shaw, 'Ada Bothwell : A Conserver of Renaissance in Scotland' in G. Gordon ed., *op. cit.*, p. 141.
(58) G. Bruton & D. Haig, *An Historical Account of the Senators of the College o Justice*, Edinburgh, 1832. p. 32. : J, Dowden, *The Bishops of Scotland*, Glasgow, 1912. p. 28.
(59) J. Walker, *The Theology and Theologians of Scotland*, Edinburgh, 1888. 2nd edt., p. 8.
(60) H. Waddell, *The Wandering Scholars*, London, 1927. p. v.
(61) R. F. Bolgar, *The Classical Heritage and its Beneficiaries*, Cambridge, 1954. p. 33. ; P. O. Kristeller, 'Humanism and Scholasticism in the Italian Renaissance'in *Byzantion*, xiii, 1944-1945. pp. 345-375.
(62) R. D. S. Jack, *The Italian Influence on Scottish Literature*, Edinburgh, 1970. p. 26.
(63) D. Shaw, *op. cit.*, p. 145.
(64) E. F. Rice, 'The Humanist Idea of Christian Antiquiry : Lefevre d'Etaples and his Circle', in *Studies in Renaissance*, ix, 1962. pp. 126-160.
(65) H. Robinson, *The Zurich Letters*, Second Series, Parker Society, 1815. p. 24.

Press for the University of Glasgow, 1996. pp. 7-10.
(18) J. R. Cameron ed., *The First Book of Discipline*, Edinburgh, 1972. p. 130.
(19) D. H. Hay, *op. cit.*, p. 118.
(20) D. H. Wilson, *The Biography of the Tutors of James VI & I*, London, 1956. pp. 12-35.
(21) *The Oxford History of English Literature*, Oxford, 1954. pp. 66-119.
(22) R. D. S. Jack, *The Italian Influence on Scottish Literature*, Edinburgh, 1972. pp. 29-143 ; A. Broadie, *The Tradition of Scottish Philosophy, A New perspective of the Enlightenment*, Polygon, Edinburgh, 1989. pp. 69.80.
(23) *A Choice of Scottish Verse, 1560-1660*, London, 1978. p. 15.
(24) M. Praz, *Machiavelli in Inghilterra*, Florence, 1962. pp. 97-151.
(25) J. Durkan & A. Ross, 'Early Scottish Literature', rep in *Innes Review*, Glasgow, 1961. p. 24 ; S. Jayne, *Library Catalogues of the English Renaissance*, Berkley, 1956. p. 23.
(26) E. Furter, *Geschichte der Neueren Historiographie*, 1911, French translation in 1915 at Paris, p. 209.
(27) P. Vergil, *Anglica Historia*, Basel, 1534. pp. 167-168, cited by D. Hay, *op. cit.*, p. 121 ; *Guardian*, 15 September, 1979.
(28) J. H. S. Burleigh, *A Church History of Scotland*, Oxford University Press, 1961. pp. 130-134.
(29) H. R. Trevor-Roper, *George Buchanan and the Ancient Scottish Constitution*, London, 1966. p. 23; Q. Skinner, *The Foundations of Modern Political Thought*, 2 vols, Cambridge, 1978. ii pp. 340-345.
(30) T. I. Rae, ' The Historical writing of Drummond of Hawthornden' in *Scottish Economic History*, liv, 1975. pp. 22-62.
(31) W. J. Anderson, ' Rome and Scotland' in D. McRoberts ed., *Essays on the Scottish Reformation*, Glasgow, 1962. pp. 463-483.
(32) J. Durkan, ' Ciovanni Ferreiro and Religious Humanism in Sixteenth Century Scotland' in *Studies in Church History*, 17. Oxford, 1981. pp, 32-34.
(33) G. Simpson, *Scottish Handwriting 1150-1650*, Edinburgh 1973, pp. 19-31.
(34) O. Ogg ed., *Three Classics of Italian Calligraphy*, New York, 1953. p. 64.
(35) J. F. Hudson, *The Italian Renaissance in its Historical Background*, Cambridge, rep. in 1977. p. 202; D. A. Millar ed., *Geroge Buchanan: a Memorial 1506-1906*, St. Andrew & London, 1965. pp. 15-16.
(36) J. Durkman & A. Ross, *Early Scottish Libraries*, 1965. plates XXXA, XXXVI.
(37) E. J. Cowan, ' The Darker Version of the Scottish Renaissance' in G. Donaldson ed., *op. cit.*, p. 125. この激動の時代以前の時代, 15 世紀末から16世紀初頭のスコットランドでは, パリ留学から戻り, 1517 年にグラスゴウ大学学長となったメイア (John Mair) がいた. 再度パリに留学した帰国後1523年には, セント・アンドリューズ大学の学長となった. 彼の生徒であったジョン・ノックスは, メイアの言葉を「そのまま神の託宣」と書き残した. A. Broadie, *The Circle of John Mair, Logic and Logicians in Pre-Reformation Scotalnd*, Clarendon Press, 1985, Oxford, pp. 1-5.
(38) A. G. R. Smith ed., *The Reign of James VI and I*, London, 1973. pp. 74-90 ; A. H. Williamson, *Scottish National Consciousness in the Age of James VI*, Edinburgh, 1979. p. 34.

1996年），川勝平太監修『新しいアジアのドラマ』（筑摩書房，1984年），川勝平太『文明の海洋史観』（中央公論社，1997年），同『文明の海へ――グローバル日本外史』（ダイヤモンド社1999年），伊藤憲一監修『21世紀日本の大戦略――島国から海洋国家へ』（日本国際フォーラム，フォレスト社，2000年）や同『海洋国家日本の構想』（日本国際フォーラム，フォレスト社，2001年）等があげられる。

(69) 角山栄「アジアルネサンス」（『国際開発学研究』（拓殖大学国際開発研究所，第2巻2号，2000年所収）11-24頁。同博士には『アジア・ルネサンス――勃興する新・都市型文明』（ＰＨＰ研究所，1995年）がある。

(70) 最近，アメリカのスミソニアン博物館のヘルマン博士は，現代世界の科学の発明・発見に貢献したスコットランド人を取り上げ，スコットランド啓蒙主義思想との関連を論証している。A. Herman, *The Scottish Enlightenment, The Scots' Invention of the Modern World*, Fourth Estate, London, 2002.

第１章　イタリア・ルネッサンスとスコットランド

(1) 篠原久『アダム・スミスと常識哲学』（有斐閣，1986年）18-21頁。

(2) 水田洋『アダム・スミス研究』（未来社，1968年）238-241頁。

(3) 別宮貞徳他訳『十二世紀ルネッサンス』（C・H・ハスキンズ著，みすず書房，1989年）7, 141, 234頁。

(4) 鶴島秀和他訳『十二世紀ルネッサンス，修道士，学者そしてヨーロッパ精神の形成』（D・ラスカム著，慶應義塾大学出版会，2000年）12-13, 45, 58頁

(5) 前掲書，252頁。大高順雄訳『ルネッサンスのイタリア』（E・R・ラバント著，みすず書房，1998年）40頁。

(6) M. R. Apted, *Painted Ceilings of Scotland*, Edinburgh, 1966 ; D. Hay, 'Scotland and the Italian Renaissance' in G. Donaldson ed., *The Renaissance and Reformation in Scotland*, Scottish Academic Press, 1983, p. 114.

(7) C. McWilliam, *Lothian except Edinburgh, The Building of Scotland*, Harmondsworth, 1978, p. 146.

(8) D. Thomson, *Paintings in Scotland, 1550-1650*, Scottish National Potrait Gallery, 1975. p. 10 ; H. Fenwick, *Scotland's Historic Building*, Robert Hale, London, 1974, p. 222.

(9) C. McWilliam, *op. cit.*, pp. 161-162.

(10) H. Rashdall, *Universities of Europe in the Middle Age*, 2nd revised edit., ii, Oxford, 1936, pp. 301-324.

(11) J. McConica, 'Aristotle and Humanism in Tudor Oxford' in *Economic History Review*, XCV, 1979, pp. 291-317.

(12) 拙著『近代スコットランド社会経済史研究』（同文舘，1985年）279頁。

(13) S. E. Lehmberg, *Sir Thomas Elyot : Tudor Humanist*, Austin, 1960. pp. 45-67.

(14) D. Hay, *op. cit.*, p. 116.

(15) S. L. Hunter, *The Scottish Educational System*, Pergamon Press, Oxford, 1968. p. 3 ; I. R. Findlay, *Education in Scotland*, David & Charles, Archon Books, 1973. p. 10.

(16) 大高順雄訳，前掲書，361, 370, 380。

(17) A. L. Brown & M. Moss, *The University of Glasgow:1451-1996*, Edinburgh University

Synod of Free Presbyterian Church, *Hisotry of the Free Presbyterian Church of Scotland, 1893-1973*, Publications Committee of ERCH, 1975. に詳しい。

(60) 近年スミス周辺の啓蒙主義者を含む優れた研究がされ，田中秀夫『文明社会と公共精神——スコットランド啓蒙の地層』（昭和堂，1996年），田中秀夫『スコットランド啓蒙思想史研究——文明社会と国制』（名古屋大学出版会，1999年）等がある。

(61) A. Hook, *Scotland and America, A Study of Cultural Relations, 1750-1835,* Blackie, Glasgow, 1975. pp. 24-27, 33-35 ; N. W. Henderson, *The Scots Helpe Build America*, J. Messner, New York, 1960. p. 74.

(62) 田中正司『スコットランド啓蒙思想研究——スミス経済学の視界』（北樹出版，1988年）284-285頁。

(63) 坂本達哉教授は，スコットランド啓蒙主義の源泉に関して，自然諸科学におけるニュートン主義の勝利がスコットランド啓蒙主義の知性の地平線を広げた（23頁）とし，自然神学・倫理学・自然法学の三つの思想系譜（25頁）を挙げ，特にスミスの盟友ヒュームを中心に論じる（『ヒュームの文明社会——勤労・知識・自由』創文社，1996年）。また本著を書き上げた後，長尾伸一『ニュートン主義とスコットランド啓蒙——不完全な機械の喩』（名古屋大学出版会，2001年）が発表された。同書の冒頭で1760年にエディンバラで創立された自然哲学を論ずる「ニュートン協会」に始まる科学意識・研究高揚の運動からスコットランド啓蒙主義が誕生し，スコットランド各地で展開されていく思想史を精緻に論じている。

(64)私は，経済史研究から，スコットランド啓蒙主義が思想的に結実した時代がスコットランド産業革命の本格的な展開期と一致することに関心をもった。産業革命を遂行する技師たちへ労働倫理・職業観を供する過程で，実学・科学的実践哲学に転化したと観たい。それを「エンジニアの思想」と呼びたい。この思想がスコットランド人教師・技師によって世界に運ばれ，各地の近代・工業化に貢献する。「エンジニアの思想」については，拙著『国際日本を拓いた人々——日本とスコットランドの絆』（同文舘，1984年）116-120頁。

(65) 自然科学のみならず精神哲学，文学・教育，美術・演劇等も教科目に入っており，そこにもスコットランド啓蒙主義のエンジニア思想への昇華と考えたい。アンダースン・カレッジについては，A. H. Sexton, *The First Technical College, 1796-1894*, Chapman & Hall, London, 189 ; J. Muir, *John Anderson, Founder of Technical Education and the College He Founded*, J. Smith & Son, Glasgow, 1950. がある。また英国の職工協会の運動とカレッジについては，加藤詔士『英国メカニックス・インスティチュート資料研究』（神戸商科大学経済研究所，1992年）が詳しい。

(66) G. Donaldson, *The Scots Overseas*, Robert Hale, London, 1900. p. 5 ; R. A. Cage, *The Scots Abroad, Labour, Capital, Enterprise, 1750-1914*, Groom Helm, London, 1985. pp. 3-15 ; O. Checkland, *Britain's Encounter with Meiji Japan, 1868-1912*, Macmillan, London, 1989. pp. 3-18.

(67) P. A. Crowl, *The Intelligent Travellers's Guide to Historic Scotland*, Sidgwick & Jackson, London, 1986, pp. 368-369. なおスコットランド教会文献では，ルネッサンスとヒューマニズムと同義で把握される。J. H. S. Burleigh, *A Church History of Scotland*, Oxford University Press, London, 1960. pp. 121, 145.

(68) このような視角からの研究として，角山栄『堺——海の都市文明』（ＰＨＰ選書，

Scotland from Roman Occupation, Vol. Ⅰ, AMS Press, New York, 1970. pp. 422-430. オランダの宗教改革が同国での科学教育の道を開いた。塚原東吾訳『オランダ科学史』(K・ファン・ベルグ著, 朝倉書店, 2000年) 1-18頁。

(49) M. Bingham, *Scotland under Mary Stuart, an account of everyday life*, George Allen & Unwin, London, 1971. pp. 21-28, 69-79.132-139. 富田理恵・家入葉子訳『スコットランド史――その意義と可能性』(R・ミチスン著, 未来社, 1998年) 72-73頁。小嶋潤『イギリス教会史』(刀水書房, 1995年) 76-79頁。

(50) 先ず先史時代からのヨーロッパ北地方との類似遺跡がある。E. W. Mackie, *Scotland : An Archaeological Guide from ealiest times to 12th century A. D.*, Noyes Press, New Jersey, 1975. pp. 22-25. また中世初期の部族抗争の時代に北ヨーロッパ諸国との接触もあった。M. O. Anderson, *Kings & Kingship in early Scotland*, Scottis Academic Press, Edinburgh, 1973. p. 7. この伝統の上にグランド・ツアーができる。

(51) 飯島啓二訳『スコットランド絶対王政の展開』(G・ドナルドソン著, 未来社, 1972年) 118-140頁。その他, 浜林正夫『イギリス宗教史』(大月書店, 1987年) 109頁。今井宏訳『イギリス革命論争史』(R・C・リチャードソン著, 刀水書房, 1979年) 38-42頁。

(52) 1603年の「王冠の結合」については, D. Daiches, *Scotland and the Union*, John Murray, London, 1977. pp. 18-31.

(53) 1707年の「経済的合併」の直接的な評価は, T. I. Rae ed., *The Union of 1707, Its Impact on Scotaland*, Blackie & son, 1974. その後の経済発展は, B.Lenman, *An Economic History of Modern Scotland 1660-1976*, Archon Books, Conneticut, 1977; R. H. Campbell, *The Rise and Fall of Scottish Industry, 1707-1939*, J. Donald Publishers, Edinburgh に詳しい。

(54) H. W. Meikle, *Scotland and the French Revolution*, Frank Cass, London, 1912. pp. 43, 49, 231.

(55) 大竹勝訳『酔人あざみを見る』(H・マクダーミッド著, 荒地出版社, 1981年) 7頁。彼はスコットランド啓蒙主義を代表する詩人。当時のスコットランドの文化人とスミスの交流は, C. R. Fay, *Adam Smith and the Scotland of his day*, Cambridge University Press, 1956. に詳しい。

(56) 石原孝哉他『イギリス文学の旅Ⅱ』(丸善株式会社, 1996年) 150-156頁, 簗田・橋本共編『イギリス文化への招待』(北星堂, 1998年) 141-146頁

(57) J. Brand, *The National Movement in Scotland*, Routledge & Kegan, London, pp.127-135; J. G. Kellas, *Modern Scotland, The Nation since 1870*, Pall Mall Press, London, 1968. pp. 10-11, 25-2851-59.

(58) 教会分裂の事例にアバディーンが使われる。同市から英国国教会の布教使節団に応募して海外に向かった。19世紀末の極東への宣教師の多くも同地出身であった。A. A. Maclauren, *Religion and Social Class, The Distuption Years i Aberdeen*, Routledge & Kegan, London, 1974. に詳しい。

(59) 松谷好明『スコットランドにおける教会と国家』(トマス・ブラウン著, すぐ書房, 1985年) 205-238頁。またスコットランド教会の分裂と統合の歴史 (1690-1950年) については, 拙著『近代スコットランド社会経済史研究』(同文舘, 1985年) 11頁。19世紀後半以降のスコットランド自由長老会派教会の歴史は, Committee of the

Clydebank, Parthenon Publishing, Clydebank, 1988. pp. 3-14.

(34) クライブ博士は，スコットランド・ルネッサンスと啓蒙主義を敢えて分離せず，哲学的には啓蒙主義，それを核とした文芸活動をルネッサンスと表現した。J. Clive, 'The Social Background of the Scottish Renaissance', in Phillipson & Mitchison, *op. cit.*, pp. 225-240.

(35) エンジニア思想は，封建時代の倫理に代わり，勤労の上に付加価値のある技術教育を導入した。彼らは「エンジニアは社会発展の旗手である」，「エンジニアは生涯学習を通じて公益に貢献する」等を掲げて，研究学会・団体を作っていく。日本は世界で一番研究学会の多い国であるが，1874年にグラスゴウ大学から最初の工部（東京大学）都検（学長）のダイアー（H. Dyer）と長州藩出身で幕末密航でグラスゴウのアンダースン・カレッジに学んだ山尾庸三が設立した日本土木学会に始まった。拙著『国際日本を拓いた人々——日本とスコットランドの絆』（同文舘，1984年）参考。またダイアーについては拙稿「序にかえて」（ダイアー著・平野勇夫訳『大日本——東洋のイギリス』実業之日本社，1999年）1-23頁参照。

(36) C. A. Oakley, *The Second City*, Blackie, Glasgow, 1976. p. 113.

(37) J. Butt, ' The Scottish cotton industry during the industrial revolution, 1780-1840', in L. M. Cullen & T. C. Smout, *Comaparative Aspects of Scottish an Irish Economic and Social History, 1600-1900*, John Donald Publishers, Edinburgh, 1985. p. 117.

(38) S. L. Hunter, *The Scottish Educational System*, Pergamon Press, 1968. pp. 115.

(39) M. Gray, *The Highland Economy, 1750-1850*, Greenwood Press, Westport, 1976. pp. 57-65. 拙著・前掲『近代スコットランド社会経済史研究』21, 161, 211頁。

(40) 技術と教育を身につけたスコットランド人の世界への移民活動については，拙著『近代スコットランド移民史研究』（御茶ノ水書房，1998年）参照。

(41) 拙著『スコットランドと近代日本——グラスゴウ大学の「東洋のイギリス」創出への貢献』（丸善プラネット，2001年）167-170頁。

(42) D. Martin, *The Glasgow School of Paintings*, George Bell & Sons, London, 1897. pp. XI-XXIII ; British Library, *Charles Rennie Mackintosh*, Richard Drew Publishing, Glasgow, 1987. pp. 26, 37, 68, 74.

(43) 拙稿「日本・スコットランド文化交流史」（国際日本文化研究センター『日本研究』第21集，角川書店，2000年）48-52頁。

(44) 高田勇訳『ルネサンス精神史』（S・ドレスデン著，平凡社，1970年）230頁。大高順雄訳『ルネサンスのイタリア』（E-R・ラバンド著，みすず書房，1998年）88, 204頁。

(45) 山崎・徳本編著『西洋の教育の歴史と思想』（ミネルヴァ書房，2001年）11-16頁。

(46) その歴史的勢いがスコットランドにも波及した。R. Nicholson, *Scotaland, Th Later Middle Ages, The Edinburgh History of Scotland*, Oliver & Boyd, Edinburgh University Press, 1974. pp. 576-580; H. Maclean, *A Concise History of Scotland*, Thames & Hudson, 1970. p. 66.

(47) 文字通り西洋と東洋が「物産交易」によって結ばれた。山下範久『リオリエント——アジア時代のグローバル・エコノミー』（A・フランク著，藤原書店）140頁。

(48) エラスムスとスコットランド教会の関係は，J. H. S. Burleigh, *A Church History of Scotland,* Oxfford University Press, London, 1901, pp. 172-173 ; A. Lang, *A History of*

1991年）13―24頁；梅津・諸田編著『近代西欧の宗教と経済――歴史的研究』（同文舘, 1996年）3-26頁。

(23) R. H. Campbell, 'The Industrial Revolution : A Revision Article', in *The Scottish Historical Review*, Vol. 46 (1967) p. 50; T. C. Smout, *A History of Scottish People: 1630-1830*, Charles Scribner's Sons, New York, 1969. p. 491. 一般的にはスコットランドの独自な地勢・歴史環境からとされる。T. Dickson, *Scottish Capitalism, Class, State and Nation from before the Union to the Present*, Lawrence and Wishart, London, 1980. pp. 48-51.

(24)宗教改革と政治の関係は, D.Stevenson, *The Scottish Revolution, 1637-44, Th Triumph of the Covenators*, David Charles, Newton Abbot, 1973. に詳しい。ウェーバー・テーゼの検証については, G. Marshall, *Presbyteries and Profits, Calvinism an the Development of Capitalism in Scotland, 1560-1707*, Clarendon Press, Oxford, 1980.（邦訳は大西春樹訳『プロテスタンティズムの倫理と資本主義の精神――スコットランドにおけるウェーバー・テーゼの検証』（すぐ書房, 1996年）がある。

(25) R. L. Meek, *Social Science & the Ignoble Savage*, Cambridge University Press, London, 1976. pp. 99-102.

(26) D. Daiches, *The Paradox of Scottish Culture, the Eighteenth Century Experience*, Oxford University Press, London, 1964. pp. 68-95 ; G. Bryson, *Man and Society : The Scottish Inquiry of the Eighteenth Century*, Austin M. Kelley, New York, rep. in 1968. pp. 30-35. イギリスにおける特異な状況と発展については, M. Hecbter, *Internal Colonialism, The Celtic fringe in British national development, 1536-1966*, Routledge & Kegan Paul, London, 1975. pp. 95-102.

(27) J. D. Hoeveler Jr, *J. McCosh and the Scottish Intellectual Tradition, From Glasgow to Princeton*, Princeton University Press, Gildford, 1981. pp. 3-32.

(28) C. Harvie, *Scotland and Nationalism, Scottish Society and Politics, 1707-1977*, George Allen & Unwin, London, 1977. pp. 123, 128 ; R. Mintchison, *A History of Scotland*, Methuen & Co. London, 1970. pp. 99, 107, 117-118. 杉本訳前掲書, 207, 209, 218-225 頁.

(29) R.A.Mason ed., *Scotland and England, 1286-1815*, John Donald Publishers, Edinburgh, 1987. pp. 226-246.

(30) D. J. Withrington, 'Education and Society in Eighteen Century', in N. T. Phillipson & R. Mitchison ed., *Scotland in the Age of Improvement*, Edinburgh University Press, 1970. pp. 169-192 ; R. N. Smart, 'Some Observations on the Provinces of Scottish Universites, 1560-1850', in R. G. Gant ed., *The Scottish Tradition*, Scottish Academic Press, Edinburgh, 1974. pp. 91-105.

(31) A. J. Young, *The Scientific Revolution in Victorian Medecine*, Croom Helm, London, 1979. pp. 10, 18-20, 29-31.

(32) スコットランド人の科学教育の成功については, A. G. Clement & R. H. S. Robertson, *Scotland's Scientific Heritage*, Oliver & Boyd, Edinburgh, 1961. に詳しい。またイングランドの側からもスコットランド諸大学の工科教育の優秀性は認識されていた。G. W. Roderick & M, Stephens, *Scientific & Technical Education in 19th Century England*, David & Charles : Newton Abbot, 1972. pp. 42, 65.

(33) M. S. Moss & J. R. Hume, *Workshop of the British Empire, Engineering and Shipbuilding in the West of Scotland*, Heinemann, London, 1977. p. Ⅶ, Ⅷ ; J. Hood, *The History of*

に』（あぽろん社, 1998年）がある。特にアメリカではソーロー協会が活発にルネッサンス研究を推進して国際セミナーを展開している。
(10) 別宮貞徳他訳『十二世紀ルネサンス』（C・H・ハスキンズ著, みすず書房, 1997年）5-21, 101-106頁。鶴島博和他訳『十二世紀ルネサンス』（D・ラスカム著, 慶應義塾大学出版会, 2000年）38-45頁。
(11) H. D. S. Jack, *The Italian Influence on Scottish Literature*, Edinburgh University Press, 1972. pp. 4-8.
(12) 最近, 古代・中世のアジア・ヨーロッパを舞台にした宗教葛藤の歴史書が出版された。キリスト教と異教, また異端の論争であり, そこに中世社会の深層が見受けられる。三浦清美訳『ヨーロッパ異端の源流』（ユーリー・ストヤノフ著, 平凡社, 2001年）4-6頁。またヨーロッパから見たスコットランド民族について, O. M. Squair, *Scotland in Europe, A Study in Race Relations*, Graphis Publication, Inverness, 1977がある。
(13) 鶴岡真弓訳『ケルトの賢者「ドルイド」語りつがれる「知」』（S・ピゴット著, 講談社, 2000年）148-152, 204-210, 263頁。
(14) B. Webster, *Scotland From the 11th century to 1603, The Source of History*, Hodder & Stoughton, London, 1975. pp. 18-19. この時代のヨーロッパについては, 野口・諏訪共訳『中世ヨーロッパ文化史——宗教と西方文化の興隆』（創文社, 1993年）113-160頁。
(15) P. Dukes, *The Caledonian Phalanx, Scots in Russia*, National Library of Scotland, Edinburgh, 1987, p. 9.
(16) R. Mitchinson, *Life in Scotland*, B. T. A. Batsford. London, 1978. pp. 18-21, 26-29.
(17) E. J. Cowan, 'The Darker Vision of the Scottish Renaissance : the Devil an Francis Stewart', in G. Donaldson ed., *The Scottish Renaissance and Reformation in Scotland*, Scottsih Academic Press, Edinburgh, 1982. pp. 127-130.
(18) 志子田光雄・富寿子『イギリスの大聖堂』（星文社, 1999年）32, 49頁。D. Hay, ' Scotland and the Italian Renaissance' in *op. cit.* (Donaldson, S. A. P.) pp. 114-122.
(19) 富本健輔『宗教改革運動の展開』（風間書房, 1978年）383頁。浜林正夫『イギリス革命の思想構造』（未来社, 1966年）244頁。最近, カルヴィニズム強調の歴史観批判として, グッドウィンの立場から検証する研究も出されている。山田園子『イギリス革命とアルミニウス主義』（聖学院大学出版会, 1997年）4-5頁。またバトラーを中心に倫理学から観る行安茂編『近代イギリス倫理学と宗教』（晃洋書房, 1999年）27-28頁。
(20) G. Donaldson, *The Scottish Reformation*, Cambridge University Press, 1960. pp. 149-154. M. Joyce, *Edinburgh, the Golden Age, 1769-1832*, Longmans Green, London, 1951. pp. 55-62, 145-147,
(21) S. L. Hunter, *The Scottish Educational System*, Pergamon Press, Oxford, 1968. pp. 1-3 ; G. S. Osborne, *Scottish and English Schools*, Longmans, London, 1965. pp. 3-5 ; 村岡・川北編著『イギリス近代史——宗教改革から現代まで』（ミネルヴァ書房, 1986年）149, 150頁 ; 詩田口仁久『イギリス教育史——スコットランドとイングランド』（文化書房博文社, 1993年）16-19, 122頁。
(22) 田中豊治他編『近代世界の変容——ヴェバー・ドイツ・日本』（リブロポート,

注

序章　スコットランド・ルネッサンスへの私の研究視角

（1）ケルト文化をヨーロッパの「基層」文化と捉える。邦文文献には，鶴岡真弓監修『ケルト事典』（ベルンハルト・マイヤー著，創元社，2001年）Ⅱ頁。また近年の労作に中央大学人文科学研究所編『ケルト復興』（中央大学出版部，2001年）がある。また小野修編『アイルランド史入門』（S・マコール著，明石書店，1998年）が簡便に説明する。アイルランドについては，堀越智訳『アイルランドの風土と歴史』（T・W・ムーディ他著，論創社，1982年），森夏樹訳『聖者と学僧の島』（T・カヒル著，青土社，1997年）がある。またスコットランドについては，杉本優訳『スコットランド物語』（ナイジェル・トランダー著，大修館書店，1997年）がある。

（2）英国におけるスコットランドの独自の社会経済発展については拙著『近代スコットランド社会経済史研究』（同文舘，1985年）参照。アイルランドについては古典的労作の松尾太郎『比較経済史的接近アイルランドと日本』（論創社，1987年）がある。

（3）H. Hamilton, *The Industrial Revolution in Scotaland*, Frank Cass, 1966. pp. 9-12 ; L. M. Cullen & T. C. Smout, *Comparative Aspects of Scottish and Irish Economy and Social History, 1600-1900*, John Donald Publisher, Edinburgh, 1996. pp. 177-182

（4）スコットランド啓蒙主義の研究は，我が国は世界でも最高水準にある。労作も多い。スミスを中心として，高島善哉『スミス国富論』（春秋社，1971年），水田洋『アダム・スミス研究』（未来社，1968年），高島善哉・水田洋他『アダム・スミスと現代』（同文舘，1967年），星野彰男『アダム・スミスの思想像』（新評論社，1976年），篠原久『アダム・スミスと常識哲学』（有斐閣，1986年）がある。

（5）私のグラスゴウ大学留学時の恩師で下宿先のチェックランド教授の不朽の名著がある。S. G. Checkland, *Scottish Banking, A Hisotry : 1695-1973*, Collins, Glasgow and London, 1975. 参照。

（6）C. W. Thomson, *Scotland's Work and Worth, An Epitome of Sctoland's Story from Early Times to the Twentieth Century, with a Survey of the Contributions of Scotsmen in Peace and in War to the Growth of the British Empire and the Progress of the World*, Vol Ⅰ & Ⅱ, Oliphant, Anderson & Ferrier, Edinburgh and London, 1909 に詳しい。

（7）拙著『近代スコットランド鉄道・海運業史――大英帝国の機械の都グラスゴウ』（御茶の水書房，1999年）313-342頁，拙稿「スコットランド・コネクション」（川勝平太編『グローバル・ヒストリーに向けて』藤原書店，2002年，第Ⅱ部「海洋アジア・太平洋世界――人・モノ・情報・ネットワーク」所収）198-201頁。

（8）わが国では林達夫『文芸復興』（1932年）の序論の定義が通説とされ，「再生また新生の意でヨーロッパの生活全体の復活を意味する。霊的更生としての宗教改革を含む」（中田耕治『ルネサンスの肖像』（青弓社，1992年）109-110頁。

（9）例えば藤田佳子『アメリカ・ルネッサンスの諸相――エマスンの自然観を中心

ワ　行

ヤ 行

ラ 行

マ　行

ナ　行

ハ　行

タ　行

サ　行

カ　行

人名索引

配列は姓→名の五〇音順。参照項目は⇒で示した。

ア 行

著者紹介

北 政巳（きた・まさみ）

1945年兵庫県生。専攻，経済史・経営史。大阪大学大学院経済学研究科博士課程修了。経済学博士（大阪大学）。創価大学経済学部教授，同大学比較文化研究所所長。
主要著書に『国際日本を拓いた人々——日本とスコットランドの絆』（1984年）『近代スコットランド社会経済史研究』（1985年，以上同文館）『近代スコットランド移民史研究』（1998年）『近代スコットランド鉄道・海運業史研究』（1999年，以上御茶の水書房）。

スコットランド・ルネッサンスと大英帝国《だいえいていこく》の繁栄《はんえい》

2003年3月30日　初版第1刷発行©
2005年4月10日　初版第2刷発行

著　者　北　政巳
発行者　藤原良雄
発行所　株式会社 藤原書店

〒162-0041　東京都新宿区早稲田鶴巻町523
電　話　03（5272）0301
FAX　03（5272）0450
振　替　00160-4-17013

印刷・製本　美研プリンティング

落丁本・乱丁本はお取替えいたします
定価はカバーに表示してあります
Printed in Japan
ISBN4-89434-329-0

グローバリズム経済論批判

経済幻想

E・トッド
平野泰朗訳

「家族制度が社会制度に決定的影響を与える」という人類学的視点から、グローバリゼーションを根源的に批判。アメリカ主導のアングロサクソン流グローバル・スタンダードと拮抗しうる国民国家のあり方を提唱し、世界経済論を刷新する野心作。

四六上製　三九二頁　三二〇〇円
（一九九九年一〇月刊）◇4-89434-149-2

L'ILLUSION ÉCONOMIQUE　Emmanuel TODD

開かれた同化主義の提唱

移民の運命

〈同化か隔離か〉

E・トッド　石崎晴己・東松秀雄訳

家族構造からみた人類学的分析で、国ごとに異なる移民政策、国民ごとに異なる移民に対する根深い感情の深層を抉る。フランスの普遍主義的平等主義とアングロサクソンやドイツの差異主義を比較、「開かれた同化主義」を提唱し「多文化主義」の陥穽を暴く。

A5上製　六一六頁　五八〇〇円
（二〇〇〇年一一月刊）◇4-89434-154-9

LE DESTIN DES IMMIGRÉS　Emmanuel TODD

衝撃的ヨーロッパ観革命

新ヨーロッパ大全 I・II

E・トッド
石崎晴己・東松秀雄訳

宗教改革以来の近代欧州五百年史を家族制度・宗教・民族などの〈人類学的基底〉から捉え直し、欧州の多様性を初めて実証的に呈示。欧州統合に決定的な問題提起をなす野心作。

A5上製
I 三六〇頁 三八〇〇円（一九九二年一一月刊）
II 四五六頁 四七〇〇円（一九九三年六月刊）
I◇4-938661-59-4　II◇4-938661-75-6

L'INVENTION DE L'EUROPE　Emmanuel TODD

エマニュエル・トッド入門

世界像革命

〈家族人類学の挑戦〉

E・トッド
石崎晴己編

『新ヨーロッパ大全』のトッドが示す、「家族構造からみえる全く新しい世界のイメージ」。マルクス主義以降の最も巨視的な「世界像革命」を成し遂げたトッドの魅力のエッセンスを集成し、最新論文も収録。対談・速水融

A5判　二二四頁　二八〇〇円
（二〇〇一年九月刊）◇4-89434-247-2

Emmanuel TODD

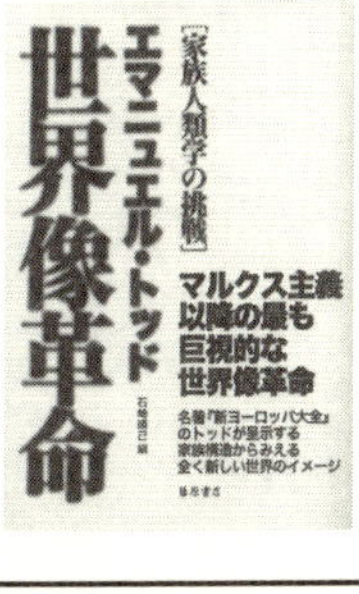

五〇人の識者による多面的読解

『地中海』を読む

I・ウォーラーステイン、網野善彦、川勝平太、榊原英資、山内昌之ほか

各分野の第一線でいま活躍する五〇人の多彩な執筆陣が、今世紀最高の歴史書『地中海』の魅力を余すところなく浮き彫りにする。アカデミズムにとどまらず、各界の「現場」で二一世紀を切り開くための知恵に満ちた、『地中海』の全体像が見渡せる待望の一書。

Ａ５並製　二四〇頁　**二八〇〇円**
（一九九九年一二月刊）
◇4-89434-159-X

世界初の『地中海』案内

ブローデル『地中海』入門

浜名優美

現実を見ぬく確かな眼を与えてくれる最高の書『地中海』をやさしく解説。引用を随所に示し解説を加え、大著の読解を道案内。全巻完訳を果した訳者でこそ書きえた『地中海』入門書の決定版。付録――『地中海』関連書誌、初版・第二版目次対照表ほか多数。

四六上製　三〇四頁　**二八〇〇円**
（二〇〇〇年一月刊）
◇4-89434-162-X

陸中心史観を覆す歴史観革命

海から見た歴史
（ブローデル『地中海』を読む）

川勝平太編

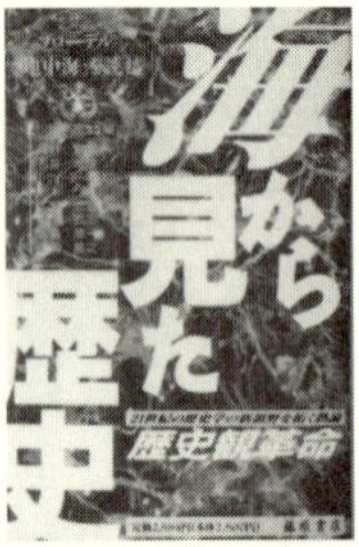

陸中心史観に基づく従来の世界史を根底的に塗り替え、国家をこえる海洋ネットワークが形成した世界史の真のダイナミズムに迫る、第一級の論客の熱論。**網野善彦／石井米雄／ウォーラーステイン／川勝平太／鈴木董／二宮宏之／浜下武志／家島彦一／山内昌之**

四六上製　二八〇頁　**二八〇〇円**
（一九九六年三月刊）
◇4-89434-033-X

人文・社会科学の一大帝国

ブローデル帝国

フランソワ・ドス編
浜名優美監訳

『地中海』と「社会科学高等研究院第6部門」「人間科学館」の設立・運営を通しブローデルが築き上げた「人文社会科学の帝国」とは？　**フェロー、ル＝ゴフ、アグリエッタ、ウォーラーステイン、リピエッツ**他、歴史、経済、地理学者が「帝国」の全貌に迫る。

Ａ５上製　二九六頁　**三八〇〇円**
（二〇〇〇年五月刊）
◇4-89434-176-X

BRAUDEL DANS TOUS SES ÉTATS
EspaceTemps 34/35